DAN PETERSON
DINO RUTA

PER ME... NUMERO 1

Aneddoti (sportivi e non)
per allenarsi da leader

Egea

Il volume nasce da una comune idea e da una serie di conversazioni tra Dan Peterson e Dino Ruta. La stesura del lavoro è opera di Dino Ruta.

Impaginazione: Alberto Bellanti, Milano

Via Salasco, 5 – 20136 Milano
Tel. 02/5836.5751 – Fax 02/5836.5753
egea.edizioni@unibocconi.it – www.egeaonline.it

Prima edizione: ottobre 2013
Seconda ristampa: aprile 2014
Terza ristampa: febbraio 2015

ISBN 978-88-238-3396-8

Stampa: GECA, San Giuliano Milanese (Mi)

FSC www.fsc.org MISTO Carta da fonti gestite in maniera responsabile FSC® C007287

Questo volume è stampato su carta FSC® proveniente da foreste gestite in maniera responsabile secondo rigorosi standard ambientali, economici e sociali definiti dal Forest Stewardship Council®

Indice

Introduzione. Quando non ero il Coach

Ai manager della mia vita.
Dan Peterson

A Paolo e Claudio, leader da lassù.
Dino Ruta

Dialogo tra Dino Ruta e Dan Peterson

Viaggio in auto da Padova a Milano, è l'una di notte, si chiacchiera del più e del meno. Stiamo rientrando da un incontro con i giovani di Confindustria dove abbiamo parlato di fare squadra, leadership e sport. Sarà la stanchezza, ma le corsie sembrano strette, le auto tante e i fari sempre più luccicanti. Si sentono solo i rumori della strada e una radio in sottofondo con una musica che non si riesce a distinguere. L'incontro è stato molto coinvolgente e il Coach, come al solito, ha risposto a tutte le domande, distribuito consigli ed emozionato con il suo accento americano. Mentre ripercorro i punti salienti dell'incontro il Coach, come se stesse leggendo i miei pensieri, rompe il silenzio.

Coach: Sai, Dino, è stato proprio bello incontrare tutti questi giovani, con tante speranze, tante belle domande. In questo momento, dove tutti parlano di crisi è bello sapere che esiste tanta energia nei giovani.

Dino: Sono d'accordo, Coach, il futuro è in mano ai giovani. Io ho la fortuna di svolgere il lavoro di educatore. Una parola, una frase, un consiglio incidono nel percorso di vita di chi ascolta. Grande responsabilità.

Coach: Ognuno di noi ha una missione nella vita. Io spesso racconto dei miei professori, dei miei allenatori, dei miei compagni di gioco. Incontri che mi hanno fatto diventare ciò che sono. Non sai quante idee e frasi ho ascoltato, ricordato e poi usato nel momento giusto. Molti poi pensavano che erano mie, ma io sapevo chi dover ringraziare!

Dino: Ognuno di noi ascolta ciò che preferisce. Questo viaggio a Padova ha un significato particolare: è stato voluto dal fratello di un mio compagno di università scomparso pochi mesi dopo la laurea, a 25 anni, per un male incurabile. Con lui ho iniziato a parlare di sport e cultura, con lui ho studiato in Inghilterra, avevamo tante idee, eravamo per certi versi dei sognatori. Sentivo che dovevo venire a Padova.

Coach: Spesso il mondo ci parla, basta solo saperlo ascoltare. Questa è un'abilità che ho sempre riconosciuto a me stesso e che mi ha fatto diventare un allenatore di basket.

Dino: Per tutti tu sei «il Coach». Anche tua moglie Laura ti chiama così. Ma perché ti chiamano tutti semplicemente Coach?

Coach: Dino, devi sapere che tutti gli allenatori in US sono chiamati coach, ma qui in Italia in effetti tutti si rivolgono a me con questo nome, anche se ho smesso di allenare nel 1987. Per molti sono «IL» Coach, quello che è entrato in tutte le case con l'inconfondibile accento di certe pubblicità e anche quello di tanti speech aziendali. Sai, Dino, ne ho fatti più di mille.

Dino: Incredibile! Questa tua energia e forza di spirito mi hanno sempre colpito. Non è solo ciò che dici che suona bene, ma anche come lo dici. Sembri esser nato per questo ruolo di coach-uomo di spettacolo, ma anche giornalista e attento osservatore di sport in generale.

Coach: Ho sempre seguito le mie passioni, ciò che mi piaceva di più, ciò che sentivo giusto per me. Se avessi dovuto confrontarmi con gli altri, avrei dovuto fare scelte diverse. Nessuno ha fatto una carriera simile alla mia. Ho vissuto con coraggio le mie scelte. E tu? perché ti occupi di leadership e sport?

Dino: Ci pensavo proprio in questi giorni, alle soglie dei quarant'anni mi sto ritrovando a fare ciò che avevo intrapreso dai quattordici ai diciotto anni. Facevo tutti gli sport che mi capitavano, dallo sci all'equitazione, dal tennis al calcio, su tutti il basket. Da rappresentante di istituto nella mia scuola avevo organizzato un torneo di calcetto per sezioni, cercato uno sponsor, organizzato una mostra d'arte per cambiare il logo della scuola e insistito per cambiare il fornitore delle merende.

Coach: Un piccolo rivoluzionario che credeva nella salute, nella cultura e nello sport a scuola!

Dino: Bella sintesi, Coach. In effetti mi piace fare e vedere sport, mi piace studiare le regole, mi è sempre piaciuto studiare che cosa potesse spiegare una vittoria o un insuccesso. Il mio sport da giovane era il basket.

Coach: No, non ci credo. Vedendoti in piedi capisco perché adesso fai il professore, siamo vittime della stessa altezza![1]

Dino: Giusto, fino a quindici anni quintetto base, poi tanta panchina, tanti minuti passati a osservare. Ricordo il mio primo allenatore di basket, Pino Calia, nelle giovanili della Amatori Ricciardi Taranto. Era fissato sulla difesa, sull'aiutarsi in campo, sull'essere una squadra, sempre. Molti allenamenti duri con i suicidi, i gradoni, gli scivolamenti e molte partite combattute. Compagni di squadra con i quali sono tutt'ora in contatto, anche se viviamo in paesi e città differenti.

Coach: Il ruolo degli allenatori delle giovanili è straordinario, è una categoria che in ogni sport andrebbe valorizzata e allenata di più. Hanno un impatto nella società molto importante.

Dino: Oggi ho la fortuna di insegnare e ricercare questi temi con gli occhi del management, la Bocconi crede nello sport. In generale, credo che lo sport sia metafora di vita, perché è stato inventato dall'essere umano. Per definizione abbiamo riprodotto nelle regole sfide e vincoli che amiamo. Credo fortemente che chi è in grado di vivere lo sport da sportivo veda il mondo con occhi diversi, sia quello privato sia quello professionale. Qual è stato il tuo rapporto con lo sport da giovane?

Coach: Lo sport è stato da sempre un insegnamento di mio padre, mentre mia madre mi ha dato stimoli per l'arte e la capacità di espressione. Se penso ai vari passaggi della mia gioventù, in effetti ritrovo tanti segnali inequivocabili che sarei diventato un allenatore.

Dino: Che cosa mi racconti della tua famiglia?

Coach: Mio papà era poliziotto, mia mamma una creativa. Grande

[1] Sono alto un metro e settantatré centimetri.

famiglia, piena di valori positivi che ho capito appieno solo dopo, come spesso capita ai giovani. Ma sono molto orgoglioso.

Dino: Ho letto la tua biografia *Quando ero alto due metri*. Sei nato a Evanston, vicino Chicago, nel 1936, oggi vivi a Milano, dopo esser passato per il Cile e forse anche per Chattanooga Tennessee, il luogo delle tue pubblicità per un famoso tè. Ma a proposito esiste davvero?

Coach: Certo, adesso lì vive la mia prima moglie, anche se durante le pubblicità non eravamo lì, ma a Miami. Altro luogo per me importante, perché li ho sposato Laura, la mia seconda e attuale moglie.

Dino: Ma come ti sei scoperto uomo della televisione?

Coach: È stato grazie a Bruno Bogarelli, la mia anima televisiva. Con lui abbiamo portato l'NBA in Italia e per la prima volta fuori dagli USA. Mi ha insegnato molto e gli sono ancora molto riconoscente per il lavoro che sta facendo a Sportitalia per il basket. Un altro grande è stato Nanni Loy, regista dello spot televisivo del tè. Grande professionalità, grande leadership. Tutti lo temevano, tutti osservavano ogni sua indicazione.

Dino: Rispettavano o temevano?

Coach: Direi rispettavano con timore! Sembrava molto duro, ma quando raccontava gli episodi di Candid camera che non erano andati in onda tutti si rotolavano per terra dal ridere, era un vero leader. Una volta gli chiedo un consiglio «Nanni, tu che sei stato anche attore, qual è il segreto per recitare?». Mi risponde sicuro e sereno, come se quella risposta l'avesse pronta da sempre: «Dan, il segreto è uno solo, tu sei davanti alla telecamera, ma non devi recitare per quella, lo devi fare per quel piccolo bimbo e per quel signore anziano seduti appena dietro. Sono loro il tuo pubblico, da loro ti devi far amare». Io ho raccolto come una spugna, non si finisce mai di imparare, caro Dino.

Dino: Sai, quando uno ti incontra ha la sensazione che tu sia sempre stato il Coach. Ma ti sei sempre sentito e comportato da Coach? da leader intendo.

Coach: Dino, io sono stato molti anni una frana, non ti dimenticare che sono stato in grado di perdere quattro finali di seguito nel 1983 e nel

1984 quando ormai ero maturo, ricco di esperienza. Ma poi sono stato anche capace di vincere tutto, facendo tesoro delle lezioni della mia vita.

Dino: Vuoi dire quindi che leader si diventa e non si nasce?

Coach: Diciamo che io ho scoperto che mi piaceva allenare, ho lavorato tanto per diventare un bravo allenatore, sbagliando tanto in momenti importanti e spesso anche con persone importanti, ma sempre con grande energia e positività. Chi non perde non vince.

Dino: A proposito di episodi e persone, che cosa ha segnato la tua vita? Qual è stato il tuo segreto?

Coach: A me piace imparare da tutto e da tutti, ecco perché racconto sempre le storie della mia vita che più hanno segnato la mia crescita, ricordando nei dettagli le persone che mi hanno aiutato a diventare il Coach. Ho una memoria incredibile, ricordo chiaramente tutto ciò che mi ha fatto crescere. E ogni tanto sono spaventato dalla mia memoria. Quando racconto gli aneddoti della mia vita lo faccio pensando alla storia che meglio risponde alle esigenze dell'azienda, ma non ho mai organizzato e pensato a questi episodi collegandoli tra di loro. Non credo di avere un segreto. Sarebbe bello chiederlo a te se esiste un segreto, magari lo scopri tu.

Dino: Ci vorrà un po' di lavoro per scoprirlo, per ripercorrere insieme la tua vita, ma credo che molti vorrebbero conoscerla.

Coach: Sai, Dino, mi piacerebbe scrivere gli aneddoti più significativi della mia vita, raccontare ai tanti manager che incontro che la mia vita è stata piena di sfide, e che spesso mi è capitato di dover pensare outside the box. Non tutto ciò che mi è arrivato era sempre bello all'inizio, come capita a molti. Ma io ho provato a renderlo bello e sono felice di tutto, di errori e successi. Più degli ultimi in realtà!

Dino: Siamo quasi arrivati a Milano. Affare fatto, Coach. Io ascolterò tutti gli episodi che tu riterrai significativi, quelli che ti hanno colpito e che quindi ricordi anche oggi a distanza di molti anni. Partiremo da quelli e capiremo se c'è un segreto nella tua vita.

Coach: OK, Dino, affare fatto! Evviva lo sport, evviva il basket.

Dino: Evviva, Coach! Adesso ho capito perché dovevo venire a Padova.

Perché questo libro

Partendo da questo viaggio e da questo dialogo, abbiamo provato a costruire un libro utile, rigoroso e piacevole. Utile per tutti coloro che riusciranno a essere un po' più leader nella vita di tutti i giorni, rigoroso per aver applicato i metodi di ricerca più opportuni per unire empiria e teorie manageriali, piacevole per una lettura ricca di aneddoti che rivelano curiosità inedite della vita del Coach, aspetti del suo percorso di vita – personale e professionale – integrati da schemi di gioco e allenamenti in linguaggio manageriale.

Dan Peterson nel corso della sua carriera ha tenuto innumerevoli speech relativi ai temi del team e della leadership per alcune delle aziende più importanti. E alla fine di tutti gli incontri c'è sempre stata la fatidica domanda: «Coach, ma c'è un libro dove hai scritto la tua filosofia?». La risposta è sempre stata: «No, non c'è nessun libro, dovete chiamarmi nuovamente e prendere meglio gli appunti!». Quelle domande però offrivano uno stimolo chiaro: raccogliere gli aneddoti della vita sportiva (e non) del Coach e dare loro un significato manageriale.

Dino Ruta ha conosciuto Dan in occasione della pubblicazione del volume *Team Leadership: idee e azioni tra sport e management* scritto con Paolo Guenzi (Egea, 2010). Il libro suggerisce un nuovo modello di team leadership nel quale gli allenatori adottano comportamenti selezionati per motivare gli atleti, creare uno spirito di squadra, organizzare le risorse in una società, acquisire reputazione nell'ambiente di riferimento. Comportamenti che delineano un allenatore-coach nello spogliatoio che interagisce direttamente con i giocatori – e un allenatore-manager fuori dallo spogliatoio – che si relaziona con staff, proprietà, direzione sportiva, media, tifosi, arbitri, agenti ecc. L'intervista a Dan inserita in quel libro proponeva anche ulteriori stimoli di ricerca e approfondimento su due aspetti: la dimensione emotiva (se anche due allenatori nelle medesime situazioni adottassero i medesimi comportamenti, facendo ricorso alle medesime parole, i risultati potrebbero essere molto probabilmente differenti) e l'apprendimento (è opportuno comprendere il percorso di crescita di un allenatore, e non solo quali comportamenti ha agito durante una stagione vincente).

Ogni libro è la fine di un percorso e l'inizio di un altro, e così dal 2010 a oggi le ricerche di Dino si sono orientate ad approfondire la dimensione emotiva-affettiva della leadership, quella parte della leadership in grado di generare e trasferire emozioni positive negli altri e nelle situazioni. In altri termini è importante ciò che «fa» e «dice» un allenatore ma, così come accade per tutti i processi d'influenza, è altrettanto importante «come» un leader si pone nei confronti degli altri. Le teorie dell'intelligenza emotiva e della leadership autentica stimolano l'approfondimento di una concezione di leadership veritiera, reale, legata alle unicità che ognuno di noi possiede. L'evoluzione dei tempi ci allontana dal vedere la leadership come un modello normativo all'interno del quale i manager devono tendere a conformarsi a comportamenti e azioni prescritte dalle proprie organizzazioni. Questo nuovo libro suggerisce allora di soffermarsi sui concetti di evoluzione e di autenticità: ognuno evolve, apprende, cresce nella dimensione cognitiva (competenze e azioni) e in quella emotiva (emozioni che si generano e trasferiscono) partendo dalle proprie caratteristiche, quelle che rendono ognuno di noi autentico, come è giusto che sia.

Integrando le nostre rispettive storie e competenze, abbiamo cercato di realizzare un'opera originale nel suo genere, narrando la carriera di un leader sportivo attraverso la lente delle teorie manageriali.

Il libro è scandito in dieci capitoli che raccontano la vita di Dan, dalla sua adolescenza fino al 1987, anno del Grand Slam con l'Olimpia Milano. Ogni capitolo raccoglie dalla viva voce del Coach aneddoti – sportivi e non – della sua pluridecennale storia di allenatore: pensieri, idee, azioni ma anche timori, dubbi ed errori.

Una chiave di lettura è quella che si sofferma sulle persone che Dan incontra nel corso della sua vita: molte gli regalano insegnamenti di cui farà tesoro. La sua evoluzione infatti nasce spesso dall'applicazione di quanto imparato durante le esperienze precedenti, dal riconoscimento di nuove situazioni, dalla ricerca di nuovi modelli di azione, dalla sperimentazione attraverso l'applicazione.

Gli aneddoti sono quindi riletti in chiave manageriale negli «Schemi di gioco» che chiudono ognuno di questi primi dieci capitoli. Una serie di domande – una sorta di «Scheda di allenamento» – intende aiutare inoltre ogni lettore a trovare le proprie personali risposte in un percorso di analisi individuale, secondo una logica di apprendimento. Non è importante considerare la sequenza dei temi manageriali che vengono descritti e che appartengono alla vita di Peterson. Ciascuno di noi infatti può vivere e apprendere aspetti diversi della leadership, in base alla propria personalità e alle situazioni che affronta. Anche Dan, come ognuno di noi, non è nato leader ma si è confrontato costantemente con prove sul campo e sfide interiori.

Il capitolo intitolato «Time-out» ospita le testimonianze di dieci compagni di vita che hanno avuto modo di conoscere Dan da vicino: i loro racconti compongono una rappresentazione il più possibile oggettiva del suo modo di essere leader, in campo e fuori.

Il capitolo conclusivo («L'evoluzione di una leadership autentica») racchiude proprio questo messaggio di sintesi: ognuno di noi vive costantemente una fase di apprendimento in situazioni che cambiano, dove l'autoconsapevolezza, la formazione e la crescita cognitiva ed emotiva consentono di evolvere come leader, ma soprattutto come persone.

Ringraziamenti

Questo libro ci ha dato la possibilità di evolvere, conoscendo meglio reciprocamente i nostri mondi. Se ciò è potuto accadere lo vogliamo riconoscere nel valore che abbiamo dato al nostro tempo. Il tempo inteso come le esperienze che ognuno di noi ha vissuto prima di arrivare a compiere questo lavoro, come una sorta di preparazione inconsapevole, e ancor di più il tempo che abbiamo trascorso insieme in questi mesi, ascoltandoci e confrontandoci, come una vera squadra.

Il concetto di tempo ha scandito ogni fase: il racconto della vita del Coach, le date delle partite da ricordare, i secondi mancanti alla fine delle azioni salienti raccontate, gli anni delle pubblicazioni, ma anche le ore trascorse insieme, i pasti condivisi a parlare di tutto fuorché del libro, la durata delle interviste sbobinate, il pensiero a quando rivivremo un'altra esperienza così arricchente. Il tempo ci ha permesso di scrivere un libro che ognuno all'inizio immaginava diversamente, ogni giorno un tassello in più, colorando lentamente un quadro unico, che nessuno avrebbe saputo fare senza l'altro. Ci siamo accorti che amiamo vivere il tempo intensamente, traendo valore dal supporto di amici e colleghi, cogliendo ogni opportunità per imparare, proprio come avviene nello sport. Ci siamo allenati a questo incontro e abbiamo vissuto questo libro come una bella partita che noi ci siamo goduti in ogni minuto, sapendo di avere tutto ciò che serviva per vincerla.

Ringraziamo: innanzitutto gli ideatori, Arianna e Silvano Burloni, per l'intuizione della coppia e per la perseveranza nel farci trovare il tempo necessario. Tutti i colleghi che in Università Bocconi lavorano sui temi del management sportivo, contribuendo alla crescita di un luogo di sapere e di eccellenza internazionale impegnato oggi su iniziative come il FIFA Master, la Sport Business Academy e lo Sport Knowledge Center. Il merito di aver legato Dan Peterson all'Università Bocconi spetta a due colleghi innovatori e lungimiranti: Severino Salvemini che, in qualità di responsabile dell'International Teaching Program, lo ospitò nel 1986 e nel 1987 per una testimonianza sui temi della leadership – e in quelle occasioni il Coach seppe farsi valere anche quando si trattò di spuntare un compenso di 500.000 lire a intervento! –, e Beatrice Bauer che, ancor prima, aveva visto nel Coach un valido strumento di apprendimento metaforico per i manager che frequentavano le aule dell'ateneo. Chiara Peveri, coraggiosa e paziente nel supportarci nella registrazione e sbobinatura di circa mille ore di interviste, ci ha guidati con eleganza verso l'attuale forma del libro. I magnifici dieci del «Time-out», che hanno dato un loro contributo originale al racconto della leadership del Coach, rendendo questo libro più ricco di prospettive. Tutte le persone citate e protagoniste degli aneddoti raccolti. Infine, i tanti manager che in questi anni hanno ascoltato gli aneddoti del Coach, vedendo lo sport come metafora di apprendimento di temi manageriali e trovando in noi fonte di ispirazione, passione ed energia.

Umanità
Fiducia
Gratitudine
Semplicità
Passione
Determinazione
Flessibilità
Visione
Coraggio
Comunicazione
Mi Di

1 Hai mai pensato di fare l'allenatore? (1936-1954)

Calendario

1936	Daniel Lowell Peterson detto Dan nasce a Evanston, il 9 gennaio 1936.
1941-47	Oakton Elementary School. Coach: Miss Helen Lindquist.
1946	YMCA. Coach: Norman Kent.
1947-49	Nichols Junior High School.
1949-54	Evanston Township High School. Coach: Danny Blaze, Jack Burmaster (dal 1952 al 1954).

Risultati

Nel 1951-52, al mio primo anno come allenatore del Ridgway Club (squadra dell'YMCA composta da giocatori della sesta elementare, undici-dodici anni), chiudiamo con 10 vittorie e 0 sconfitte (10-0), nel torneo dell'Evanston YMCA, più la vittoria all'All Star Game, dove il Ridgway Club riesce a battere la squadra composta da tutti i migliori giocatori degli altri club della stessa divisione della sesta elementare.
Stessi risultati anche nel 1952-53 e nel 1953-54, per un totale ogni anno di 11-0, 11 vittorie e 0 sconfitte, nella divisione YMCA del primo anno di scuola media. In più nel 1953-54, disputiamo altre cinque partite in altri tornei contro alcune scuole medie (più grandi di noi quindi!) della zona, chiudendo 5-0, per un totale quell'anno di 16-0.
Ero fortunato, il Ridgway Club era alimentato dagli studenti della Lincoln Elementary School, dove c'erano due bellissimi campi di basket. Tutti si allenavano bene e tanto. Difficile dire se contava di più l'allenatore (io) o i giocatori, di certo sono stati loro nel 1951 a chiedermi di diventare il loro allenatore.

Evanston, 9 gennaio 1936

È stato come nascere in un film. Sì, perché la città di Evanston, nello Stato dell'Illinois a nord della grande Chicago, spesso usata come scenografia di film per quanto era bella, ha un legame importante con il cinema. Lì sono nati Charlton Heston, John Cusack, Michael Madsen e altre stelle di Hollywood. Anche Marlon Brando ha passato alcuni anni della sua adolescenza proprio dove io ho iniziato la mia vita. Ricordo tante scene di noi ragazzi che giravamo intorno alle telecamere e ai ciak, incuriositi perché non sempre capivamo che cosa stesse accadendo. Quando sono nato io, il 9 gennaio 1936, gli Stati Uniti stavano attraversando, tra guerre e depressione, una fase significativa della loro storia. Nascere a Evanston è stata la più grande fortuna della mia vita, a pochi metri dal lago Michigan (grande quasi come l'Adriatico) e a un solo chilometro dalla Northwestern University, ateneo che avrebbe segnato la mia crescita.

Mio padre è Daniel Lowell Peterson Sr, ma tutti lo chiamano Ted, anche se pochi sanno come mai. Negli anni ho scoperto che Ted era il nome dell'orsacchiotto che non lo abbandonava mai, il suo «Teddy Bear». Lui così fermo, così deciso, così uomo, era stato anche un bambino, e questo me l'ha sempre fatto sentire ancora più vicino. Mia madre, di quattro anni più giovane, donna minuta ma impareggiabilmente bella, è Lillian Peterson (nata Lillian Grace Funk), da University Place, Nebrasks, trasferita al seguito del padre ingegnere arrivato fin lì per costruire il palazzo più voluminoso dell'Illinois – il Merchandise Mart –, perché esperto di costruzioni sull'acqua: tra il fiume Chicago e il lago Michigan, serviva un ingegnere così. È l'alchimia che ha tenuto insieme questa coppia per così tanti anni: lui asciutto, onesto, che ha sempre fatto un doppio lavoro per la famiglia; lei creativa, estroversa, appassionata; in comune una grande lealtà verso la famiglia e un incredibile spirito di sacrificio. Si conoscono nel 1926. Ted Peterson frequenta Northwestern, inizia lì l'università che poi lascia per mancanza di soldi; Tom Robinson, il mitico caoch di nuoto, gli chiede però di restare con lui come vice e allenatore dei Freshman. Ted un giorno va a cena a casa di Lillian, perché il fratello di lei, Harlan, fa parte di quella squadra di nuoto: un incontro casuale e da lì in poi è amore a vita. E dieci anni più tardi eccomi arrivare, e poi mio fratello di tre anni più piccolo di me. La mia famiglia nasce da una cena e da una storia di sport. E qui iniziano le mie radici, io Daniel Lowell Peterson Jr.

Il nuoto e gli inizi alla YMCA

L'odore di pelle bagnata mi riporta sempre a mio padre. Lui è un magnifico nuotatore. Porta il mio stesso nome e, come me, non si contraddistingue per la prestanza fisica, piuttosto per la presenza di spirito e la perseveranza. Asciutto e nervoso, è poliziotto e grazie alla sua passione per il nuoto viene chiamato nei casi di annegamento. Nella sua carriera ha salvato sei vite umane con la respirazione artificiale, vecchio stile. Ma in un caso, purtroppo, si è dovuto arrendere. Questo episodio ha segnato profondamente la mia esistenza e quella di mio fratello: abbiamo imparato per prima cosa il rispetto per la vita (e subito dopo a nuotare!). Quell'unico caso ha avuto come protagonista un ragazzo di dieci anni, figlio di quella che allora era la più famosa ristoratrice di Chicago – Vera McGowan –, morto annegato nelle limpide acque del lago Michigan. Avevano già dichiarato il piccolo deceduto, quando mio padre dice: «Signora, mi lasci lavorare sul bambino». È pieno di rabbia per non essere riuscito ad arrivare prima. E la madre disperata si aggrappa a quest'ultima speranza. Papà continua per sette ore i tentativi di rianimazione, sorretto solo dai nervi e dal cuore che ci mette, quasi potesse prestargli il suo, ma purtroppo senza successo. Alla fine viene ricoverato anche lui per lo sforzo fisico: aveva dato tutto come se quel bambino fosse stato figlio suo. Il valore della vita è uno dei suoi insegnamenti più profondi.

Appena adolescente – avevo dieci anni –, mio padre mi incoraggia a fare sport, naturalmente nuoto, e così mi iscrivo alla YMCA (Young Men's Christian Association), letteralmente la «Gioventù Cristiana», una sorta di oratorio italiano. La YMCA a Evanston ha sede in un palazzo riconoscibilissimo, di pietre grigie e con i vetri infrangibili alle finestre. È lì che ho avuto il mio primo incontro-scontro con lo sport. «Dan, l'abbonamento costa quattro dollari all'anno, eccoti un dime, dieci cents, per lo spogliatoio, sfruttalo al massimo, ti sarà utile nella vita». Così mio padre battezza la mia vita per lo sport. Mai profezia fu più azzeccata. Inizio a fare nuoto a nove anni, tutti i sabato mattina, dalle 9 alle 10. Per la prima volta mi trovo in uno spogliatoio, per la prima volta condivido con i miei compagni qualcosa di più dei giochi di strada.

Arriva il basket

A dieci anni, non sapevo quasi nulla del basket. Nel nostro quartiere c'era un canestro e Bobby McNally, un mio amico, aveva un pallone. Abbiamo fatto alcuni tiri a canestro e qualche uno-contro-uno, due-contro-due. Non sapevo niente del gioco cinque-contro-cinque. Per me era ricreazione, gioco, non ancora sport.

Richard Street, il mio amico più grande, quello che mi racconta le cose del mondo che non sempre capisco, un giorno mi dice: «Tu vai alla

YMCA, no?». Io: «Sì, per il nuoto». E Richard: «Ci sono anche allenamenti di basket, sempre sabato mattina». Io: «Cos'è un allenamento?». Richard: «Pratica, e c'è anche un allenatore». Io: «Cos'è un allenatore?». Richard: «Un istruttore, che ti insegna le tecniche». Ovvio, avendo esperienza quasi pari a zero, è tutto molto difficile per me. Oltretutto il pallone, in quegli anni, era fatto di cuoio e legato con lo spago: per un mingherlino come me è un vero macigno. Il tabellone e il cesto, a tre metri di altezza, sembrano più vicini alla luna che alla mia testa. «Ma che razza di sport è questo?! Il basket non fa per me, poco ma sicuro.» Per fortuna mi sbagliavo. Dopo quei primi tiri a canestro comincio ad avvicinarmi al basket, ma non lo prendo né seriamente né alla leggera, lo prendo come un gioco e l'idea mi piace, tra l'altro mi permette di passare più tempo alla Gioventù Cristiana, un posto che amo.

Sempre in quei giorni partecipo a un allenamento che ha cambiato la mia vita. Da sfigato di turno a eroe sul campo. Erano i giorni in cui ancora litigavo con quella strana palla tenuta insieme da lacci gialli: «Non riesco nemmeno a sollevarla! Figuriamoci a segnare un canestro», pensavo. Ancora non ero cosciente di che cosa un uomo possa fare quando dentro ha un cuore che batte. Ricordo come fosse adesso il primo allenamento guidato da Norman Kent, il coach che diventerà uno dei miei pilastri. Ex pugile ed ex giocatore di diversi sport allenava la squadra di basket dalle 10 alle 11 del sabato, subito dopo la mia ora di nuoto. «Ragazzi venite qui, formate due squadre. Bene, voi in fila indiana davanti a quel canestro. E voi allo stesso modo di fronte all'altro». Le regole sono semplici: il primo della fila tira e solo se fa canestro può dare la palla al secondo. Se invece la palla non entra, deve ritentare fino a quando non entra. La squadra che per prima segna con tutti i giocatori, vince. Io sono il primo a tirare della mia squadra. La palla è il solito macigno, e le mie deboli braccia e l'inesorabile forza di gravità non giocano a mio favore. Uno, due, tre tiri mancati e così tutti i successivi. Mentre io ero ancora lì a provare, i giocatori dell'altra squadra avevano finito tutti il loro turno. I miei compagni di squadra mi stavano odiando. Umiliato e deluso, avrei voluto essere anni luce da lì. Ma poi ecco che interviene il coach: «Ok, adesso cambiate campo». Norman Kent, facendo ripartire il gioco, distoglie l'attenzione dal mio caso disperato. Poi, mano sulla spalla in un gesto di protezione e senza farsi sentire, mi dice: «Danny, hai già avuto il tuo turno. Ora mettiti in coda, e lascia che provino i tuoi compagni. Quando toccherà di nuovo a te avrai una seconda possibilità». Quel gesto semplice mi ha restituito dignità e coraggio. Al secondo turno eravamo in vantaggio, e io ero completamente rilassato, fin troppo, tanto da non accorgermi nemmeno che toccava a me. A un certo punto sento «Ehi, tu, tocca a te!». Avvertivo ancora tanta pressione, ma questa volta tutta la mia squadra mi stava intorno e mi incitava. Dovevo spingere la palla dal basso in alto con tutta la mia forza. Tutti quegli incitamenti mi sembravano come braccia attaccate alla palla per tirare insieme a me. Sentivo il bisogno di fare qualcosa per la squadra e volevo riuscire anche per il coach, che aveva creduto in me. Il miracolo. Segno e vinciamo la seconda manche. In pochi istanti ero passato dalle stalle alle stelle, una sensazione che avrei riprovato ancora nella vita, ma quella volta non la dimenticherò mai. E ancora, guardando con gli occhi di oggi, so che quell'episodio non è accaduto per caso.

Nasce così la mia passione per il basket, anche se per tanti anni rimarrà il baseball il mio primo amore. Con coach Kent imparo tutti i fondamentali. Furono anni di grandi cambiamenti e rivoluzioni sia nelle regole, sia nella tecnica, sia nei materiali. Ho visto la palla di cuoio legata dai lacci trasformarsi nella sfera con otto spicchi; ho visto sparire il lancio a canestro dal basso a favore del tiro in sospensione; ho visto evolvere le regole su tempi e falli; ho visto il ferro cambiare colore da nero ad arancione, il tabellone cambiare da legno a cristallo. Insomma, tutto.

La curiosità del bambino

In quegli anni la mia vita si divide tra la YMCA e la scuola elementare. La Oakton Elementary School si trova solo a tre strade di distanza da casa, lì ho passato sei anni, fino al 1947: votata in quel periodo come migliore scuola elementare degli Stati Uniti per insegnanti, libri, impianti, programmi di studio, esami ecc., è anche il luogo dove entro in contatto con le discipline sportive, grazie al mio primissimo coach, Miss Helen Lindquist. Sì, il mio primo allenatore è stata un'allenatrice! Era molto brava e non dimenticherò mai il suo desiderio di farci imparare e divertire allo stesso tempo, con esercizi nuovi e coinvolgenti. Con i miei compagni ci chiedevamo: «Chissà che cosa ci farà fare Miss Lindquist oggi?». Lezione che ho portato con me anche in seguito: per imparare occorre anche divertirsi.

Contagio tutta la famiglia con la mia passione per lo sport. Ero un bambino vivace, ma soprattutto avevo Richard Street, l'amico «furbo» da seguire, e non ci facevamo scappare occasione per combinare qualcosa di simpatico. Potrei scrivere un libro solo su quello. Tra le tante avventure però alcune mi hanno segnato per la vita. A parte le innumerevoli volte che ci siamo intrufolati a vedere partite (e film!) senza pagare, avevamo preso l'abitudine di andare negli spogliatoi per spiare le squadre e i coach durante gli allenamenti. Eravamo piccoli e magri e nessuno faceva caso a noi, così riuscivamo a entrare quasi sgattaiolando e ad appostarci sopra gli armadietti di latta grigia, sdraiati di pancia con le mani sotto il mento e la testa che si sporgeva il minimo indispensabile per poter vedere e non essere visti. Eravamo i tipici bambini rompiscatole!

È il 1948 e «West & Huff Sporting Goods» è il più importante negozio di articoli sportivi in città oltre che il ricco sponsor di una squadra giovanile di basket. A quei tempi erano invincibili, conquistavano tutti i campionati amatoriali che negli Stati Uniti vengono chiamati *recreational league*. Ma quel pomeriggio, anche loro, durante una partita in casa, arrivano all'intervallo nettamente sotto. La squadra rientra negli spogliatoi e io non resisto alla tentazione di sentire che cosa l'allenatore dirà alla squadra per farli reagire. Ero convinto che avrebbe urlato e che sarebbero volate scintille. Così, affinata oramai la tecnica dell'appostamento sopra gli armadietti, mi metto all'ascolto, mimetizzato nello spogliatoio.

Non mi ricordo la squadra avversaria e non mi ricordo neppure il nome del coach, ma non potrò mai dimenticare le sue uniche parole: «The first half was all theirs; the second half will be all ours. Let's go!». «Il primo tempo è stato tutto loro, il secondo tempo sarà tutto nostro, andiamo!» Rimango allibito. Nessuna critica, nessuna recriminazione, niente urla, niente sguardo al passato, solo un messaggio di grande fiducia, guardando al futuro. Stava dicendo loro: «Io ho fiducia in voi, possiamo vincere e lo faremo!». Ho riutilizzato questa frase in centinaia di occasioni, da allenatore a mia volta.

Sempre in quel periodo ho conosciuto coach Jackson, allenava la prima squadra della mia scuola e allenava noi piccoli con il metodo più naturale: «Prendete la palla e andate fuori a giocare!». Ricordo una partita della prima squadra contro la Foster School: quest'ultima era una squadra fortissima, la prima di soli giocatori di colore della nostra città, ineguagliabili nello stile ma anche nel look, proprio un'altra categoria, con le loro divise bianche e rosse e il coach in giacca rosa e papillon. Io sono sul tavolo con il segnapunti, al termine del primo tempo siamo sotto di parecchio. È il momento di rientrare negli spogliatoi, il coach mi guarda e mi dice: «Come on, bring the scorebook». «Forza, porta il segnapunti». Pensavo: «Adesso ci sarà bufera negli spogliatoi». Lui invece prende il punteggio, alza la testa e chiede ai ragazzi: «C'è qualcuno qui capace di marcare Huff?». Silenzio. Poi Bob Bennett semplicemente alza la mano e il coach aggiunge: «Let's go!», nient'altro. Tutti avevano paura della sua reazione, ma a lui erano bastate queste parole per dare forza alla squadra. E alla fine vinciamo. È stata un'altra lezione di sintesi e praticità che ho messo nel mio bagaglio.

Finalmente inizio ad allenare

Nel 1950 inizio l'high school alla Evanton Township High School (ETHS). Questa scuola ha contribuito alla mia formazione sportiva. Nei primi mesi incontro coach Danny Blaze, allenatore di football in autunno, basket in inverno, baseball in primavera. Mi colpisce il suo calore umano, sempre pronto a salutare, a dare importanza a chi gli si avvicinava. La mia vita sportiva continua nella YMCA. Ognuno di noi faceva parte di una squadra, in base all'età, e partecipavamo a diversi tornei. Io giocavo nel Walker Club, non ero forte ma avevo passione. Nel 1951 mi capita la scena che forse aspettavo da tempo. Tardo pomeriggio, sono sul campo per l'allenamento. A un certo punto vedo una banda di ragazzini, avranno avuto dieci-undici anni, che viene verso di me. «Ciao Dan, ti abbiamo visto giocare. Vuoi essere il nostro allenatore?». Frequentavano la Lincoln Elementary School e avevano formato a loro volta un club, il Ridgway (dal nome del famoso generale della guerra in Corea). «Perché no?», rispondo. Avevo solo quindici anni, ma non prendo l'incarico con superficialità. Non solo, volevo che la mia squadra non si limitasse alle dieci partite interne alla YMCA, volevo che i Ridgway giocassero anche amichevoli contro le altre scuole medie. Anche questa sarà una mia fissazione: giocare tanto e farsi vedere. Migliora la tecnica e alza il morale.

Come giocatore non mi sentivo realizzato, ma per la prima volta come allenatore mi vedevo bene nel mio ruolo. Appagato e stimolato, non ero ancora cosciente del fatto che quella sarebbe stata tutta la mia vita, eppure mi rendevo conto che quella sensazione mi faceva stare bene, mi sentivo importante. In quel periodo ho anche avuto la fortuna di allenare giocatori molto forti, che negli anni a venire sarebbero stati protagonisti di grandi carriere sportive come Dave Tremaine nell'USNA (United States Naval Academy), Art Schawarm (Michigan State), Brad Myers (Michigan) e Jim Purnell (Wisconsin) che ha poi giocato per otto anni nell'NFL (National Football League) come *linebacker* con i Chicago Bears e i Los Angeles Rams. Non ho particolari meriti nella loro riuscita, di sicuro hanno avuto più influenza loro su di me, ma con ognuno di loro ho svolto un lavoro tecnico per migliorarli. Erano gli anni in cui ci si allenava per il tiro in sospensione (*jump shot*) e non tutti erano coordinati per farlo. Da loro ho appreso sicurezza e passione, per questo li ricordo con affetto. Studiavamo insieme le foto dei giornali e delle riviste, e commentavamo gli articoli e le cronache delle partite. Eravamo molto più di una squadra, eravamo tutto un mondo. Ci allenavamo con impegno e serietà.

Un giorno chiedo ai Walker di giocare una partita amichevole contro di noi, come allenamento. Le speranze di vittoria sono praticamente nulle, perché la mia squadra è quattro anni più giovane. I miei ragazzi perdono, ma di un solo punto – 29 a 28, non posso dimenticare il punteggio –, è stata una grande soddisfazione. Il giorno dopo a pranzo gli amici non mi dicono «Bravo, Dan!», ma era buffo perché parlavano della mia squadra come se fosse la loro, come se la scoprissero in quel momento. Era divertente farlo, e io ero sereno, ancor di più: ero felice. Un po' per scherzo il mio compagno Chick Bartholomew inizia a chiamarmi «Coach». A distanza di anni, diventerà quasi il mio vero nome.

Il valore di avere maestri

Un altro idolo di gioventù è Jack Burmaster. Lo conosco nel 1952, quando alleno il Ridgway Club. Lui arriva per allenare l'ETHS, ha solo venticinque anni, ma vanta una carriera importante sia da giocatore sia da allenatore. È il mio grande maestro, la sua impronta rimarrà per sempre nel mio essere coach. Mi taglia, o meglio mi esclude, come giocatore perché non ero abbastanza bravo. Un giorno mi dice: «Dan, mi spiace ma non posso tenerti in squadra quest'anno. E poi sei troppo importante per me, per il lavoro che fai con i ragazzi del Ridgway Club». Peccato che fosse il mio ultimo anno! Però, a sostegno del mio morale, posso dire che avevamo grandi campioni in squadra e io mi ero sentito comunque stimato e parte del gruppo. In poche parole mi aveva fatto sentire importante. Mi teneva in grande considerazione, anche se all'epoca ancora nessuno poteva immaginare che sarei diventato un vero allenatore. A Burmaster chiedevo consigli e suggerimenti, e lui immancabilmente rispondeva: «Insisti sui fondamentali, vedrai che il gioco poi viene».

Ricordo un episodio in particolare. È il 1954, nostro ultimo anno, ETHS deve giocare venerdì in casa per il titolo della Suburban League contro Morton High School di Cicero Illinois – luogo famoso perché sede delle operazioni di Al Capone –, con cui avevamo vinto all'andata. Il giorno dopo avremmo giocato in trasferta contro quelli di Oak Park, che giocavano a loro volta la sera del venerdì a Highland Park. Il coach non riesce a trovare nessuno dello staff disposto ad andare quel venerdì alla partita degli Oak Park per visionare i loro schemi e i loro giocatori. Tutti vogliono rimanere a Evanston, a seguire la partita in casa. Burmaster ormai mi conosceva bene, avevo passato due anni al suo fianco, a parlare della squadra, degli schemi e del basket in generale. Stavo crescendo in fretta, grazie a lui. Così, quel venerdì mi convoca, «Dan, andrai tu a visionare gli Oak Park stasera, sei pronto». Ero un ragazzino di diciotto anni, sapevo che il compito era tanto più «grande» di me. Ma Burmaster mi aveva trasmesso talmente tanta energia che sapevo di poterlo fare bene. Highland Park distava circa venti chilometri da Evanston. Ricordo l'emozione al momento di chiedere l'auto ai miei genitori. «Dove devi andare, ragazzo?», disse mio padre con fare severo. Ricordo di aver fatto il tragitto consapevole e felice, avevo una missione importante da compiere. Arrivo, finalmente, e ad aspettarmi trovo un accredito all'ingresso e un cartellino bianco su un tavolo in prima fila accanto al campo con scritto: «Scout – Evanston». Sono io! Quella sera i nostri perdono, mentre Oak Park vince facilmente. Passo la notte a scrivere: una dettagliata relazione di una decina di pagine. Ero orgoglioso di come avevo portato a termine il lavoro. Il sabato mattina vado al campo e incontro Jack Burmaster. Ha lo sguardo perso, la sconfitta della sera prima brucia ancora. Lui prende in mano la mia relazione, la sfoglia velocemente e con grande gentilezza, e mi dice: «Ottimo lavoro, Dan. Ma... dimmi l'essenziale: i giocatori più pericolosi, come giocano, la chiave per batterli». Passiamo una buona mezz'ora nel suo ufficio a ragionare insieme su tutti gli aspetti di gioco. Ricordo benissimo le sue parole: «Dan, apprezzo molto quello che hai fatto, vieni con noi in pullman questa sera». Mi aveva dato luce, mi faceva andare con la prima squadra, era la cosa che più desideravo. Normalmente la mia presenza non avrebbe avuto senso, ma quella sera eravamo tutti un gruppo. Vinciamo – non certo per merito mio, avevamo grandi campioni –, ma io avevo fatto parte di quella vittoria, come tutti gli altri.

Allenare senza schemi

Allora cominciava a delinearsi il mio stile come coach. Ai miei ragazzi del Ridgway Club insegnavo principalmente il tiro e i fondamentali: passaggio, palleggio e terzo tempo. La difesa molto meno. Mi interessava in primo luogo che imparassero a giocare l'uno-contro-uno. E soprattutto poi non avevo uno schema di gioco. D'altronde erano quelli i primi anni in cui il basket si sviluppava sotto il profilo tecnico. Volevo che la mia squadra fosse pronta a giocare la partita. Ci allenavamo alla stessa velocità della partita. Comincio allora a capire l'importanza dell'allenamento: il talento non poteva bastare per diventare campioni, i miei giocatori dovevano essere veloci, spingere al massimo, dare tutto come in partita. Se lo sapevamo fare durante l'allenamento avremmo saputo farlo anche contro le altre squadre. E c'era un solo segreto: ripetere dieci, cento, mille volte il gesto, perché diventasse armonioso e perfetto. Per ottenere questo tipo di impegno dovevo inventarmi un premio importante per la squadra.

Il coach Burmaster è una grande risorsa di spunti e consigli, e riesce a essermi utile anche in questo caso: «Dan, te la senti di far giocare ai tuoi ragazzi delle mini partite durante gli intervalli della prima squadra? Sono solo otto minuti, ma se li usi bene ne avrai grandi benefici». Ovviamente accetto. È un'esperienza preziosa, l'occasione per i miei ragazzi di confrontarsi con un pubblico numeroso – in media tremila persone – e per tutti di apprezzare il lavoro che stavamo facendo. È un palcoscenico per loro ma anche per me, nei confronti sia della mia città sia del mio coach. Non solo, grazie a questi incontri i Ridgway potevano toccare con mano e prendere confidenza con la pressione e le aspettative di un pubblico vero. Questo inietta dosi massicce di adrenalina in tutti noi, ci alleniamo già con grande entusiasmo e volontà ma dopo la prima partita, sapendo che ce ne sarebbero state altre, cominciamo ad aumentare anche l'intensità. Volevamo fare bella figura, volevamo assaggiare di nuovo il sapore degli applausi della nostra città, sentivamo il bisogno quasi fisico di quel quarto d'ora di gloria una volta alla settimana.

Quando gli altri vedono più di te

Avevo finito il mio percorso scolastico già nel 1953, ma avevo diciassette anni e non mi sentivo pronto per l'università. Ero rimasto un anno in più a scuola per imparare, ma soprattutto per finire il lavoro con il mio club alla YMCA. È il 1954, fine anno scolastico. Sono seduto nell'ufficio di Burmaster, di fronte a lui, quando mi chiede: «Dove andrai all'università?». «Illinois», gli rispondo. E lui: «La mia stessa università». Certo lo sapevo, sapevo tutto di quell'uomo, era il mio mito, il mio maestro. Coach Burmaster, quasi a bruciapelo, mi incalza: «Hai mai pensato di fare la carriera dell'allenatore di basket?». «Mah...», esito. Ero cosciente dei miei limiti come giocatore, avevo tecnica ma mi mancavano decisamente il talento e l'altezza. Sapevo che avrei continuato a fare l'allenatore, ma non avevo mai preso in considerazione la carriera da professionista. Prendo tempo e provo a dire la cosa più ovvia: «Ma coach, per diventare allenatore avrei dovuto prima essere un bravo giocatore!». Burmaster non molla e mi rassicura: «Certo, molti allenatori sono stati a loro volta grandi giocatori, ma ci sono grandi coach che non hanno mai giocato o che erano mediocri. Conosci Eddie Hickey?». Certo che lo conoscevo, è il mitico allenatore della St. Louis University. «Ecco, lui non è mai stato un giocatore di basket, scaldava la panchina, era più portato per il football eppure guarda che grande carriera ha fatto». La mia espressione è ancora perplessa, Burmaster si accorge che mi sto sciogliendo, così continua: «Hai mai visto Eddie Hickey in persona?». No, non l'avevo mai visto. «È alto più o meno come te. E sai come lo chiamano? The Little General!» È stato in quel preciso istante che ho deciso che cosa avrei fatto della mia vita.

Quei tre anni passati a far crescere i miei ragazzi, ad appassionarmi per le loro vittorie e per il nostro lavoro insieme, a sentire il tifo e il calore degli spettatori, a studiare, leggere e farmi chilometri per poter assistere a più partite possibili, erano serviti a qualcosa. Sentivo che il mio percorso di vita stava prendendo forma.

Schemi di gioco. Attitudini e passioni professionali

La lettura dal punto di vista manageriale dei primi anni di vita di Dan Peterson ci permette di approfondire i temi dell'età evolutiva nella costruzione della nostra personalità e del ruolo delle attitudini professionali.

L'età evolutiva: alla scoperta delle proprie attitudini

L'età evolutiva, anche più recentemente definita come età dello sviluppo, è un periodo importante della nostra vita, che non ha una rigida definizione temporale. Si può dire che l'età evolutiva sia il periodo compreso tra la nascita e i vent'anni, suddiviso in età dell'infanzia (0-6), età della fanciullezza (6-10), pre-adolescenza (10-13), adolescenza (da 13 in poi). Il periodo giovanile è considerato un momento controverso, proprio perché collegato all'evoluzione della persona. Per molti studiosi coincide con l'età della reazione, della contro-dipendenza, principalmente al sistema educativo di riferimento che spesso si identifica con la famiglia. È altresì vero che la fase evolutiva è ricca di episodi in cui l'individuo è libero di scegliere, di dedicarsi alle proprie passioni, soprattutto nella scelta di allocazione del proprio tempo, dei compagni da frequentare, dovendo confrontarsi anche con i rischi nei quali è possibile incorrere[1]. La lettura delle attività sportive e in generale delle passioni riposte in altre attività culturali (per esempio musica, teatro, arte ecc.), ci può aiutare a comprendere quali siano le nostre attitudini, che cosa ci piace di più, in che cosa riusciamo meglio. Sport individuali, di squadra, di coppia. All'aperto, al chiuso, prevalentemente fisici o mentali, di forza o di coordinazione e così via. Che cosa facciamo in modo libero spesso ci ricorda quello che ci piace e chi siamo.

Attitudini, conoscenze, competenze

Per *attitudine* s'intende una particolare predisposizione per un'attività mentale o fisica. Le competenze si possono insegnare, le attitudini necessitano di un percorso di apprendimento più articolato. Le attitudini sono legate al vissuto della persona nella sua esperienza complessiva. Sono influenzate e determinate dagli schemi e dai comportamenti cognitivi maturati negli ambienti ai quali siamo stati esposti, dai luoghi nei quali siamo cresciuti e nei quali ci siamo allenati alla vita. In tema di teorie del capitale umano è anche utile distinguere le *conoscenze*: contenuti, principi, teorie, concetti, termini, regole, procedure, metodi, tecniche; le *capacità*: applicazioni pratiche di una o più conoscenze teoriche, che migliorano con la ripetizione e con l'esperienza; gli *atteggiamenti*: convinzioni personali fornite di valore, che si manifestano con i comportamenti. Le attitudini sono difficilmente modificabili in età adulta e sono alla base dei comportamenti e degli atteggiamenti che poi sviluppiamo nei confronti degli altri e del lavoro.

Gli aneddoti selezionati nel racconto di Peterson ci portano a riconsiderare il valore dei nostri primi anni di vita in società, quando sperimentiamo emozioni e situazioni. Alcune più importanti di altre, soprattutto nei segnali che ci lasciano e nelle pulsazioni che ci creano. Peterson ha ricordato il suo avvicinamento allo sport, al nuoto, e il suo passaggio al basket. È rimasto positivamente colpito dal gioco di squadra, dalla relazione con i compagni e dal suo primo coach, Norman Kent. Ha scoperto che il gesto sportivo – nel suo caso, il primo canestro – non è solo un gesto atletico e fisico, è soprattutto un gesto emotivo: può essere bloccato dalla paura, oppure spinto dalla gioia, dalla fiducia del coach e dal supporto dei compagni.

Scegliere i maestri

Il passaggio successivo alla scoperta del basket è la fascinazione per il mondo degli allenatori e il desiderio di entrare nel luogo sacro dello spogliatoio durante le partite. Peterson ha riutilizzato nella sua carriera frasi ascoltate a poco più di dodici anni, nascosto sopra gli armadietti impolverati. La sua curiosità lo portava a voler scoprire che cosa facessero gli allenatori per vincere o recuperare partite ormai perse. Il passaggio da giocatore ad allenatore all'età di soli quindici anni, quando si trova a guidare un gruppo di ragazzi di quattro anni più giovani di lui, lo rende felice e lo fa sentire realizzato. Spesso capita che ciò che ci accade sia in parte casuale e in parte fortemente sperato. Peterson sapeva che non sarebbe diventato mai un giocatore di basket, e sentiva che poteva fare altro per lo sport. Il legame con gli allenatori si consacra con la relazione speciale che egli è in grado di costruire con Jack Burmaster. Quest'ultimo, dal 1952 al 1954, lo adotta e lo guida negli ultimi anni della carriera scolastica alla Evanston Township High School. Burmaster non lo arruola come giocatore ma, riconoscendone le qualità, lo vuole con sé nella squadra, sostiene la sua esperienza da allenatore del Ridgway Club presso la YMCA e lo incarica come scout-man. Infine lo conduce a prendere coscienza dei suoi orientamenti e delle sue attitudini, ma ancor di più delle sue passioni. Burmaster ha avuto la capacità e la responsabilità di stimolare Peterson verso la strada del coaching sportivo professionistico.

Ognuno di noi ha avuto uno o più coach che ci hanno instradato, che ci hanno fatto vedere aspetti del nostro carattere che risultano più evidenti agli altri che a noi stessi. Jack Burmaster è solo il primo di una lunga serie di allenatori che Peterson ha incontrato o che, per meglio dire, si è scelto come punti di riferimento per la sua crescita. Avere dei maestri (o dei miti) vuol dire soprattutto saperli scegliere, saper riconoscere in loro una fonte di apprendimento e ispirazione. L'apprendimento consapevole tuttavia è solo una parte del nostro imparare e in larga parte si manifesta in modo inconscio.

Leggere le attitudini

Molti sistemi di recruiting nelle imprese si fondano sulla convinzione che sia utile selezionare le persone in base alle loro attitudini e non in base alle loro competenze[2] perché, se è possibile investire in formazione e sviluppo per le competenze, non lo è per le attitudini. Le attitudini possono essere classificate in modi diversi, un metodo efficace distingue *capacità elaborative*: di ricerca dei legami tra variabili, analizzando diversi dettagli in collegamento tra loro; *di ascolto*: intercettazione e classificazione delle variabili ascoltando e ricercando il senso della realtà; *decisionali*: orientate alla concretezza, alla definizione di alternative di scelta, all'azione. Ognuno di noi può aver sviluppato una, due o tutte queste attitudini, con un livello basso oppure elevato. La combinazione di questi fattori determina una serie di orientamenti attitudinali che spiegano il perché una persona si trovi a suo agio o meno in un certo ruolo professionale. Saper identificare ciò che ognuno sa far meglio spesso porta anche a identificare le attività per le quali si muove la passione, intesa come meccanismo nel quale si attivano le pulsioni della persona.

Cuore professionale

Svolgere una professione in assonanza con le proprie attitudini personali sviluppa *motivazione intrinseca*, perché la persona riesce a trovare soddisfazione nel lavoro che svolge e s'impegna in quanto è stimolante e gratificante. Quando invece carriera professionale e attitudini prendono due strade differenti, si vivono contraddizioni e situazioni dissonanti. Spesso si fa appello ai sistemi di incentivazione per colmare questo divario, ma non sempre con risultati positivi. È difficile dire quale processo di gestione del personale sia più importante, tra selezione, formazione, sviluppo, ricompensa, incentivazione ecc. Il punto di partenza è avere persone giuste al posto giusto. Ciascuno dovrà sentirsi soddisfatto per la possibilità di svolgere le attività per le quali si sente portato, per l'opportunità di conoscere nuovi strumenti e sviluppare le proprie capacità e abilità, per il fatto di svolgere un ruolo utile e di valore, provando il piacere insito nel portare avanti le attività di cui si è responsabili, siano esse molto o poco rilevanti dal punto di vista gerarchico o strategico per l'impresa in cui si opera.

Le imprese investono molto nella selezione per trovare un giusto incrocio tra posizioni lavorative e profili dei candidati ma, se questo è compito della selezione del personale, altrettanto importante è allenare la scoperta e la conoscenza delle proprie attitudini[3].

Questo processo di auto-consapevolezza – da cui può prendere avvio un percorso professionale di successo, primo tassello di diverse forme di leadership[4] – si può considerare un processo emergente dove ognuno è portato continuamente a comprendere i propri talenti, i punti di forza e di debolezza, i significati dell'azione, i valori, i credo e i desideri. Può anche voler dire conoscersi bene in termini di competenze, esperienza e capacità[5]. Chi è dotato di intelligenza emotiva possiede auto-consapevolezza quando è in grado di riconoscere e comprendere i propri stati d'animo, le proprie motivazioni, gli stimoli e l'impatto del proprio agire sugli altri, e questo si può ottenere solo con un'accurata e realistica auto-valutazione. Infine, auto-consapevolezza è anche la comprensione di valori, identità, emozioni, obiettivi e motivazioni che ognuno esprime nel vivere le sfide professionali[6].

Peterson nella sua età evolutiva, fino ai diciotto anni, vive in un contesto ricco di stimoli sportivi, all'interno del quale ha la possibilità di riconoscere e coltivare la passione per lo sport e per la professione dell'allenatore. Ma soprattutto ha la possibilità di comprendere che cosa lo motiva realmente: riesce cioè a scoprire per che cosa batte il suo cuore professionale.

Scheda di allenamento

- Quali sono le vostre attitudini più spiccate tra quelle elaborative, decisionali e di ascolto?
- Pensate di avere una buona conoscenza di voi stessi (auto-consapevolezza)?
- Siete in grado di descrivere ciò che guida le vostre azioni in termini di valori, identità, emozioni, obiettivi e motivazioni?
- Quanto il vostro lavoro di oggi è in linea con le vostre attitudini?
- Quali sono stati gli sport (o altra attività: musica, teatro, arte ecc.) che hanno contraddistinto la vostra adolescenza? Perché li avevate scelti?
- Nel praticarli, quali episodi ricordate con maggiore emozione? Che cosa vi hanno insegnato?
- Quali allenatori o istruttori ricordate con maggior piacere? Per quali insegnamenti?
- Quale legame è possibile identificare tra le vostre passioni giovanili e la vostra carriera professionale?

Letture

[1] S. Bonino, E. Cattelino, S. Ciairano, *Adolescents and Risk. Behaviors, Functions and Protective Factors*, Milano-New York, Springer Verlag, 2010.

[2] J. Pfeffer, *The Human Equation: Building Profits by Putting People First*, Cambridge, Harvard Business School Press, 1998.

[3] H.G. Halvorson, T.E. Higgins, «Know What Really Motivates You», *Harvard Business Review*, March 2013.

[4] B.J. Avolio, W.L. Gardner, «Authentic Leadership Development: Getting to the Root of Positive Forms of Leadership», *The Leadership Quarterly*, 2005, n. 16, pp. 315-338.

[5] W. George, *Authentic Leadership: Rediscovering the Secrets to Creating Lasting Value*, San Francisco, Jossey-Bass, 2003.

[6] W.L. Gardner, B.J. Avolio, F. Luthans, D.R. May, F.O. Walumbwa, «Can You See the Real Me? A Self-Based Model of Authentic Leader and Follower Development», *The Leadership Quarterly*, 2005, n. 16, pp. 343-372.

2 La valigia sempre pronta (1954-1962)

Calendario

1954-55	Physical Education, University of Illinois at Urbana-Champaign.
1955-58	Bachelor of Science, School of Education, Northwestern University. Chairman, School of Physical Education: Dr. Walter Gregg (dal 1957-58).
1958-59	Master of Arts, School of Education, University of Michigan (Ann Arbor, MI). Vice-allenatore di University High School (Ann Arbor, MI). Head Coach: Nelsen Lehsten.
1959-60	Grass Lake High School (Grass Lake Township, MI). Principal della scuola: James Overly.
1960-62	Immaculate Conception School (Highland Park, IL). Capo: Father Nicholas Carsello.

Risultati

Nel 1954-55 sono alla University of Illinois at Urbana Champaign, poi dal 1955 al 1958 alla Northwestern University. Studio tanto, non alleno ma mi impegno a fare altro. Faccio l'arbitro dove posso per osservare il gioco da una prospettiva diversa, ma anche per raggranellare qualche spicciolo in più. Faccio scouting, visionando gioco e giocatori di altre squadre. Nel 1958-59 vado all'Università del Michigan per la seconda laurea, con la borsa di studio (fellowship) che avevo ricevuto in virtù dei buoni voti alla Northwestern University; mi trovo come vice-allenatore della University High School ad Ann Arbor (MI). Quell'anno la prima squadra conta 7 partite vinte e 11 perse (7-11), facendo giocare molti juniores. L'anno dopo, quando ormai io non ci sarò più, saranno 19 vinte e 4 perse; l'anno successivo 20 vinte e 3 perse. Tutto grazie all'investimento sui giovani. Mi piace sempre continuare a seguire i risultati delle mie squadre anche negli anni successivi, quando ormai io sono andato via. Un buon coach costruisce e lascia una squadra vincente.

Nel 1959-60, alla mia prima esperienza da capo allenatore alla Grass Lake High School, piccola scuola con meno di duecento studenti, otteniamo 3 vittorie e 15 sconfitte (3-15), avendo fatto giocare i più giovani. L'anno successivo, ancora una volta dopo la mia partenza, saranno 12 vinte e 6 perse, l'anno dopo 15 vinte e 3 perse. Anche questi li sento come risultati miei. Nel 1960-61 alla Immaculate Conception School a Highland Park (IL) totalizzo 19 partite vinte e 6 perse (19-6) nell'intera stagione, 5 vittorie e 1 sconfitta (5-1) nella lega della zona – torneo tra le scuole, il principale dell'intera stagione – dove arriviamo pari merito con Sacred Heart Winnetka (IL) e St. Xavier di Wilmette (IL), tutte e tre le squadre con un record di 5-1 nella piccola lega di scuole cattoliche. Per noi è un grande successo, non era mai capitato prima. La mia scuola è molto piccola, sessanta studenti, mentre le altre due ne contano più di duecento. È come se una matricola arrivasse in cima con le grandi. L'anno dopo (1961-62) riportiamo 11 vittore e 7 sconfitte (11-7) nell'intera stagione, 4-2 nella lega della zona. Finiamo al secondo posto ma finalmente battiamo i già campioni di Sacred Heart per la prima volta nella storia di Immaculate Conception School. L'anno successivo vado via, per due anni la squadra vincerà la lega. La programmazione aveva funzionato e io ero riuscito a togliermi qualche soddisfazione.

A tre ore da casa

A parte qualche settimana trascorsa nei camp, non avevo mai vissuto fuori casa. Ma anche per me arriva il momento di lasciare Evanston, la famiglia, gli amici e le mie abitudini. Il 1954 è il mio primo anno di università all'University of Illinois at Urbana-Champaign, a circa tre ore di auto da dove vivevo. A Urbana è nato il famoso Hal9000, il calcolatore assassino di *2001 Odissea nello spazio* di Kubrick. Come per tutte le matricole l'inizio non è facile, ma niente di drammatico. Vivo nella confraternita Kappa Sigma con altri sessanta ragazzi e, dato che tra tutti l'unico astemio sono io, spesso mi viene affidato l'incarico di «autista». Vi lascio immaginare la scena: una banda di marcantoni, giovani, esuberanti in preda a una certa effervescenza alcolica, stipati su un'auto che riusciva a contenerci in sei. E alla guida, con berretto e cartello di ordinanza «non parlate all'autista», il piccolo Dan. Non è commovente?

Quell'anno mi iscrivo alla scuola di Physical Education. La mia media è buona, ma so di poter fare meglio. Il mio obiettivo è ottenere buoni voti, così da sopperire alla mia modesta carriera come giocatore e puntare al ruolo di coach. Ma purtroppo l'ambiente non mi permette di impegnarmi come avrei dovuto e voluto. Alcune esperienze sono comunque molto costruttive, per esempio il corso di football americano... per otto settimane prendo tante di quelle botte che le sento ancora oggi! Per la mia formazione quel primo anno è stato fondamentale. Ho visto grandi talenti giocare e fare cose innovative, arricchendo il mio bagaglio di conoscenze. Il periodo a Champaign-Urbana mi ha formato moltissimo, ma presto realizzo che per avere opportunità concrete dovevo tornare a Evanston, vicino ai miei riferimenti sicuri e consolidati. E così il secondo anno lo faccio alla Northwestern University, a pochi metri da casa, dove prenderò il mio primo titolo di studio universitario, il Bachelor of Science presso la School of Education.

Saper guardare dentro

Ero sempre rimasto in contatto sia con i ragazzi sia con i miei coach della ETHS. Quando potevo andavo a trovare Danny Blaze che all'epoca allenava la squadra di baseball. Era un uomo sempre positivo, andare da lui mi dava energia e approfittavo di ogni occasione per potergli parlare. Ricordo un incontro in particolare. È una bella giornata di sole e, come succede spesso in quel periodo, sono uscito di casa vestito leggero ma alla moda: Lacoste blu, jeans di quelli giusti e un bel paio di *tan buck shoes* (le scarpe beige di daino). Insomma, un vero fighetto. Decido di andare a vedere gli allenamenti di baseball e, casualmente, incontro coach Blaze che esce dallo stadio, tutto carico di mazze e attrezzature. Gli vado incontro, lo saluto e gli offro il mio aiuto, ma lui ha già un suo equilibrio e mi fa un cenno, come a dire «grazie Dan, sono a posto, se ti passo qualcosa cade tutto!». Stiamo camminando verso il campo e gli chiedo della squadra: «Coach, come sarà la squadra quest'anno?». E lui mi risponde: «Dan, non lo so... non partiamo favoriti, ma se mettiamo il cuore potremmo anche farcela». Quelle parole rimbombano nella mia mente: «se giochiamo con il cuore...». Solo poco tempo prima avevo sentito in TV un allenatore pronunciare una frase sul cuore che mi aveva colpito e che reputavo di grande spessore. Così, per far presa sul mio mentore Blaze, non senza presunzione, decido di giocarmela, come farina del mio sacco: «Eh coach, peccato non poter guardare dentro il petto di un uomo, per vedere se dentro c'è davvero un cuore che batte!». Sotto la mia polo il torace si andava gonfiando, mentre pensavo «Sono proprio intelligente!». Ma ecco che, in un attimo, coach Blaze molla a terra tutto quello che sta portando, facendo tra l'altro parecchio baccano, mi prende per la maglietta firmata e mi tira la faccia vicinissima alla sua: «Non è vero!», mi dice guardandomi dritto negli occhi. «Non è vero niente, tu puoi guardare dentro, è il tuo lavoro. Tu puoi guardare dentro gli uomini e devi farlo! Devi prestare attenzione ai dettagli, alle piccole cose, devi leggere in faccia le persone, devi saper leggere che cos'hanno dentro». Subito non capisco nemmeno bene cosa stava tentando di dirmi, sconsolato dal fatto che forse avevo fatto adirare il mio coach. Ma con il passare degli anni quelle parole sono diventate sempre più chiare, sempre più vere. Ho imparato a comprendere, leggere e vedere dentro il cuore degli uomini: coraggio, paura, emozioni o problemi. Non è stato facile né immediato, tante volte ho sbagliato e ancora mi succede di avere dei dubbi. Ma col tempo ho imparato: a notare le espressioni, a cogliere i particolari, a contare i respiri dei miei atleti. C'è un esercizio che ho spesso usato come test: la staffetta. Divisi in due squadre, i giocatori tirano a canestro, vince la squadra che per prima esegue dieci centri. Chi realizza l'ultimo canestro, quindi, consegna la vittoria alla propria squadra. Ecco, io praticamente non ho mai badato molto a tutta la prima parte dell'esercizio, quella che arrivava fino al momento in cui una delle due squadre urlava «Nove!»: solo allora si risvegliava la mia attenzione, vale a dire quando mancava un solo canestro alla vittoria. C'è infatti una differenza tra fare un canestro normale e quello che decide. Volevo vedere l'uomo e l'atleta insieme, di fronte a quell'ultimo canestro mancante: se si faceva prendere dall'emozione, se sbagliava, se aveva coraggio, se non si impressionava. Quelli che gestivano meglio questa pressione erano quelli da far giocare negli ultimi cinque minuti, perché non si lasciavano turbare dalla tensione.

Fidarsi degli educatori

Nel 1957, durante il mio ultimo anno, arriva il nuovo responsabile della scuola di Physical Education, un ruolo dirigenziale importante, solitamente assegnato a persone altamente qualificate. Dr. Walter H. Gregg viene dalla Miami University, da Oxford nell'Ohio. Un giorno arriva in aula e, senza alcun preavviso, ci dice «Oggi quiz». Quiz? Ma non siamo stati avvisati! Così, per principio, ma anche per assecondare la mia straripante autostima, mi rifiuto di farlo. Gli dico di darmi pure subito una *F* (*F* di *failure*, bocciatura), ma che non ci avrei nemmeno provato. E alla fine del mio discorsetto mi alzo e vado via. Davvero un figurone. Il giorno dopo Gregg mi chiama nel suo ufficio: «Ciao Dan, prego accomodati». Sono un po' teso, penso «Adesso arrivano le mazzate». E invece: «Ho apprezzato la tua presa di posizione di ieri. E il fatto che tu abbia dei principi e, cosa rara, il coraggio di seguirli. Ci tenevo a dirtelo». Da allora Gregg mi prende in simpatia e anche lui diviene una guida per me.

Nel dicembre dello stesso anno mi chiede di partecipare e di intervenire come suo sostituto a un congresso di educazione fisica. Lui sapeva bene che, presuntuoso com'ero, l'attività di allenatore era per me «qualcosa di più» del mestiere di professore di educazione fisica. Ma lui insiste, vuole convincermi dell'importanza dell'educazione fisica. Gli chiedo allora «Perché proprio io?». «Because you are a doubting Thomas!», perché sei come san Tommaso! mi risponde. E ha ragione. Il mio speech si intitolava: «*Cosa voglio io dall'educazione fisica*» ed ero il primo a dover parlare. Ho fatto una magra figura: «... L'educazione fisica non è considerata [...] Per ottenere credibilità dobbiamo essere più seri e non regalare i voti agli studenti solo perché sono atleti [...] Dobbiamo farci rispettare!». E via di questo passo. Erano anche concetti giusti, ma espressi nel modo sbagliato. L'esperienza con Gregg mi è servita. Se prima l'educazione fisica era per me solo una necessità, un passaggio obbligato per diventare coach, dopo aver conosciuto tanta gente appassionata, ho capito l'importanza della preparazione atletica, anche e soprattutto per i valori positivi che può trasmettere.

Gregg mi spinge allora verso una seconda laurea. Mi spiega che solo studiando e preparandomi maggiormente sarei riuscito ad avere una preparazione solida, senza dovermi preoccupare di non essere stato un grande atleta. La mia reazione non è delle migliori, sono spaventato. Subito non vedo una chiara motivazione e poi è un'ulteriore spesa per la mia famiglia, che non è ricca; ma aveva ragione lui. Non solo mi sprona, mi procura anche una borsa di studio all'Università del Michigan, 1.500 dollari, che allora erano una fortuna. Quando ci salutiamo mi dice una cosa che avrei capito solo molto più tardi: «You'll be a success. Know why? You'll always have a bag packed». Tu avrai successo nella vita. Sai perché? Avrai sempre una valigia pronta. In quel momento penso al fatto che dopo un solo anno a Champaign-Urbana sono rientrato a vivere a casa, ma i grandi educatori sanno leggere al di là. La mia storia lo testimonia: il primo balzo in Cile, il secondo in Italia, sembravano salti nel vuoto all'epoca, ma si sono rilevati i passaggi più importanti di tutta la mia vita.

Il capo ragiona con un'altra testa (giustamente)

Nel 1958, inizia il mio primo anno alla Michigan University, sono iscritto al Master of Arts alla Graduate School of Education. Il mio primo «vero» lavoro come coach, con tanto di stipendio a fine mese, anche se con la borsa di studio. Grazie alle raccomandazioni (da intendere non come spintarella, ma perché lo meritavo) di Gregg, sono viceallenatore della Michigan University, sotto *head coach* Nelsen Lehsten. In realtà non so nemmeno se è contento di avermi con sé, anzi a giudicare dagli inizi direi non troppo. Fare il vice non è facile, occorre trovare un giusto equilibrio. Il capo ragiona con un metro diverso e ha altre pressioni sulle spalle. Devi esprimere le tue opinioni con fermezza, ma anche con tatto. A volte «Dan è così perché lo dico io» è l'unica risposta che ricevo, e io devo adeguarmi. Devo trovare il modo per collaborare con lui. Io ho ventidue anni e lui sessanta, la differenza è enorme, ma so che posso farcela.

All'epoca comincio a credere nell'importanza della programmazione e con una certa diplomazia cerco di far passare il concetto anche alla Michigan. Ricordo perfettamente le risposte di Lehsten: «No, Dan, lascia stare, non mi interessa». Lasciavo passare un po' di tempo e poi tornavo all'attacco. «Coach, quest'anno faremo un campionato mediocre, ma abbiamo qualche buona promessa nei giovani, se investiamo su di loro in un paio d'anni ne raccoglieremo i frutti». Non lo dico per me ovviamente, io non ci sarei più stato. Ci metto un po', ma alla fine trovo il modo per farmi ascoltare. Lehsten mi dà retta e promuove quattro giocatori dalla squadra *sophomores*' cioè del secondo anno, per metterli con la nostra prima squadra, fatta di ragazzi dal terzo e quarto anno. Due anni dopo, tornando a trovarlo gli chiedo scherzando come andava con i giocatori che aveva fatto crescere. «Hai avuto ragione a insistere, Dan.» Infatti, con quei quattro ragazzi, in due anni, fa 19-4 e 20-3 e buoni risultati nel torneo dello Stato del Michigan. Scoppiamo a ridere, lì in mezzo al campo. Ero felice, per me e per la mia vecchia squadra. Avevo capito che essere vice è un mestiere difficile.

Il custode e i sigari

La zona, il pressing, la tattica e la preparazione atletica: problemi che un vero coach non può trascurare. Ma quell'anno imparo un'altra lezione: i rapporti umani prima di tutto. Anno accademico 1958-59, sono a Michigan vice-allenatore e studio per la seconda laurea. Mi occorrono ancora alcuni crediti per completare il master e decido di non fermarmi lì ma iniziare a lavorare, possibilmente vicino casa così posso terminare gli studi alla Northwestern frequentando i corsi al pomeriggio, per finire gli esami e laurearmi. Non ho più la pazienza di rimanere seduto dietro un banco, ho bisogno di fare, di realizzare le tante lezioni apprese. Mando così almeno cinquanta lettere per trovare un posto nei dintorni dell'università. Presto realizzo che non tutti sono lì fuori ad aspettare me. Passano due lunghe settimane, un'eternità, ma quell'attesa serve per farmi riprendere il contatto con la realtà. Ero passato da essere sicurissimo di me e dei miei mezzi, cresciuto con i coach che mi vogliono bene, a essere quasi ignorato sul mercato. Penso tra me e me: «Ma chi sono questi a non prendere in considerazione Dan Peterson?». Poi un bel giorno, squilla il telefono. È James Overly da Grass Lake, Michigan: «Dan Peterson? Vogliamo offrirle un posto da capo allenatore». È una piccolissima realtà ma accetto subito. Il mio cuore inizia a battere sempre più velocemente, sono tra il felice e l'incredulo. Ho solo ventitré anni, un po' spocchioso, ma in quel momento abbasso la testa e vengo assalito dalle insicurezze: «Che fare se difendono a zona, come reagisco al pressing avversario...» e così via. Da +100 di fiducia ero andato a –100.

Scelgo così di ritornare ai miei di fondamentali, e scrivo a coach Blaze per chiedergli qualche suggerimento. Passano tre giorni, durante i quali penso «Ho sbagliato a disturbarlo, avrei dovuto cavarmela da solo». Già mi immagino i suoi consigli: preparazione fisica, allenarsi ogni giorno contro la zona se avevo timore della zona, o contro il pressing se mi preoccupava il pressing. Arriva il giorno della risposta, apro la lettera e rimango basito: «Dan, prima di tutto, fai amicizia con il custode della palestra. A Natale, se fuma sigarette regalagli una stecca, se fuma sigari una bella scatola di sigari». Diavolo d'un Blaze! Un consiglio tanto semplice quanto essenziale. Il vero messaggio era «non preoccuparti dei problemi tecnici, pensa alle cose importanti, ai rapporti umani, alle persone che ti sono intorno, solo così avrai modo di dare il massimo». E così, senza nemmeno doverci pensare, la paura si dileguò. Beh, in effetti il custode era molto scorbutico! Si chiamava Don Hayball, sempre con il cappello da baseball calato in testa. E io non dovevo essergli troppo simpatico. Ma, seguendo il consiglio di coach Blaze, a Natale gli compro un regalo (purtroppo fumava i sigari che sono più costosi!). Gli scrivo un messaggio di auguri: «Caro Don, buon Natale e grazie di tutto ciò che fai per noi». Anche chi non gioca – era il concetto – fa parte della squadra, solo così si crea armonia. Da quel giorno il nostro rapporto cambiò definitivamente. Avrei potuto chiedergli qualsiasi cosa, era dalla mia parte.

L'importanza della programmazione

L'anno scolastico successivo (1959-60) ero a Grass Lake High School, a cinquanta miglia da Ann Arbor, città nel cuore del Michigan. Un ritorno al passato. Non è una grande annata in termini di vittorie, ma lì perfeziono il mio concetto di programmazione. Negli Stati Uniti si usavano all'epoca quattro classi di giocatori: Freshmen, Sophomore, Junior e Senior, in ordine crescente. Io componevo la prima squadra con tre ragazzi per categoria, non senza qualche perplessità da parte dell'amministrazione e anche della città. Molti infatti puntano su junior e senior perché più grandi fisicamente, ma così facendo non si dà mai spazio ai giovani che poi iniziano a giocare quando ormai sono senior. Mi criticano molto, ma io vado dritto per la mia strada. Il primo anno ovviamente soffriamo, non c'è «materiale» per vincere. Quell'anno mi prendo le sconfitte e imparo a convivere con i malumori da corridoio. Ma ero certo che fosse giusto fare così per il bene della scuola – e non per il mio –. O, meglio, io avrei visto i miei frutti più avanti ed ero certo che qualcuno si sarebbe ricordato di me. Così infatti avviene. Quando i Freshmen diventano Senior giocano dei campionati favolosi. Mi sostituisce coach Carr, che mi ringrazierà per il lavoro svolto. Quello è l'inizio della mia buona reputazione nello scouting. Però voglio tornare alla mia «base», vicino a casa, a coach Blaze, Burmaster e Gregg. Chiamo Dr. Gregg lui in pochi giorni mi procura un lavoro in una scuola media. Iniziarono lì due anni di felicità. Era la Immaculate Conception School di Higland Park, venti minuti a nord di Evanston.

La gioia di una divisa

1960-62, due anni alla Immaculate Conception School, un'esperienza indimenticabile. Amo allenare i ragazzini. Porto nella scuola il minibasket e dal momento che ho a disposizione cento bambini, organizzo dieci squadre da dieci. Stampo le divise con i dieci colori delle dieci università della Big Ten: Illinois arancione con la scritta blu, Nortwestern viola con le scritte bianche, e così via. Piccole t-shirt con i pantaloncini, che si potevano tranquillamente portare anche fuori dalla scuola. Per poter far questo organizzo diverse spaghettate di quartiere, tombolate e altre iniziative di raccolta fondi. Non solo è divertente, diviene anche un modo per socializzare. Mi scopro imprenditore oltre che coach. A un certo punto – lo ricordo come fosse oggi – servivano cinque palloni e non avevamo budget. Così dico a tutti gli studenti di chiedere alle proprie madri di farsi dare gli «S&H green stamps», distribuiti dalla Sperry & Hutchinson per fidelizzare i clienti. Erano dei francobolli che fungevano da punti con i quali si potevano avere dei premi:

ogni due libretti completi ti davano un pallone! Li completiamo in fretta, in un paio di giorni abbiamo i nuovi palloni.

E poi mi serviva un allenatore per i piccoli. Subito chiedo ai padri dei ragazzi, ma l'esperimento non funziona. Non hanno pazienza e quasi sempre alla prima sconfitta si dimettono. Allora penso: ho sbagliato io. Mi servono più giovani! Inizio così a fare le prime riflessioni sulle selezioni e coinvolgo i fratelli maggiori, giocatori a loro volta nelle high school, proprio come era accaduto a me alla YMCA tra i Walker e i Ridgway. Si rivela subito una mossa vincente. La madre di uno di questi ragazzi che ingaggio come allenatore mi scrive addirittura una bellissima lettera. Mrs. McArdle, madre di un quindicenne che allenava il fratellino, mi ringrazia perché da quando i due fratelli si allenano insieme, si conoscono e il loro rapporto è migliorato. Mi dice che è cambiata tutta la dinamica della loro famiglia. Rimango colpito, ma inizio a capire che lo sport è anche questo e il ruolo di coach è basilare.

Ovviamente c'è pure da gestire il cosiddetto «centesimo in bravura», vale a dire il bambino più scarso di tutti: Gianni Amendola, un italo-americano. Vengono da me i genitori, classica famiglia italiana, e mi dicono: «Coach, sappiamo che nostro figlio non è bravo, ma vederlo giocare insieme agli altri, con la stessa divisa, così felice di far parte di un gruppo, ci riempie il cuore di gioia. Grazie». Tutti devono giocare almeno un quarto, era la mia regola, ed era una scelta vincente, che crea armonia fra tutti i ragazzi della scuola. È un principio che poi ho riutilizzato anche con le squadre professioniste, perché cambia le relazioni in campo e soprattutto in allenamento.

La programmazione è sempre il mio pensiero principale. Il primo anno faccio giocare anche i piccolini in squadra. Ricordo un incontro in particolare, contro i Sacred Heart, la nostra bestia nera. Noi non abbiamo soldi, all'epoca non abbiamo nemmeno le divise, mentre la squadra avversaria oltre alle magliette lucide come quelle delle squadre famose, ha anche la tuta. Perdiamo 48 a 32. La settimana successiva, sempre di domenica, giochiamo contro St. Xavier, punteggio 41 a 39 per noi. Mentre loro riescono a battere Sacred Heart. Quindi possiamo dire che siamo campioni della lega, a pari merito, perché ognuno di noi ha una sola sconfitta. Nessuno se l'aspetta, la cosa ci infonde grande fiducia. Continuiamo ad allenarci, e i piccoli nel frattempo crescono. Già al secondo anno riusciamo a vincere contro i Sacred Heart, una vittoria inaspettata, come se una squadra di calcio di serie B ne battesse una di serie A molto forte. Ci voleva un miracolo e noi l'avevamo fatto, ma non era piovuto dal cielo, avevamo lavorato sodo tutto l'anno per ottenere questo strabiliante risultato. Mi ricordo il loro coach, il mio amico Dan Monckton, che appena finita la partita si dirige verso di me e con fare confuso mi chiede: «Dan, ma dove hai trovato quei due bambini che hanno fatto più punti di tutti?». Era sbalordito. Tommy Leahy da solo aveva fatto 19 punti. L'anno dopo e per due anni consecutivi la scuola vincerà la lega senza di me.

Programmare per il futuro era il segreto. Imparavo a valutare i talenti, imparavo finalmente a guardare dentro, capivo piano piano chi aveva voglia di giocare e di vincere. Era lo stesso sistema che usavano le grandi scuole del sud dell'Illinois. Seguivo le mosse di Merrill «Duster» Thomas della Pinckneyville High School. Ai tempi non c'erano classi, tutte le scuole concorrevano in un unico torneo a eliminazione diretta, 950 scuole. Lui è arrivato nelle finali sei anni di fila, con sei squadre diverse, praticamente un miracolo e tutto perché faceva programmazione.

Ognuno ha il suo sistema di scouting

La passione è il grande segreto del mio successo. Amo vedere le partite di basket e inizio quasi per gioco a fare delle liste, delle classifiche dei giovani giocatori che osservo. Le liste indicano i Top 25 per ruolo, con nome e cognome, altezza, scuola e città. Solo nell'Illinois. I ruoli sono pivot, ala grande e ala piccola (forwards), guardia e playmaker. Ci tengo a far avere le mie liste agli allenatori a cui sono vicino. Sono felice di farlo, è la mia energia. Il mio stipendio è di circa 3600 dollari l'anno, non un granché considerate anche le spese che devo sostenere per andare a vedere le squadre nelle altre città. Però tutto è ripagato dal piacere. Nessuno mi aveva mai chiesto di farle quelle liste. È un lavoro del tutto volontario. Poi vedo che piacciono e funzionano, e così inizio a spedirle anche a Forddy Anderson (Michigan State), a Ben Carnevale (Navy), a George Ireland (Loyola) e ad altri ancora. Ho saputo poi nel tempo che se le scambiavano e così sono arrivate anche in mano a coach che non conoscevo. Non c'era neanche il mio nome sopra, non lo facevo per quello. Era bello vedere che piacevano e se le utilizzavano i coach che io stimavo. Stavo imparando molto e quello era una sorta di esperimento per me.

Nel dicembre 1961, mentre io ho quasi ventisei anni, Cornell University deve giocare due gare nell'Illinois, il mio stato: contro Bradley a

Peoria e contro Illinois a Champaign. L'allora coach della Cornell University, Sam MacNeill, conosceva Jack Burmaster (sì sempre lui, il fulcro della mia carriera). Gli chiede di visionare le squadre per loro e Jack, che personalmente non poteva, non ci pensa su due volte e fa il mio nome. Mi aveva formato bene e aveva piena fiducia in me, cosa che mi ha aiutato molto a crescere come professionista. Visiono Bradley e Illinois e spedisco il mio rapporto a Sam MacNeill. Cornell perde contro Bradley a Peoria, 85-59, ma sorprende Illinois a Champaign, 72-60. MacNeill mi scrive una lettera di ringraziamento per l'informazione. Grande soddisfazione.

Nel periodo delle vacanze di Natale si giocano molti tornei, fino a otto partite al giorno, il che vuol dire tanti giocatori da osservare. Vado ovunque: in Illinois, ma non solo. Leggo e faccio ricerche e se raccolgo informazioni su alcuni giocatori parto per andarli a vedere e poter esprimere un mio giudizio. Guardo i ragazzi come giocano. Li guardo tenendo anche conto delle loro potenzialità di crescita. Ero fissato su i cosiddetti «spaccati alti», ovvero i giocatori con il baricentro alto e le gambe lunghe: sono quelli che possono crescere ancora. Guardo le loro mani, i loro piedi. Se sono grandi e sproporzionati significa che in altezza possono svilupparsi ancora. Una cosa sintomatica sono i peli sulle gambe. Peli folti significa maturità raggiunta. Peli ancora radi, significa che il ragazzo deve ancora crescere. È una pratica comune per gli allenatori di basket. Bisogna saper osservare e valutare. Anche l'armonia del corpo dice molto di un ragazzo. Per quel che riguarda il gioco invece, mi interessa più l'atletismo che la forza fisica, e ciò è controcorrente per l'epoca. Il pivot muscoloso da un metro e 90 che va avanti a spallate, senza tecnica, non mi interessa. Voglio vedere mobilità, rapidità dei piedi, reattività, riflessi, elevazione. Poi la tecnica, il passaggio, il tiro, il «saper fare». E infine cerco il giocatore che negli ultimi cinque minuti rimane «in partita» e non si fa prendere dalla tensione.

Faccio una lista ogni settimana, basata su diverse partite. È un processo continuo. Mi faccio conoscere anche così, lo faccio per piacere e lo faccio per i miei coach, ma serve anche a me per posizionarmi nel mercato del basket. E questo infatti mi aiuterà moltissimo per la carriera. Valutare è importante perché ne va della tua reputazione. Un giorno però un allenatore mi chiede una valutazione. Prendo tempo, volevo poterci ragionare, non amavo sbagliare. Ma lui mi dice: «Dan voglio la tua valutazione adesso, perché mi serve adesso! E se è sbagliata sai cosa facciamo? Domani cambiamo opinione! Ma la decisione va presa ora.

Domani è tardi». Era un apprendimento continuo. Fare scouting, come arbitrare, sono «lavori» assolutamente formativi, un coach che non ha fatto questo passaggio nella sua carriera manca di un'esperienza fondamentale per capire tutto il mondo del basket e non solo una parte.

La mia passione per lo scouting è alla base di tutta la mia carriera. Stavo imparando a individuare i giocatori con delle potenzialità, non solo quelli «già fatti». Fin da subito mi era molto chiara l'importanza di costruire la squadra in un percorso e non solo nell'immediato. Emblematico il caso di Duane «Skip» Thoren. È il febbraio 1961, già allora facevo le liste e ne mando una ad Anderson, coach di Michigan State. Come miglior pivot della classe 1961 dell'Illinois avevo Skip Thoren, due metri e 05, da East Rockford High School. Dopo poco Anderson mi chiama e mi chiede di raggiungerlo a Notre Dame, dove la sua squadra gioca in trasferta, perché vuole parlarmi. Io vado, all'epoca non mi avrebbe fermato nulla. Due ore di auto e sono a destinazione, assisto alla partita e poi passo in albergo, dove Anderson e i suoi due viceallenatori mi aspettano. L'accoglienza è molto cordiale, Anderson mi ringrazia per il lavoro che sto facendo sulle liste, ma mi fa notare che c'è una divergenza di opinioni su Thoren. I suoi due vice praticamente mi attaccano, uno in particolare mi dice: «Dan, sei pazzo!! È troppo magro, non è un duro». Insomma, per loro non era abbastanza forte e non avrebbe mai potuto fare meglio. Non volevo contestarli davanti al loro capo. Ho detto solo: «Ognuno ha la propria opinione. Questa è la mia e me la tengo. E Thoren a me piace, punto». Thoren va a Illinois, rivale di Michigan State nelle Big Ten. Il suo primo anno nella prima squadra, 1962-63, Illinois vince la Big Ten, soprattutto grazie a Thoren. Skip Thoren, che ha giocato per la Simmenthal Milano nel 1965-66, era cresciuto, aveva messo su fisico ed era imbattibile. Questo episodio si rivelerà centrale anni dopo, quando Anderson mi chiamerà da lui. Una bella soddisfazione, che racconterò più avanti.

Un provino è sempre un provino

Ormai tutti mi conoscono come «esperto» di scouting, di liste e di cestisti dell'Illinois. Nel 1962, verso fine gennaio, mi trovo alla Evanston Township High School. Passo a vedere coach Burmaster (non riesco proprio a farne a meno!) e con lui trovo James Oldfield, allora capo allenatore al McKendree College in Lebanon (Illinois). Conosco coach Barney, come era soprannominato, anzi ho avuto occasione di studiare il suo metodo di allenamento durante il mio unico anno a Illinois, quando allenava come vice i Freshmen. In particolar modo da lui avevo appreso il gioco di squadra, cioè lo spirito di tutta la squadra unita, non del «quintetto base» più le riserve. In allenamento nominava due diversi capitani ogni giorno e lasciava a loro la libertà di scegliersi la squadra. Disgregava in questo modo la gerarchia e aveva abituato i ragazzi della prima squadra a giocare con i panchinari, creando in questo modo un fortissimo spirito di gruppo. Quel giorno a Evanston, Oldfield dice a coach Burmaster che sta cercando giocatori. «Nessuno meglio di Dan può aiutarti!» In solo mezza giornata – e allora non c'erano cellulari! – organizzo per lui una serata alla palestra della YMCA. Arrivano dieci ragazzi e uno di loro, James Morby della mia stessa scuola (ETHS), viene scelto: due metri e 03, non ancora formato come giocatore ma con ottime potenzialità, aveva frequentato un anno di università ma aveva pessimi voti e l'aveva lasciata. Insomma era libero e a Barney era piaciuto molto; anche lui come me vedeva al di là delle apparenze. In quell'occasione non mi dice nulla di più di un grazie. Grande professionalità e discrezione. Ma in quel momento la mia carriera prende una svolta decisiva.

Oldfield torna al McKendree College. Sentivo di aver fatto bene, di aver seminato qualcosa che avrei raccolto in futuro. Dopo due giorni, con mia grande sorpresa, ricevo una sua chiamata: «Dan, vuoi diventare mio vice-allenatore?». Per me si trattava di un salto importantissimo, da una scuola media a una piccola università, un'occasione da cogliere al volo. Amavo i ragazzi dell'Immaculate Conception School, finisco l'anno e ricordo ancora oggi i saluti molto commoventi e la festa di addio che mi organizzarono. Stavo bene, ma quella era una grande opportunità. Firmo il contratto e l'anno successivo faccio il mio ingresso al McKendree College come vice-allenatore di Barney Oldfield con la prima squadra e «capo» della Junior Varsity, JV, le riserve.

Schemi di gioco. Talenti

Questa fase della vita di Dan Peterson è focalizzata sul suo periodo universitario e sulle prime esperienze professionali come allenatore di basket nelle scuole medie superiori. In quegli anni studia educazione fisica, approfondisce tecnica e tattica del basket e inizia a entrare in contatto con la dimensione caratteriale degli atleti. Lavora sulla programmazione, inizia a conoscere gli altri, a riconoscere i talenti, i giocatori di domani, sviluppa un suo metodo di ricerca (*scouting*) e coltiva il suo network professionale, segnalandosi al mercato degli allenatori per ciò che ama fare.

Lo sviluppo della leadership del caoch inizia in questi anni. Peterson comprende che un bravo coach non è solo esperto di tecnica, tattica e atletica. C'è qualcosa di più che possiamo definire la *dimensione umana*. La lettera di coach Blaze gli suggerisce di fare amicizia con il custode della palestra al suo primo incarico alla Grass Lake High School. Gli dice di concentrarsi sulle persone, ma in modo controintuitivo per Peterson. Il custode rappresenta la persona più lontana e meno importante per la squadra che vuole vincere un campionato, ma allo stesso tempo è la persona sempre presente per gli atleti, un punto di riferimento, se disponibile e flessibile, che può rendere la palestra un luogo accogliente. Per fare bene occorre individuare la *squadra allargata* che spesso, come in questo caso, va al di là della squadra intesa in senso stretto dei giocatori.

Concentrarsi sulle persone, allargando la squadra

L'altro episodio di coach Blaze riguarda la capacità di saper *guardare dentro* ed è altrettanto illuminante, perché spinge ad andare oltre i comportamenti o le parole delle persone. Ogni bravo capo è in grado di leggere le sue persone, di «saper leggere dentro» che cosa desiderano, quali elementi della vita professionale danno o tolgono loro stimoli ed energie.

Saper leggere dentro

Le teorie di human resource management (HR) suggeriscono la formalizzazione di processi orientati al sostegno della prestazione individuale al fine di ottenere risultati finanziari positivi. I principali processi di gestione del personale, anche definiti come *high-performance working systems*, suggeriscono di assegnare e condividere obiettivi con le persone, scambiare feedback, comunicare, stimolare l'apprendimento, insegnare, formare, ricompensare, promuovere dal mercato interno ecc. sempre avendo come punto di riferimento la prestazione intesa come risultati e comportamenti[1]. L'obiettivo di uniformare e formalizzare, determinando una dimensione universalistica della gestione delle persone, spesso trova qualche frizione se collegata al fatto che ognuno di noi è motivato da elementi differenti e possiede una propria dimensione emotiva. Per poter dare il massimo, per essere motivati, abbiamo spesso bisogno di un ambiente (il capo, i colleghi ecc.) in grado di supportarci, di «leggerci dentro», come direbbe coach Blaze. Non sempre i processi HR contemplano questi aspetti, spesso sono orientati a formalizzare e standardizzare.

Chi ha la capacità di comprendere gli altri, entrando facilmente in relazione, è spesso dotato di intelligenza emotiva, definita da cinque componenti: *auto-*

Gli ingranaggi emotivi del gruppo

consapevolezza: l'abilità di riconoscere e comprendere i propri stati d'animo, emozioni e motivazioni e il loro effetto sugli altri; *auto-regolazione*: la capacità di controllare o indirizzare impulsi negativi, sospendere il giudizio, pensare prima di agire; *motivazione*: la passione di lavorare per ragioni che vanno al di là dei soldi e dello status, la propensione a ottenere obiettivi con energia e persistenza; *empatia*: la capacità di sapersi mettere nei panni dell'interlocutore in termini emotivi, comportandosi di conseguenza; *abilità sociali*: capacità di costruire e mantenere relazioni, trovare elementi in comune sui quali instaurare rapporti solidi[2]. Quando i membri di un gruppo hanno questa capacità, il gruppo riesce a instaurare un ingranaggio emotivo dove ognuno è funzionale all'altro, riconoscendone tempi e modalità di azione e reazione.

La dimensione umana inizia a delinearsi dunque quale vera sfida per Peterson, più a suo agio invece, fin a quel momento, in sperimentazioni e innovazioni in tema di reclutamento e individuazione dei talenti basate prevalentemente su fattori atletici e fisici. Sin dai primi anni di attività lavora per programmare, è naturalmente orientato verso il futuro, senza troppo preoccuparsi se saranno i suoi successori a godere dei benefici del suo lavoro. È per lui naturale pensare a far crescere i giovani talenti, sapendo che le vittorie non sono casuali ma necessitano di lavoro, perché i giocatori hanno bisogno di tempo e di partite per potersi esprimere: occorre far fare loro esperienza per poter applicare al meglio le conoscenze tecniche che acquisiscono in allenamento. È un concetto apparentemente semplice per un allenatore di basket, ma in realtà anche nel sistema sportivo si possono seguire criteri diversi per fare una squadra. C'è chi pensa di vincere puntando sui senior e sulla loro esperienza, chi invece – come Peterson – ama insegnare i fondamentali di basket (tiro, passaggio, difesa ecc.), dando loro il tempo di maturare, integrando senior e junior.

Allenare le potenzialità per valorizzare i talenti

Anche su come scegliere un bravo junior Peterson ha idee originali, innovative per l'epoca. A differenza di ciò che facevano i suoi colleghi, non dà molto peso alla prestazione presente (punti, minuti giocati, assist, rimbalzi, palle recuperate, vittoria o sconfitta), ma lavora per leggere i suoi parametri in chiave futura. Proietta il giocatore nella prestazione di domani, in quale campionato e a quale livello agonistico potrà giocare. Sviluppa un metodo personale di *analisi del potenziale*, una sorta di proiezione delle attitudini personali tesa a definire la possibilità di ricoprire uno o più ruoli presenti e futuri congruenti con un determinato contesto organizzativo. Per Peterson, infatti, bravissimi giocatori a sedici anni potevano non avere un futuro perché non sarebbero più cresciuti in centimetri, perché avrebbero dovuto cambiare ruolo (tema non semplice per un giocatore), oppure perché fondavano tutto sul fisico e meno sull'armonia dei movimenti.

L'analisi del potenziale si basa sui talenti che ogni individuo possiede. Dando al termine *talento* il significato di unità di peso o moneta di scambio come per Greci ed Ebrei, i talenti delle persone rappresentano un vero e proprio tesoro da sviluppare. Molte iniziative in azienda in tema di gestione del personale definiscono il talento quale categoria dell'individuo e non in quanto singola attitudine o competenza che ognuno di noi possiede con varietà e livelli differenti. Il dover semplificare tra chi è un talento e chi non lo è ha costretto molti manager a rinunciare all'esercizio di scoprire i talenti di una persona, allenarli e svilupparli. Dopo la famosa fase della guerra dei talenti degli anni Novanta orientata alla ricerca delle persone più brave[3], le imprese lavorano oggi maggiormente sull'individuazione dei talenti che ognuno possiede, da considerare quale valido sinonimo di attitudini[4]. Se il termine talento viene inteso come patrimonio della persona, possiamo considerare talenti sia le attitudini sia le competenze, ciò che la persona sa e sa fare. L'insieme di questi elementi descrivono appunto il potenziale nel presente (prestazione attuale) e nel futuro (prestazione attesa). La *valorizzazione* è il vero segreto delle imprese di oggi, che investono per imparare a saper «legger dentro» le persone e a comprendere come motivarle, creando un contesto piacevole e un clima di lavoro supportivo.

Una rete di relazioni per la crescita personale

Peterson investe nel sistema di scouting identificando un suo metodo per leggere i talenti, unendo elementi fisici e tecnici, in parte anche emotivi. Già nella fase della sua vita raccontata in questo capitolo aveva compreso l'importanza degli ultimi cinque minuti della partita, quando la tensione sale e occorre avere il talento di non farsi sopraffare dall'emotività, dalla paura.

Altro aspetto interessante del tema talenti è osservare come Peterson mette in luce i propri talenti agli occhi dei suoi coach e del mercato degli allenatori. È spinto all'innovazione, vuole raccontare al mondo la sua passione per il basket e inventa le cosiddette liste: classifiche di giovani giocatori promettenti che meritano di essere osservati. In alcuni casi il suo metodo è differente da quello di allenatori e vice-allenatori già affermati e quindi con più esperienza di lui. Nonostante ciò ha la serenità di avanzare il proprio metodo, senza imporlo, ma confidando nel suo credo: vedere i talenti in prospettiva futura, programmando le squadre per il domani. Raccoglie dati e informazioni per confermare o modificare le sue tesi. Ma soprattutto utilizza le liste per creare un proprio network di sviluppo (*developmental network*) fatto di allenatori che possono così osservare chi è Peterson e aiutarlo in questa fase della sua crescita professionale.

Un network di sviluppo è definito come un insieme di relazioni che supportano la crescita personale e la carriera professionale di un individuo, detto anche *protégé*[5]. I passaggi di carriera sono dovuti ai cosiddetti *sviluppatori* che hanno un ruolo attivo nell'assistere una persona nello sviluppo iniziale della carriera. Questa rete di relazioni può anche essere interpretata come una componente del *capitale sociale*, inteso come la quantità e la qualità di relazioni che il protégé è in grado di costruirsi[6]. Questa rete determina il successo del protégé in termini di salario, promozioni e soddisfazione[7].

Anche se è molto sicuro di sé, Peterson non perde occasione per ascoltare. Si fida dei suoi mentor, Dr. Gregg, coach Blaze, Lehsten e l'onnipresente coach Burmaster che gli chiede di organizzare una partita tra i suoi ragazzi di Evanston per farli osservare a coach Oldfield. Un favore che si trasforma in un'opportunità lavorativa, un favore che Peterson fa con entusiasmo, senza chiedersi che cosa ne guadagnerà. L'azione sul mercato del lavoro (degli allenatori) di Peterson sarà contraddistinta da una modalità molto semplice: occorre prima dare per poi ricevere. Dare in termini di flessibilità, generosità, disponibilità e fiducia nei maestri che si sono scelti. Ricevere qualcosa che quando stai dando non sai esattamente che cosa sia, ma che si concretizzerà in opportunità di crescita e di carriera. Peterson ha dato al suo network diversi stimoli: le liste, le partite osservate, i consigli sugli avversari e anche il provino per il coach Oldfield. Provino che dopo due giorni gli restituirà un'offerta di lavoro a McKendree College, proprio con coach Oldfield.

Prima dare, per poi ricevere

Scheda di allenamento

- Ogni business in parte può essere definito come *people business*: in che misura le persone incidono e determinano i risultati nel vostro business?
- Quali processi di human resources (HR) avete e come funzionano?
- La vostra organizzazione ha un programma per i talenti?
- Qual è il vostro sistema per valutare il potenziale e i talenti di una persona? Conoscete gli strumenti per farlo senza affidarvi ai colleghi delle HR? Avete un vostro metodo?
- La vostra organizzazione investe sulla dimensione emotiva delle persone?
- Qual è la vostra strategia per «guardare dentro» le persone? Riconoscete la dimensione emotiva, gli stati d'animo e le motivazioni?
- Qual è, nel vostro contesto organizzativo, il ruolo che merita attenzione come il «custode della palestra»?
- Quali persone fanno parte o hanno fatto parte del vostro network di svi-

luppo, inteso come la rete di relazioni che vi ha permesso di compiere i primi passi nel mondo professionale?
- Qual è il vostro network professionale di riferimento oggi, come lo alimentate, quali modalità adottate per rendervi visibile?
- Adottate il criterio che con le persone occorre prima dare per poi ricevere? Come lo applicate?

Letture

[1] M.A. Huselid, «The Impact of Human Resource Management Practices on Turnover, Productivity, and Corporate Financial Performance», *Academy of Management Journal*, 38 (3), 1995, pp. 635-670.

[2] D. Goleman, *Emotional Intelligence*, New York, Bantom, 1995 (ed. it., *Intelligenza emotiva*, Milano, BUR, 2011).

[3] C. Fishman, «The War for Talent», *Fast Company*, 1998.

[4] J. Pfeffer, «Fighting the War for Talent is Hazardous to Your Organization's Health», *Organizational Dynamics*, Volume 29, Issue 4, Spring 2001, pp. 248-259.

[5] M.C. Higgins, K.E. Kram, «Reconceptualizing Mentoring at Work: A Developmental Network Perspective», *Academy of Management Review*, 26, 2001, pp. 264-288.

[6] N. Lin, *Social Capital: A Theory of Social Structure and Action*, New York, Cambridge University Press, 2001.

[7] M.C. Higgins, D.A. Thomas, «Constellations and Careers: Toward Understanding the Effects of Multiple Developmental Relationships», *Journal of Organizational Behavior*, 22, 2001, pp. 223-247.

3 Quando ero il numero 2... e 3 (1962-1966)

Calendario

1962-63	McKendree College(Lebanon, IL): JV Coach. Head coach: James Barney Oldfield.
1963-65	Michigan State University (East Lansing, MI): Freshman Coach. Head coach: Forrest «Forddy» Anderson.
1965-66	US Naval Academy (Annapolis, MD): Plebe Coach. Head coach: Ben Carnevale.

Risultati

Nel 1962-63 guido, come vice-allenatore sotto coach Barney Oldfield, la Varsity, prima squadra del McKendree College, e allo stesso tempo ma da solo la Junior Varsity (JV), squadra di riserve serbatoio di giovani talenti. Con la prima squadra totalizziamo 19 partite vinte e 6 perse (19-6). Nella Prairie College Conference (nostra piccola lega) riportiamo 10 vittorie e 0 sconfitte (10-0) e ci qualifichiamo così al District 20 del torneo NAIA (National Association of Intercollegiate Athletics). In totale i *districts* sono 32 e coprono ogni parte dei cinquanta Stati. Le vincenti disputano le finali a Kansas City. Noi perdiamo il torneo del distretto contro Western Illinois a casa loro, a Macomb, 71 a 67 dopo un tempo supplementare, loro poi arriveranno in semifinale a Kansas City.
Otto giocatori della Junior Varsity, reclutati da me, per regolamento dovevano aspettare ancora un semestre per giocare direttamente nella prima squadra di coach Barney Oldfield. Con loro, in pre-stagione, vinciamo contro la prima squadra, 122 a 86: asfaltati! Oldfield è comunque felice perché sa che saranno dei «suoi» nel secondo semestre.
Con la Junior Varsity non giochiamo un torneo ufficiale ma nel complesso arriviamo a 16 partite vinte e 3 perse (16-3).
Poi il McKendree viene «fatto fuori» dalla Prairie College Conference perché, secondo i nostri rivali, non avevamo standard accademici rigorosi di reclutamento. In realtà, secondo me, era perché vincevamo e volevano sbarazzarsi di noi.
Nel 1963-64, a Michigan State, con coach Forddy Anderson, la prima squadra arriva in stagione a 14 partite vinte e 10 perse (14-10). Nella Big Ten, lega composta dalle dieci università più importanti nella zona centrale degli Stati Uniti, vicino ai Grandi Laghi, totalizziamo 8 vittorie e 6 sconfitte (8-6). Io guido da solo la squadra dei Freshmen, iscritti al primo anno che, per regolamento, non possono giocare in prima squadra. Il regolamento NCAA (National Collegiate Athletic Association) è diverso e più stringente della NAIA con cui abbiamo giocato l'anno prima al McKendree College. Con questa squadra, frutto del mio reclutamento estivo, otteniamo 14 vittorie e 0 sconfitte (14-0). Sono amichevoli,

risultati comunque incoraggianti. Il secondo anno, la prima squadra combina un disastro, in stagione 5 partite vinte 18 perse (5-18); nella Big Ten, 1 vinta e 13 perse (1-13). Anderson viene licenziato – non per quello, ma un po' anche quello aveva contato –. Con i miei Freshmen riporto 11 vittorie e 3 sconfitte (11-3). Le uniche sconfitte sono con gli ex giocatori di Michigan che hanno venticinque anni o più. Nel 1965-66 a US Navy sono terzo allenatore della prima squadra guidata da coach Carnevale. Guido da solo la squadra più giovane, i Plebe (stesso concetto dei Freshmen ma con nome diverso perché siamo in un'accademia militare). La prima squadra non gioca in una lega, ma durante l'anno complessivamente contiamo 7 vittore e 12 sconfitte (7-12). Con i Plebe 10 vinte e 5 perse (10-5). Ma tutti questi giocatori non possono essere più alti di 193 cm per regolamento dell'accademia militare, altrimenti in nave sbatterebbero la testa!

Avere una filosofia

Sono al McKendree College da due settimane. Sono così impegnato che nemmeno mi accorgo di tutto quello che mi succede intorno, ho finalmente un ufficio mio e posso gestirmelo come voglio, non mi sembra vero. «Le mensole. Le mensole le faccio lilla e bianche, ovvio! Con i colori della squadra. Il coach mi apprezzerà per questo», pensavo. Infatti lui è lì che controlla ogni mio movimento, non dice una parola, ma sono sicuro che aspetta che io finisca per farmi i complimenti. Vado avanti con il mio lavoro più di arredatore o bibliotecario che altro. Sistemo tutti i miei libri e le mie riviste in ordine, cronologico, di importanza ma anche cromatico. Non lascio niente al caso. Sento che i geni di mia mamma artista hanno bisogno di spazio. Finisco e sono così fiero che mi si gonfia il petto. Ancora una volta la mia ingenuità e il mio ego sono più larghi del mio buon senso. Spesso vengo accecato dall'entusiasmo, ma è anche vero che per chi mi conosce è sempre stato un lato bello del mio carattere. Mi rivolgo a Oldfield già con un mezzo sorriso, la sua scrivania è proprio in fronte alla mia: «Coach, allora, che cosa ne pensa del mio lavoro?» e gliela indico facendo un largo cerchio con il braccio destro, come se gli stessi presentando un'opera di Picasso. «Dan, do you know what your problem is?» In quel momento il mio cuore affonda. Penso: «Io ho un problema?!?», ma ovviamente non lo dico, solo temo che i miei occhi e la bocca spalancata tradiscano il pensiero. «No coach, che problema ho?»: praticamente balbetto. «You are not a basketball coach», «Sta dicendo a me?» (questo il mio vero pensiero). Quel che esce dalla mia bocca invece è: «Ma come coach?! Vedi questi libri? Queste riviste tecniche? Questi manuali tecnici? Ho letto tutto, sono super preparato, ho studiato tutti questi libri, ho visto migliaia di partite!», «Dan, non ho detto che non conosci il basket. Ho detto che non sei ancora un allenatore di basketball», «Ma coach conosco tutti gli schemi a memoria, so come si difende, come si fa lo scivolamento, come dare i ruoli», «Sì Dan, ma non hai una *filosofia*. Rispondi a questo. C'è una sola di tutte le teorie che conosci per cui saresti disposto a giocarti tutto? Hai una filosofia solo tua, il credo di Dan Peterson?». Mi spiazza. In effetti no, non avevo ancora chiaro quale fosse il mio stile, chi ero io. Stavo ancora mettendo roba dentro nel mio bagaglio, eppure avevo avuto il coraggio di scrivere un libro su schemi e allenamenti a ventitré anni!

Lui poi mi chiede: «Che tipo di basket vuoi praticare?». Rispondo: «Non ho dubbi; in contropiede». Oldfield dice: «Bene, conosci la definizione di un vero "coach di contropiede"?». Non avevo la più pallida idea. «Quando la sua squadra è sotto di –5, poi fa cinque contropiede in fila e perde cinque palloni consecutivi, chiama un time-out e dice alla sua squadra "Keep running", cioè continuate a correre». Ci penso, in effetti non ero certo che avrei detto quello, ma avevo capito. Avere una filosofia vuol dire credere fortemente in qualcosa, vuol dire trasmettere questo credo ai propri giocatori. Aveva ragione Oldfield era venuto il momento di crescere come allenatore: meno tecnica, meno mensole, più determinazione.

I cinque pilastri

Da quel momento ho sviluppato una filosofia che oggi posso riassumere in cinque pilastri che ho affinato negli anni.

Primo pilastro: la società sportiva. Tu devi amarla. Non c'è altro modo per far bene. Io mi sono innamorato di tutti i posti dove sono stato. Ero pronto ad amare i miei datori di lavoro, loro credevano in me e io volevo meritarmi la loro fiducia. Amare significa trasferire agli altri il piacere di vivere un luogo, di sentirsi radicati in un contesto professionale. Non vuol dire dare la sensazione di essere di passaggio o di cogliere le opportunità e schivare i rischi.

Secondo pilastro: la squadra. Bisogna avere umanità e sensibilità. I ragazzi non sono macchine che esistono solo nel momento in cui giocano o si allenano. Sono esseri umani. Io credo nel rapporto umano prima di tutto e l'ho imparato sulla mia pelle. I giocatori sono esseri umani che si portano dietro la loro storia, le loro emozioni e le loro paure, come tutti noi.

Terzo pilastro: il pubblico. Il pubblico non va provocato, va rispettato. Sono loro che ti pagano lo stipendio. Se tu allenatore fai mosse troppo azzardate, vuoi fare il fenomeno, anche se vinci, stai dando del «pirla» a diecimila persone. E non va bene. Devi fare spettacolo, ma soprattutto devi vincere, e devi farlo con la testa, non facendo il supereroe. I tifosi hanno anche loro un'anima, occorre parlare loro chiaramente riconoscendo quando sono delusi e quando invece possono gioire con la squadra.

Quarto pilastro: i media. Ci vuole cautela ma non puoi ignorarli. È il loro lavoro e devono viverci, devono sempre avere qualcosa da scrivere. Occorre usare intelligenza e diplomazia. Quello che dirai potrà essere usato contro di te, come dicono in tribunale.

Quinto pilastro: gli arbitri. Diplomazia e ironia. Mai una parolaccia, mai un insulto: rispetto ma farsi rispettare. Io usavo ironia: «Arbitro, stiamo giocando due partite qui, una a questo canestro, un'altra all'altro canestro?». Oppure: «Hai sfogliato il regolamento di recente?» o ancora: «Oh, non farti condizionare dal loro giocatore della Nazionale! Anche noi abbiamo dei nazionali in campo!»; e altre volte: «Arbitro, il primo tempo hai giocato con loro, questo tempo giochiamo per tutti, ok?». Sapevo dire certe cose e sapevo non farmi dare il fallo tecnico.

La recitazione era il mio stile oltre che il mio divertimento. Se vuoi essere un buon allenatore, devi saper recitare bene. Io ho fatto anche i corsi da arbitro: se un allenatore non ha fatto questa esperienza, gli manca un pezzo fondamentale per diventare il numero uno.

Slave to simplicity!

«Bravi ragazzi, bella partita!» Ma il suo pensiero è già avanti. Barney Oldfield, come ogni coach, dava la mano all'avversario dopo la partita, ma spesso non si limitava a quello. Ricordo la prima partita del torneo natalizio al Parsons College in Fairfield (Iowa) nel dicembre del 1962 contro il Lewis College di Lockport (Illinois): noi, come d'abitudine, non abbiamo interrotto gli allenamenti durante le vacanze natalizie e per questo riusciamo a stare meglio in campo e vinciamo. In realtà la squadra avversaria è più forte ma si sono fermati per una settimana di vacanza e in campo sono evidentemente appesantiti. Così vinciamo di 20 punti. Oldfield, pochi secondi dopo il fischio finale, è già dall'altro lato del campo a parlare con il coach del Lewis College, Gordon Gillespie e gli dice: «Bella partita, soprattutto mi ha colpito come i tuoi riescano così bene nel give and go! Come fate a farlo così bene?». «Ma come?», penso io tra me e me, «ha appena vinto di 20 punti ed è lui che va a chiedere consiglio al perdente?!?» Sì, certo: quello era coach Oldfield, uomo curioso, attento, capace, ma con l'umiltà di capire quando un altro sapeva fare meglio per poter imparare sempre. La risposta, come oramai sapevo quando viene da un vero genio, fu disarmante nella sua semplicità: «Barney, facile: ci lavoriamo su tutti i giorni!». È così che imparo che non ci sono grandi segreti nel basket come nella vita. È importante saper individuare su che cosa allenarsi, semplificando il più possibile.

Questo tema della semplicità mi viene riconosciuto proprio da coach Oldfield, uomo attento che una volta mi dice: «Sai, Dan, tu hai un grande potenziale, perché osservi tanto, studi, analizzi e poi soprattutto semplifichi. *You are a slave to simplicity!*». A dire il vero non avevo capito se questo termine *slave* (schiavo) fosse un vero complimento, oppure se c'era anche un po' di ammonimento nel suo modo di essere sempre critico... Non ci penso più di tanto, mi piace comunque il fatto che mi osservi e mi dia consigli.

Off the record

Maggio 1963. Coach Oldfield allena la squadra oramai da sei anni e la nostra lega è un torneo a sei squadre, la Prairie College Conference (PCC). Inaspettatamente gli altri cinque team si riuniscono in «conclave» senza avvisarci e decidono di buttarci fuori dalla Conference. Motivo? «Non siete abbastanza forti, né economicamente né come prestigio». Entro nell'ufficio di Oldfield e lui senza tanti giri di parole mi dice: «Siamo fuori». Siamo fuori? Non capisco, inizia un botta e risposta che non mi fa nemmeno molto onore, sembra che sia interdetto: «Siamo fuori dalla Conference, Dan». «Fuori dalla PCC?!», rispondo. «Sì, Dan, tutti gli altri si sono riuniti ieri sera e hanno deciso di estrometterci», «Si sono riuniti, senza convocarci?!!?», «Esatto», «E hanno deciso così, senza darci nessuna possibilità di rimediare, di adeguarci?». «Proprio così». Rimane calmo, io sono sempre più agitato. Lui sicuramente è arrabbiato, ma mi pare già rassegnato. Io continuo a non crederci. Passo tutta la giornata a cercare di capire come sia possibile che ci taglino in questo modo senza neppure chiederci un parere, senza darci modo di trovare una soluzione. Sono sbalordito e ferito.

Quella notte non dormo. Continuavo a sentire le parole del coach.

Non me ne facevo una ragione, ma tornai in ufficio. Dovevamo andare avanti. Oldfield aveva un appuntamento in amministrazione, ero solo. Suona il telefono. «Buongiorno sono un giornalista del *St. Louis Post-Dispach*, posso parlare con coach Oldfield?» Purtroppo non ricordo il nome del giornalista, ma sicuramente non dimenticherò mai il nome del giornale! «Mi spiace, in questo momento non c'è», «Con chi ho il piacere di parlare?», «Sono Dan Peterson, vice-allenatore», «Oh, Dan, buongiorno! Se la sente di darmi le sue impressioni sulla vostra esclusione dalla Conference?». Ovviamente ho molto da dire in merito. Ma so che devo... limitarmi al politically correct, il rischio di incappare in grane diplomatiche è altissimo. Così mi dilungo per quarantacinque minuti sulla storia della Prairie College Conference, sulla nostra volontà di fare meglio ecc. Alla fine il giornalista che sa fare il suo mestiere e che, in più, sa di avere un pollo da spennare per le mani, mi chiede: «Peterson, bravissimo ed esauriente e la ringrazio molto. Una domanda ancora: C'è qualcosa che vorrebbe aggiungere?». E io che non vedevo l'ora mi assicuro ingenuamente: «Off the record? Non verrà scritto niente in merito, me lo conferma?». «Peterson, si può fidare di me.» E così parte la mia filippica sul comportamento che ritengo altamente scorretto, era evidente che ero deluso e turbato da quanto avvenuto e concludo solennemente servendo un titolo pronto al fortunato giornalista: «... e mi sorprende che con questo atteggiamento noi, Stati d'Uniti d'America, abbiamo vinto due guerre mondiali». «Grazie, Peterson, è stato un piacere intervistarla». E certo, per lui di sicuro!

Sul momento non do nemmeno tanto peso all'accaduto, ero troppo concentrato sulla scottatura dell'esclusione. Non immaginavo che stava per cadermi in testa una tegola da un quintale.

Torno a casa a Bellville, 12 km dal college. Quella notte passa più tranquilla. Al mattino mi sveglio, mi vesto decisamente alla moda come se sapessi di avere un appuntamento col mio destino. Esco e come di consueto mi fermo «da Sandy», un bar a metà strada tra casa e lavoro. Mi piaceva quel posto, c'era ogni prelibatezza che gli americani amano mangiare per colazione, un vero banchetto. Intanto leggo il quotidiano, il *St. Louis Post-Dispach* per l'appunto che nella zona è il giornale più diffuso. Sto mangiando dei deliziosi pancakes che grondano di succo d'acero, quando arrivo alla pagina sportiva. Il boccone mi si ferma in gola. Titolo a nove colonne: *Dan Peterson «Mi sorprende che con un atteggiamento del genere gli americani abbiano vinto due guerre mondiali!»*. Non aveva nemmeno fatto la fatica di abbellirlo: era già perfetto. Leggo e c'è tutto, anche una parte più diplomatica, ma che cosa pensavo veramente dell'accaduto sarebbe stato chiaro anche a un bambino.

Adesso i casi sono due. O ritorno a casa e non mi licenziano per il semplice fatto che non sono al campus, o vado in ufficio e scopro che cosa ne pensano loro, ma mi licenzieranno sicuramente. È troppa la curiosità. Vado verso il campus. Arrivo e appena scendo dalla macchina incrocio coach Oldfield, che di solito non vedevo mai nel parcheggio, ma quel giorno andava tutto storto. «Coach, mi dica subito: sono stato licenziato?», «No Dan, stai tranquillo. Però hai sbagliato di grosso». Gli spiego l'accaduto cercando di giustificare la mia buonafede, ma non lo convinco. Non gli stavo dicendo niente di nuovo. «Ti credo, Dan, ma il punto è un altro. Adesso hai imparato: se non vuoi vedere le tue parole pubblicate il giorno dopo, a nove colonne, non fare dichiarazioni. Già che ci sono: l'anno prossimo io andrò in pensione e ieri abbiamo deciso di chiedere a te di seguire la squadra come primo allenatore». Non ci posso credere: da essere licenziato a essere promosso. È il primo episodio dell'amore e odio che mi ha legato ai giornalisti e in generale ai media per il resto dei miei giorni, ma quella lezione – forse prematura per la posizione che avevo – mi avrebbe aiutato in seguito.

La rivincita

È la fine di maggio del 1963. Si apre un periodo importante che mi porterà verso Michigan State. Sono in ufficio al McKendree College e arriva la fatidica telefonata. È coach Forddy Anderson, della leggendaria Michigan State University, lo stesso coach che mi aveva chiesto di Thoren due anni prima. «Ehi Dan, how are you?», «Bene, coach. Cosa posso fare per lei?». In effetti non riesco a immaginare il motivo della telefonata. «Dan, ti voglio nel mio staff qui a Michigan»: ha più l'aria di un ordine che di una proposta, nel puro stile Anderson. «Ma coach, mi hanno appena fatto primo allenatore qui, non posso prendere ancora un lavoro da vice», «Vieni a trovarmi che ne parliamo. Ti aspetto dopodomani». Il messaggio è chiaro, Anderson ordina, gli altri devono eseguire. Ma io ho bisogno del consiglio del mio capo per prendere una decisione, così riprendo subito in mano la cornetta e chiamo Oldfield. «Coach Oldfield, ti devo parlare», «Dimmi, Dan». Ero agitato, la Michigan State University era un mito per chi faceva basket, ma non volevo rinunciare al mio primo incarico da allenatore capo. «Coach, mi ha chiamato Anderson, mi vuole a Michigan State», «Dan, vai a trovare Anderson, è la tua occasione. Qui troveremo una soluzione», mi dice con la consueta determinazione che lo contraddistingueva e che mi lasciava sempre impressionato. Non mi serviva altro e così vado a trovare coach Anderson.

Visito il campus. un posto incredibile. Un villaggio immerso nel verde, fontane, laghetti, perfino un fiumiciattolo. I colori e i profumi della primavera completano il quadro, sembrava di essere immersi in un'opera di Monet. Parlo anche con l'amministrazione del mio contratto, ma ero già convinto. Ero onorato di quella possibilità. Attendo la prima occasione utile per chiedere a coach Anderson come mai avesse scelto proprio me e non altri per il posto di terzo vice: era forse per le liste che gli mandavo? O per Art Schwarm, il ragazzo che avevo allenato nei Ridgway e che ora giocava per lui? «No», mi disse «tu sei qui per Thoren». Io nemmeno mi ricordavo e subito non capisco. Aggiunge: «Il mio staff tecnico diceva che non sarebbe mai diventato un campione. Quest'anno invece, grazie a lui, Illinois ci ha spaccato in quattro e io dovrò giocare contro lui ancora per altri due anni! Tu l'avevi previsto, e non hai cambiato opinione nonostante i miei ti dessero contro». Stavo assimilando la lezione di coach Blaze sul guardare dentro ai miei atleti, ci stavo arrivando: in Thoren avevo visto coraggio e determinazione, per me non era stato così difficile prevedere che cosa sarebbe diventato. In quel momento capisco che a me viene facile vedere cose che per gli altri sono meno chiare. Cominciai subito a fare reclutamento per Michigan State. Per il primo anno, 1963-64, era troppo tardi fare reclutamento. Ma i ragazzi che ho portato dentro nel 1964-65 è stato giudicato da tutti il migliore gruppo di Freshmen nella Big Ten e forse nell'intera NCAA. Nel 1966-67 avrebbero vinto la Big Ten, anche se Forddy Anderson e io eravamo già partiti.

Dollari e cuore

Il reclutamento non è una passeggiata. Ancora meno se combatti con uno come Anderson. Riesco a formare un bel gruppo, solido equilibrato, ma mi manca «la star», l'apriscatole delle difese, la punta di diamante in grado di finalizzare il gioco, di fare la differenza. Ce l'ho sotto mano. Larry Miller Catasaqua dallo Stato di Pennsylvania, la terra che, prima dell'arrivo dei primi coloni svedesi, era abitata dalle tribù dei Delaware, degli Irochesi e dei Susquehanna. Un metro e 96, mancino, molto forte, arriverà poi fino all'NBA (National Basketball Association), forse anche nelle sue vene scorreva davvero sangue indiano. Io lo volevo, ma ovvio non ero l'unico, nella stessa corsa Duke e North Carolina. Con una differenza fondamentale. Loro – si diceva – offrivano qualcosa oltre la semplice borsa di studio. Noi avevamo solo la borsa di studio da proporgli. Convochiamo Larry, lo ricopriamo di gadget universitari, è in atto un vero e proprio corteggiamento e lui sta per cedere, ma non avevo fatto i conti con Anderson. «Coach Anderson, Duke e North Carolina forse stanno offrendo qualcosa extra a Larry e lui è tentato di andare anche se so per certo che alle stesse condizioni sceglierebbe noi»: il messaggio era chiaro, gli stavo dicendo che forse dovevamo fare lo stesso. Oramai conoscevo Anderson, sapevo che non avrebbe reagito bene, ma se non avessi provato non avrei fatto gli interessi della mia università.

Sapevo di rischiare perché Forddy Anderson era stato l'allenatore di Bradley nel 1949-50, squadra fortissima che poi ha avuto sei giocatori coinvolti nel più grande scandalo delle scommesse mai scoperto nella storia dell'NCAA. Una squadra distrutta e Anderson distrutto. L'NCAA sanziona Bradley escludendola dal torneo. Forddy ha sofferto tutto ciò oltre ogni limite, guardando e riguardando filmati delle partite truccate, gli occhi rossi dalla stanchezza e – dicono – dalle lacrime. Sapevo che quella storia l'aveva segnato.

Forddy alza lo sguardo e mi inchioda gli occhi addosso. Probabilmente se gli avessi dato un calcio tra le gambe avrei avuto una reazione più blanda. «Dan, quello che dovevi fare l'hai fatto. Ora, tocca a me. Se c'è da fare qualcosa extra, lo farò io e tu non lo saprai mai. Una cosa, però: non voglio uno che ha il segno del dollaro al posto del cuore». Punto. Non si aspetta una mia risposta e mi guardo bene dal dargliela. Ma avevo capito la lezione, e nonostante i suoi modi fossero duri, capivo che fare sport non è semplice. Un equilibrio tra talento, soldi, passione e lealtà. È una storia che ritornerà spesso nelle mie scelte. Quell'anno Larry Miller scelse North Carolina, non Duke e non Michigan State.

Prime lezioni di potere

Clarence Biggie Munn: un nome, un programma. È il 1965 e Biggie Munn è forse la figura con più potere a Michigan State. Prima era capo allenatore di football, con un record spettacolare e due titoli nazionali. Un mito. Ma anche un personaggio antipatico, durissimo, senza peli sulla lingua. Riunione direttiva, siamo tutti presenti, circa quaranta allenatori, di tutti gli sport, in una stanza. Il coach di football, ormai da dieci anni, è l'ex vice di Munn, Hugh Duffy Daugherty, irlandese, focoso, simpatico, tutti lo amano. Si discute delle strategie di gioco e Munn con supponenza e sorriso maligno si rivolge a Daugherty. «Duffy, you are a good recruiter». Sottotitolo implicito, ma palese per tutti i presenti: «Sei bravo a reclutare grandi campioni, ma come allenatore sei così così». Gelo nella stanza, è evidente che voleva colpirlo e c'è riuscito. Daugherty reagisce: «Come puoi dire questo?!? Abbiamo avuto soprattutto sfortuna nella scorsa stagione», risponde riferendosi a un risultato globale di 4 partite vinte e 5 perse, ma Munn non lascia correre, vuole fargli capire chi è il capo e dice: «Il tuo stile di gioco è superato, sei fortunato ad avere bravi giocatori». Coach Daugherty non crede alle proprie orecchie, reagisce ancora ma gli trema la voce, sappiamo tutti che sta per crollare. «Biggie, ho vinto tanto, stai esagerando adesso». «Lascia perdere, Duffy, potrei farti battere dagli juniores se mi ci mettessi». Daugherty non regge più, uomo passionale scoppia a piangere. Noi tutti in silenzio, allibiti.

Poi una voce limpida e senza incertezze: «Biggie come puoi dire cose del genere a questo irlandese che ha fatto per Michigan State più di qualsiasi altra persona?». Parole chiarissime e dirette, si trasformano in uno scudo dietro al quale Daugherty trova riparo. A pronunciarle il mio capo, il mio coach, Forddy Anderson. Indignato dal comportamento di Munn, ha parlato da uomo onesto e giusto qual era. Questa piccola distrazione permette a coach Daugherty di uscire dall'angolo nel quale lo aveva messo Munn, di rimettere in ordine i pensieri e il viso. Era pronto a tornare a difendere la sua causa, sapeva di non essere solo. Munn, vedendo tutti contro, chiude la riunione in fretta.

«Ehi coach, ha avuto coraggio, l'ammiro molto per le parole in difesa di Duffy», ero sincero, ammiravo quella presa di posizione: il mio capo aveva i suoi difetti ma era un uomo onesto e integerrimo, si stava perpetrando un'ingiustizia e lui non voleva farne parte. «Sì, Dan, but that is gonna cost me... Non so come, ma mi costerà». A fine anno viene licenziato. E la meschinità di Munn è tale che lo fa ad aprile, quando il mercato degli allenatori è già chiuso. Bruciandolo. Anderson va in un piccolo college nel Nebraska e alla fine ci rimane cinque anni, trovandovi serenità nonostante non godesse più dello stesso prestigio di prima.

Io potevo rimanere a Michigan State, per contratto erano obbligati a tenermi, avrei potuto fare il professore di educazione fisica, o anche niente, ma erano tenuti a darmi lo stipendio. Nonostante fossi giovane, capivo che la strada più comoda non si sposava con il rispetto di me stesso. Sono un uomo leale e così, per coerenza, decido di dare le dimissioni. Mi dispiaceva andarmene ma ero fiero della mia scelta. Nello sport, come nella vita, non tutti però la pensano allo stesso modo. Bruce Fossum, il vice di Anderson per esempio si mette in mostra e si fa subito avanti per prendere il suo posto. Forddy, con ironia, mi dice: «Avrebbe almeno potuto aspettare che il mio corpo fosse freddo». Non mi ha mai detto di aver apprezzato la mia fedeltà, ma nel tempo quel mio gesto ha cambiato il corso della mia vita.

Per i cinque giorni successivi alle dimissioni vado in ufficio, ero da solo, non senza tristezza nel cuore. Il mio obiettivo è di sistemare tutto per chi sarebbe venuto dopo di me, non voglio lasciare brutti ricordi. Per ognuna delle cinque notti scrivo dieci lettere per trovare un nuovo lavoro. Nelle orecchie mi rimbomba il picchiettio dei tasti della macchina da scrivere. Sono fiducioso ma sono anche un essere umano. Inizia ad assalirmi la paura di non riuscire a trovare un altro posto. Una sensazione che nello sport è normale, ma io non sono ancora abituato a viverla. L'incertezza di un nuovo contratto, l'attesa della telefonata, la valutazione del progetto: un tipo di allenamento a cui i dirigenti d'azienda non sono abituati. Io mi stavo abituando a convivere con tutto ciò, sapendo che le uniche certezze avrei potuto trovarle dentro di me, nei miei valori e nell'impegno che mettevo nel lavoro.

Solo due partite

«Prendi Peterson, è un ottimo recruiter ed è leale»: così Anderson parla di me a Ben Carnevale, dandomi il lasciapassare per la squadra della US Naval Academy, l'accademia navale. Erano amici sin dalla seconda guerra mondiale, quando entrambi erano marines nella US Navy. Carnevale, capo allenatore molto apprezzato, stava cercando un vice. Anderson non ha alcuna esitazione a fare il mio nome. Ancora una volta torna in mente il mio desiderio di lasciare sempre un buon ricordo alle persone con cui lavoro e nei luoghi in cui lavoro. Anche quella volta il mio comportamento aveva pagato, forse più ancora dei miei successi. Iniziavo a imparare che occorre farsi rispettare, ma anche farsi accettare. Non sempre è facile fare entrambe le cose.

1965-66: quell'anno alleno le matricole, i Plebe, stesso ruolo che avevo ricoperto sia a McKendree sia a Michigan State, adesso in un'altra università altrettanto prestigiosa. Con una particolarità. All'accademia navale all'epoca non erano ammessi ragazzi alti più di un metro e 93 cm. Subito mi sembra un grande limite per la mia carriera: nessuna squadra ad alti livelli aveva giocatori così bassi, e per chi vede il basket fatto solo di centimetri poteva sembrare un grande vincolo. Inizio invece a vederla come una sfida, inizio a ingegnarmi per rendere competitivi giocatori più bassi della media. Ancora una volta avrei fatto tesoro di questa esperienza.

«Un'altra sconfitta!» È la seconda dall'inizio del campionato. La prima squadra di Ben Carnevale, la Varsity, è partita malissimo, con due sconfitte in trasferta (0-2): contro Fordham, a New York City, 53-57, e contro Pennsylvania, a Philadelphia, 55-72. Sono appena arrivato, sono solo un vice, ma la pressione per far bene è forte. Non amo perdere. La partita successiva sarebbe stata in campo neutro a Baltimore, contro Oregon State, squadra fortissima. Dopo il licenziamento di Forddy a Michigan State, dopo una stagione terminata 5-18, sono preoccupato anche per Ben Carnevale. Chiamo il capo: «Coach, possiamo parlare un attimo?». «Dimmi, Dan, di che si tratta?», «Sono preoccupato per la stagione», «Ok, vieni a casa mia». Scendo le scale di corsa, prendo l'auto e mi catapulto da lui. Carnevale era un uomo alto robusto, imponente. Capelli già bianchi e lo sguardo pacifico. La sua calma a tratti strideva con la sua fisicità, mi ha sempre fatto impressione come riuscisse a essere sereno in ogni occasione, sia che si perdesse sia che si vincesse. Tranquillo. Entro in casa e lo trovo su una vecchia poltrona ricoperta di velluto ocra a fiori marroni. L'abat-jour accesa alle sue spalle, stava leggendo un romanzo, non si alza nemmeno. Traspirava tutta la sua sicurezza. «Coach, siamo 0-2...», il mio tono è quello della marcia funebre, lo sguardo anche. Lui muove solo gli angoli della bocca, mi guarda e dice: «Dan, il fatto è... che abbiamo giocato SOLO due partite». Adesso gli sorridono anche gli occhi. Mi spiazza, se è tranquillo lui, devo esserlo anch'io. Capisco immediatamente che non occorre fare una tragedia per qualche risultato negativo, occorre saper valutare sempre un intero progetto. Va bene lavorare, ma senza preoccupazioni o tensioni che possono portare via energia. Vinciamo, infatti, la terza di campionato a Baltimore contro Oregon State, 59 a 55 dopo tre tempi supplementari. Paradossalmente nemmeno per le vittorie così sudate Carnevale si scomponeva tanto. Era perennemente in pace. Mi colpisce di nuovo la sua calma, il suo equilibrio. Le ansie e le paure di un coach si riversano e si espandono inevitabilmente su tutta la squadra, mortificandone lo spirito e il rendimento.

La parola «leadership» entra nella mia vita

L'ultima partita della stagione è contro Army, la U.S. Militare Academy, a West Point. Due ore prima della partita, sono seduto in tribuna con il nostro *officer representative*, un capitano nella US Navy, uno laureato ad Annapolis, veterano della seconda guerra mondiale. Siamo in tribuna. Entra un signore 70enne, abiti borghesi e sguardo sereno. Non faccio neppure in tempo a capire che cosa succede che il mio capitano con un balzo, senza nemmeno fare le scale, arriva davanti a questo uomo, gli fa un saluto ufficiale e si presenta. «Ma come, un capitano che fa un saluto militare a un civile?» Sono strabiliato. Un capitano della US Navy ha solo gli ammiragli sopra di lui, di solito solo a lui è riservato un saluto così.

«Io sono il capitano Smith, ero imbarcato sulla nave tal dei tali durante lo sbarco in Normandia quando...» In un attimo mi sveglio. Quel «civile» è nientemeno che il generale Omar Bradley, il più grande genio militare nella storia degli Stati Uniti, colui che aveva pianificato il D-Day in Normandia. Il generale Bradley, senza perdere un attimo, gli risponde: «Sì, capitano, e noi abbiamo apprezzato il vostro fuoco di supporto, ricordo bene la vostra nave e la vostra squadra, è stata un'operazione molto delicata...». E continua ricordando dettagli incredibili, puntuali come se stesse rivivendo in quel momento lo sbarco. Io rimango impietrito, non trovo neanche le forza per salutarlo. La guerra faceva parte della mia infanzia e anche per me quello era un eroe. Tornato a sedersi vicino a me, il capitano è visibilmente scosso. Gli dico: «Incredibile, capitano!». «Sì, Dan, i grandi sono così, soprattutto tra militari, lavorano con la memoria. Ricordano ogni cosa e non fanno lo stesso errore due volte».

Dopo quell'episodio scatta qualcosa dentro di me. «Un grande generale è come un grande allenatore...» Anche coach Burmaster nel 1954 mi aveva parlato di Eddie Hickey, allenatore di St. Louis University, che tutti chiamavano «The Little General». C'era qualcosa che legava un coach, un militare e – chissà – anche questa mia esperienza alla US Navy. Ne discuto con Al Cantello, vice-allenatore di atletica leggera ed ex recordman del mondo di giavellotto. «Dan, sai cosa stai descrivendo?», «No, cosa?», «Leadership. Tu hai descritto un grandissimo generale, l'abbiamo paragonato a un allenatore, ma potevamo anche confrontarlo con un grande politico o un grande imprenditore. La leadership non è esclusiva, è trasversale. Loro sono leader perché hanno saputo conquistare la fiducia delle persone che stavano loro intorno». Da qui ho cominciato a vedere il mio ruolo come quello di un leader. Un leader è preparatissimo, conosce la materia – che siano schemi, che siano uomini o strategie –, ha esperienza, ha memoria, sa adattarsi alle situazioni, ma soprattutto sa ispirare fiducia. Ma io saprò mai fare tutto ciò?

Do the job!

«Dan Peterson, Dan Peterson, Dan Peterson»: questa la risposta di Ben Carnevale a Dave Nelson, direttore sportivo di Delaware che gli chiedeva tre nomi di candidati per il posto aperto di capo allenatore di Delaware. Si conoscevano anche loro dalla seconda guerra mondiale, anche loro due della US Navy, e si rispettavano come amici e come professionisti. Ma non avevo ricevuto solo segnalazioni positive. Il caso e la fortuna hanno giocato il loro ruolo. Nelson chiede infatti referenze anche a Burt Smith, fedele di Biggie Munn a Michigan State: lo conosceva e, avendo sotto mano il mio curriculum, sapeva che avevo lavorato a Michigan State anche io. «Dan Peterson se n'è andato al seguito di Anderson, più leale a lui che a Michigan State», sentenzia Burt usando il cervello di Biggie e non il proprio. Fortuna vuole che Nelson conosce bene anche coach Daugherty. Lo chiama subito. Duffy si imbufalisce con i suoi nemici e mi difende: «Dave, questa è una pura cattiveria gratuita da parte loro, ancora avvelenati contro Forddy Anderson. Ti posso dire questo: Dan Peterson ha lavorato benissimo qui e, se lo prendi, farà un grande lavoro anche per te!». Nelson, a posteriori, mi racconterà tutto. Appena saputo che cosa aveva fatto per me coach Daugherty lo chiamai immediatamente: «Coach le sono molto grato e riconoscente per quello che ha detto a Nelson, se sono stato scelto è anche merito suo». Duffy, per tutta risposta, con il tipico piglio irlandese fiero e pragmatico, ma con tantissima umanità e simpatia mi dice: «Dan, don't thank me! DO THE JOB!». Fantastico, con una frase mi aveva abbonato un credito, facendomi capire che la responsabilità di far bene adesso era solo mia. Era esigente, ma mi stava anche trasmettendo fiducia.

Schemi di gioco. Followership

Capita spesso di leggere libri sulla leadership, molto più raramente sulla followership. Eppure sono due facce della stessa medaglia, i due aspetti sono legati: si può diventare un bravo leader quando si comprende anche come essere un bravo follower.

Entrare in sintonia con la gerarchia

Questa fase della vita di Dan Peterson è focalizzata sulle sue principali esperienze come vice, secondo o terzo allenatore al McKendree College, al Michigan State e alla Navy. Tre esperienze che gli consentono di allenare la sua capacità di entrare in sintonia con la gerarchia, con il potere. In questi anni Peterson sviluppa capacità di ascolto nell'interazione con i suoi capi e assimila concetti importanti: avere una filosofia, rendere le cose semplici, lavorare per priorità, imparare da tutti, instaurare una relazione con il potere, con l'autorità e la naturale esigenza di controllare. Infine, quando qualcuno per la prima volta gli parla di leadership, Peterson comprende che ciò che sta imparando sono sfaccettature che vanno oltre gli schemi e le tattiche del basket. Ancora una volta per essere un coach serve una marcia in più e Peterson in questi quattro anni impara a essere un bravo follower. Lavora a stretto contatto con coach Oldfield, Anderson e Carnevale. Non sono i suoi mentor, i coach che lo aiutano nei momenti cruciali, di fronte alle scelte importanti. Sono però persone dalle quali impara molto, soprattutto a farsi valere a farsi ascoltare. La followership è una capacità non facile da individuare nelle organizzazioni.

Molti studi descrivono i follower come esemplari, coraggiosi o stelle che rappresentano una precondizione per organizzazioni di successo[1]. Negli ultimi anni, inoltre, i follower sono diventati una figura più assertiva, meno vocata al rispetto dell'autorità, respingendo uno stereotipo timido e docile. E se da un lato le organizzazioni non possono slegarsi da un concetto di gerarchia che in modo evidente riporta al centro il tema della relazione capo-collaboratore e dall'altro dalla qualità di questa relazione spesso dipendono clima organizzativo e produttività, ecco allora che la followership è da intendersi appunto come l'altra faccia della stessa medaglia organizzativa, troppo spesso vista solo dal lato della leadership.

C'è follower e follower

Una classificazione efficace è stata data da Barbara Kellerman[2] che ha suddiviso i follower in: *a*) isolati: coloro che si sono arresi a ogni forma di coinvolgimento; *b*) spettatori: coloro che lasciano che gli altri determinino il funzionamento dell'organizzazione; *c*) partecipanti: coloro che sono di supporto in ogni contesto; *d*) attivisti: coloro che manifestano un ruolo proattivo, che danno un estremo supporto ai leader dell'organizzazione, anche – in alcuni casi – con l'idea di sostituirli; *e*) combattenti: rari da trovare, ma sono talmente legati all'organizzazione che rischiano in prima persona per le giuste cause. I buoni follower sono motivati e si integrano nel meccanismo organizzativo, supportando i leader e aiutando l'organizzazione a migliorare. I cattivi follower, per contro, sono passivi, resistenti, sempre negativi, e corrodono le buone energie. In strutture organizzative piatte, con pochi capi, spesso avere una cultura della followership è più utile che averne una della leadership, dove ognuno è quasi obbligato a sentirsi leader. In realtà si può affermare che esiste anche una forma di leadership nell'essere un follower attivo e combattente. Le strategie di influenza di leader e follower sono orizzontali, spesso coincidono, e ognuno può svolgere allo stesso tempo i ruoli di leader e di follower.

Peterson è sicuramente un esempio di follower attivo e proattivo, tra l'attivista e il combattente. È attivista quando manifesta grande attaccamento all'organizzazione per la quale lavora, perfino quando sa che starà lì pochi mesi. È determinato, manifesta passione per le cose che fa. L'impegno che mette a costruire la sua libreria al McKendree College è un esempio di dedizione e segno del suo radicamento in quell'ufficio. Coach Oldfield lo sprona e lo stimola sulla necessità di avere una filosofia, un suo credo come allenatore da trasferire ai suoi giocatori. Oldfield riconosce le potenzialità di Peterson, sa che prima o poi avrebbe fatto il salto a capo allenatore. Saper valorizzare i follower, nelle loro caratteristiche e nei contributi che possono dare all'organizzazione, è uno dei temi attuali della leadership[3]. Un leader autentico deve saper aiutare i follower a diventare più consapevoli, stabilendo una relazione trasparente e positiva con chi guida l'organizzazione[4].

Peterson è un follower che semplifica il lavoro del capo, come lo stesso Oldfield gli riconosce quando lo definisce «schiavo della semplicità»: è in grado di definire priorità chiare e arrivare sempre al succo del tema, del lavoro da svolgere. In genere questa è una peculiarità dei leader, ma può essere ancor più utile quando appartiene ai follower, vera cinghia di trasmissione dell'organizzazione nella sua capacità realizzativa. Pensiamo ai follower che complicano anziché semplificare e sarà facile intuire quanto l'organizzazione possa entrare in crisi quando si trovi a esser abitata da attori che bloccano le iniziative anziché da attori propositivi. È indubbio quindi che i risultati dei leader dipendono dalla qualità dei follower e viceversa.

I risultati dei leader dipendono anche dai follower

Peterson attivo e assertivo si manifesta anche a Michigan State con Anderson quando gli propone il reclutamento di Larry Miller, giocatore forte che però voleva qualche ritorno economico in più della media. Peterson sa che Anderson

Guardare dentro i capi

è stringente su questo e impara due cose. Primo, Anderson aveva sofferto per le scommesse dei suoi giocatori: la lezione di Blaze di saper «guardare dentro» si può applicare anche ai capi e non solo ai giocatori. Secondo, Peterson sa che un vice deve insistere educatamente per il bene della squadra, anche quando è consapevole che riceverà una risposta negativa.

Come spesso capita ai follower attivisti, se non sono ben guidati o se decidono di occupare spazi non loro, possono andare incontro a qualche imprevisto spiacevole. Il caso emblematico è l'intervista rilasciata «off the record». Un errore o un'ingenuità dovuta all'inesperienza, sicuramente in chiave positiva un episodio di un vice che non ci sta a subire un torto, che non vuole arrendersi e che persegue valori positivi. Peterson è un follower che necessita di attenzione e tempo da parte dei leader, è una persona curiosa, che vuole partecipare e contribuire al successo della squadra. Non è un follower che si accontenta di una panchina o di uno stipendio. Anche a Navy con coach Carnevale manifesta attaccamento, per certi versi andando anche oltre il suo ruolo di vice, preoccupandosi oltre modo dei risultati.

È un combattente, è preparato a sacrificarsi per il suo leader – quando si tratta di una giusta causa non perché è uno «yes man» –. Trova dunque naturale seguire le sorti di Anderson quando viene allontanato da Clarence Biggie Munn in modo poco professionale ed etico. Analogo episodio qualche anno prima, quando stava per accettare l'incarico di primo allenatore al McKendree College come segnale di riconoscenza nei confronti di coach Oldfield, che invece poi lo spingerà verso Michigan State, opportunità più prestigiosa per Peterson.

Al di là dell'autorità

Peterson in questi anni si dimostra indubbiamente un valido follower, ma soprattutto è affascinato dal concetto di potere, di autorità. La figura di Clarence Biggie Munn lo inquieta da un lato ma lo incuriosisce allo stesso tempo. Riconosce il valore delle sue intuizioni, dei suoi contenuti, ma pensa a un modo migliore per esercitare il potere. Rimane colpito dallo stile, dalla memoria e dall'attenzione ai dettagli del generale Omar Bradley, stratega dello sbarco in Normandia. Il concetto di potere si sposa con quello di *autorità*, definito come l'insieme di qualità e diritti di decisione posseduti da una persona, nella misura in cui questi sono attribuiti e riconosciuti dai membri di un'organizzazione per il raggiungimento di obiettivi comuni. L'autorità appartiene a una persona per il solo fatto che ricopre un ruolo. Non sempre, tuttavia, l'autorità viene riconosciuta e rispettata dai membri di un'organizzazione, i quali possono generare altre forme di influenza e pressione tese a minare il concetto di gerarchia e le regole organizzative che ne derivano. Ecco perché allenare i follower aiuta anche i capi, che dovranno a loro volta impegnarsi nel manifestare la propria leadership al di là dell'autorità che rappresentano. Molte sono le definizioni di leadership, la più semplice riconduce alla capacità di persuadere altre persone, influenzandole a generare un cambiamento nel pensiero e nell'azione. Il punto di partenza non sta quindi nel proprio progetto o nella propria idea, quanto in ciò che l'altra persona desidera e vuole.

Capacità di persuadere

Il termine leadership entra per la prima volta nella vita di Peterson, quando egli ha già trent'anni: a parlargliene è Al Cantello e pare proprio che l'ex campione di lancio del giavellotto abbia fatto un buon lancio!

Scheda di allenamento

- Che tipo di follower siete: isolati, spettatori, partecipanti, attivisti o combattenti?
- Quali sono i comportamenti che agite in qualità di follower?
- Come classificate i vostri follower? Che strategie adottate per allenarli?
- Quali episodi legati all'esercizio di potere ricordate nella vostra esperienza manageriale? Che cosa vi hanno insegnato?
- Qual è la strategia di influenza che adottate per convincere una persona a voi cara (marito, moglie, partner, amici ecc.)? Adottate la medesima strategia anche con i vostri colleghi, capi e collaboratori?
- Quali differenze di approccio adottate nelle strategie di influenza verso un vostro capo, un collaboratore o un collega?
- Qual è la vostra definizione di leadership?
- Qual è la vostra filosofia manageriale? Quanto contano le persone nella vostra filosofia?
- A proposito di «semplicità», quali sono le cinque priorità che vi date nell'esercizio del vostro ruolo?

Letture

[1] I. Chaleff, *The courageous follower*, San Francisco. Berrett-Koehler, 2003^2; R.E. Kelley, *The power of followership*. New York. Doubleday, 1992.

[2] B. Kellerman, *Followership: How Followers Are Creating Change and Changing Leaders*, Cambridge, Harvard Business Press, 2008.

[3] D. Collinson, «Rethinking Followership: A Post-Structuralist Analysis of Follower Identities», *The Leadership Quarterly*, 17, 2006, pp. 179-189.

[4] W.L. Gardner, B.J. Avolio, F. Luthans, D.R. May, F.O. Walumbwa, «Can You See the Real Me? A Self-Based Model of Authentic Leader and Follower Development», *The Leadership Quarterly*, n.16, 2005, pp. 343-372.

4 Osare con umiltà (1966-1971)

Calendario

1966-71 Capo allenatore alla University of Delaware (Newark, DE).

Risultati

Dal 1966 al 1971 sono a Delaware, primo allenatore. Non ho più i Freshman da allenare, le mie uniche statistiche sono della prima squadra. Primo anno (1966-67) nella stagione complessiva: 15 partite vinte e 9 perse (15-9). Nella lega Middle Five, 4 vinte e 4 perse (4-4). Abbiamo vinto un torneo di Natale nella città di East Stroudsburg (Pennsylvania), con 3 vittorie in tre serate, contro buone università dello stesso livello.

Secondo anno (1967-68), nell'intera stagione 16 vittorie e 7 sconfitte (16-7). Vinciamo la Middle Five, con 7 partite vinte e 1 persa (7-1), mentre arriviamo secondi al torneo di Stoudsburg.

Terzo anno (1968-69), nell'intera stagione 11 vittore e 10 sconfitte (11-10), con 6-4 nella nuova MAC West. Eravamo 3-0 all'inizio, poi arriva l'influenza asiatica e mette tutti i migliori fuori gioco. Arriviamo addirittura a 6-10 e poi fortunatamente rientrano tutti e vinciamo le ultime cinque partite. In pratica, con tutti i giocatori facciamo 8-0!

Quarto anno (1969-70), complessivamente 16 vinte e 9 perse (16-9). Nella lega Middle Five, 6-2.

Quinto e ultimo anno (1970-71), 11 vinte e 14 perse (11-14), stagione difficile. Nella MAC West, siamo 5-5. Dopo diversi scambi con il mio Athletic Director, Dave Nelson, che non voleva avere borse di studio per meriti sportivi, capisco che non è facile vincere senza buoni atleti. Sento che devo cercare un posto altrove, ma questo mi spezza il cuore.

Umili sarti e stilisti

Finalmente capo allenatore. Sono alla University of Delaware, seconda divisione dell'NCAA, tra le università più prestigiose per budget, impianti e soprattutto borse di studio da dare agli atleti. Difficile spiegare la sensazione. Il Delaware è uno Stato piccolo, molto piccolo, potrei dire a mia misura. Il Delaware è lungo 154 km ed è largo tra i 9 e i 35 km, il che lo rende il secondo Stato più piccolo degli USA dopo il Rhode Island. Per chi volesse immaginare dove si trova, il Delaware confina a nord con la Pennsylvania; a est è delimitato dal fiume Delaware, dalla Baia del Delaware, confina con il New Jersey e si affaccia sull'Oceano Atlantico; mentre a sud e a ovest confina con il Maryland.

È la mia prima volta. Mi sento responsabile per tutte le persone che hanno creduto in me. Ma non sono più il ragazzino spavaldo e sicuro di sé, infarcito di ego. Per la prima volta ho come la sensazione di non essere all'altezza, *subdued* dicono gli americani. Per fortuna c'è molto da fare e non ho molto tempo per arrovellarmi il cervello su «chi sono, da dove vengo e perché sono qui». È una costante nella mia vita, voglio fortemente raggiungere un traguardo, faccio di tutto, poi quando mi trovo a vivere quel momento sono preso dalla sorpresa, forse anche un po' dalla paura. Credo che sia normale, anzi nel tempo ho pensato che fosse il modo migliore per vivere, convivendo con le emozioni, manifestandole senza timore di esser giudicato. Si è trattato comunque, direi anche per fortuna, di pochi momenti. L'azione ha sempre generato energia, aiutandomi a «venirne fuori».

Al mio primo anno a Delaware ho una squadra molto debole, devo fare in fretta e bene un reclutamento efficace. Prendo immediatamente sette giocatori: sei Freshmen, tre già reclutati dal coach uscente, Irv Wisniewski, e tre presi da me, che dovranno aspettare un anno per giocare nella prima squadra; più quattro dalle Junior Colleges, che possono giocare subito. Mi concentro moltissimo su questa operazione, lascio addirittura mia moglie sola a gestire il trasloco, nonostante non sia proprio il suo forte – era già nato Billy, il nostro primogenito –. Programmare è ormai un mio imperativo, non si può prescindere e questa è la mia occasione. Firmando il contratto a Delaware ho pensato: «Devo vincere, per me e per tutti quelli che in me hanno creduto così tanto». Non è una pressione, ma una motivazione in più, mi sento molto forte, pieno di energia positiva. L'analogia che mi viene in mente è quella dell'umile sarto. Devo capire nel profondo il materiale che ho a disposizione, devo prendere le misure con le persone e con l'ambiente e tirare fuori il meglio dalla combinazione di tutto. Mi riconosco molto ancora oggi in questa definizione di me che ho maturato proprio a Delaware. Ci sono due filosofie di allenatori: quelli portati a ottimizzare (gli umili sarti) e quelli portati a schematizzare (gli stilisti), vale a dire ad anteporre il sistema di gioco e il metodo di lavoro agli atleti e all'ambiente di riferimento. Sono entrambi vincenti, ma non sempre, e soprattutto ognuno sceglie la via che sente di più. Nella mia carriera ho visto tanti allenatori essere come gli stilisti che sanno disegnare bene un abito e vanno alla ricerca della modella che può indossarlo. In cinque anni a Delaware ho cambiato cinque sistemi di gioco.

All'epoca potevamo contare sulla disponibilità dei giocatori-studenti solo per tre anni, voleva dire ogni anno cambiare strategia, gioco, ambiente, tutto insomma. È stato un bell'esercizio, significava essere pronto al cambiamento, non essere mai troppo attaccato alle mie idee, ma lavorare sull'adattamento che doveva essere veloce ed efficace allo stesso tempo. Era anche la prima volta che sentivo di dover stare in un posto per qualche anno. Fino ad allora si era trattato di brevi esperienze per imparare, adesso era diverso. Avevo una responsabilità molto più grande, prima mi bastava copiare il modello della prima squadra per preparare i ragazzi più giovani a entrarci, ora ero io a decidere le tecniche e i sistemi di anno in anno.

In partita, sempre

Resistenza e intensità. Anche la preparazione atletica a Delaware tocca a me, e finalmente mi dedico a ciò in cui credo di più, soprattutto dopo gli insegnamenti di Dr. Gregg. Ho imparato dai grandi coach che non serve fare un allenamento «diverso» dalla partita, bisogna essere in partita sempre. Ray Meyer, leggendario coach alla De Paul University (Chicago), diceva: «Devi giocare veloce come in partita, inutile allenarsi lentamente. Poi ogni anno prendi i due schemi che non funzionano li butti fuori e ne inventi due nuovi! Semplice». Prima di tutto: intensità. Sapendo di dover superare avversari più forti, voglio la squadra in condizioni fisiche migliori, meglio di qualsiasi altra. A questo proposito, durante le sette settimane di pre-stagione, ogni venerdì sera e qualche sabato sera faccio fare al mio quintetto base due partite di fila. Insomma, una prova di forza incredibile, visto che una partita dura 40' e due durano 80' e senza intervalli. Una cosa tremenda.

Nel 1968-69 ho due co-capitani, Jim Couch e Loren Pratt, entrambi dal mio Stato dell'Illinois: Couch da Pekin, Pratt da Maywood. Un giorno i due mi prendono da parte e mi dicono: «A che serve giocare due partite di fila il venerdì?!». La squadra ha mandato avanti loro per lamentarsi, ma so che è un pensiero condiviso da tutti. Non riescono a capire il perché di un allenamento così duro, ma io so quel che faccio e non mollo. Credo con forza che il segreto per la vittoria sia abituarli a essere efficaci su ottanta minuti e non su quaranta, solo così saremmo stati pronti ad affrontare qualsiasi evenienza.

Nel dicembre 1968, seconda partita della stagione, siamo a Easton, Pennsylvania, per affrontare la forte Lafayette, sotto il grande coach Hal Wissel. Partita durissima, le due squadre si stanno sfidando alla pari. Ho solo cinque validi giocatori, il quintetto base, compresi Jim Couch e Loren Pratt. Non faccio nessun cambio per 40' e la partita finisce pari. Supplementare. Rimangono tutti in campo. Un tempo supplementare dura 5' cronometrati sempre pari. Secondo over-time. Steve Jackson esce per i cinque falli e metto dentro Dave Hottenstein. 50' di gioco, la situazione non si sblocca. Terzo over-time, Ed Roth esce per cinque falli, entra Dan Carnevale (sì, proprio il figlio del mio capo a Navy!). Niente da fare, questa partita non vuole finire. Ci sarà il quarto tempo supplementare. Fuori anche John McMillen per cinque falli, metto dentro Doug Merchant – un metro e 95 –, al suo esordio, mai giocato in partita, ma non ho scelta. Allo scadere del quarto tempo supplementare, proprio Merchant: tap-in per vincere la partita allo scadere del tempo, 91 a 89 e finisco a chiappe in terra! Quattro tempi supplementari. Ero sfinito dallo stress, quasi incapace di alzarmi dalla panchina. Non mi ero reso conto ma Jim Couch e Loren Pratt avevano giocato gli interi 60' di partita senza un riposo. Dopo nello spogliatoio: «Now we understand». Couch e Pratt ancora insieme: «Adesso capiamo». Se si sanno giocare 80' di fila, 60' saranno una passeggiata!

Non sono solo le doppie partite che segnano i miei ragazzi. Inizio a far fare loro i venti minuti di scivolamento almeno una volta alla settimana. Lo scivolamento è uno degli esercizi più duri nel basket. È un fondamentale di difesa che provo a spiegare in poche parole, anche se sarebbe molto più facile farvelo vedere! Piedi paralleli alla larghezza delle spalle. Baricentro basso e il corpo in appoggio sugli avampiedi. Insomma, la classica posizione «pugilistica». Scivolare vuol dire mantenere questa posizione mandando un piede avanti, per esempio il destro, subito seguito dall'altro. Come se fosse un granchio. È il movimento che serve al difensore per ostacolare l'attaccante che palleggia e vuole avvicinarsi a canestro. Occorre quindi essere più veloci di un giocatore che palleggia, vi posso assicurare che non è facile. Ma soprattutto, dopo qualche secondo, le gambe iniziano a bruciare, i giocatori stringono i denti, alcuni chiudono gli occhi. Mi faccio odiare per questo, ma con il tempo ne capiranno il valore. Il mio obiettivo è semplice: avere giocatori con ossigeno nel cervello per gli ultimi 5' di ogni partita, quelli in cui si decide tutto.

Le prime partite da capo allenatore non sono per niente facili. Perdiamo in modo umiliante una delle mie primissime partite, contro Pennsylvania fuori casa, 106-75, nella palestra dell'Università di Pennsylvania, proprio contro i «Penn» allenati da Dick Harter che poi diventerà assistente e quindi capo nell'NBA. La notte non dormo e il giorno successivo vado in ufficio con l'intenzione di risolvere la situazione, ma non so esattamente come. Mi decido a chiedere aiuto a chi ha più esperienza di me, l'ho sempre fatto e mi ha sempre aiutato. «Ciao, Dan, come stai?» dall'altra parte della cornetta Pete Newell, coach ritiratosi nel 1960, rispettato da tutti: un titolo NCAA con California nel 1959, un secondo posto con «Cal» nel 1960, medaglia d'oro con gli USA nel 1960 alle Olimpiadi di Roma. So che mi può dare il consiglio giusto e non esito a chiamarlo nonostante ci fossimo visti solo un paio di volte. «Non bene, Pete. Ieri sera ci hanno ucciso 106 a 65 a Pennsylvania». Era davvero una sconfitta cocente, non solo ma era anche stata trasmessa in televisione, canale 17. Lo sapevano tutti. Sento trattenere il respiro dall'altra parte della cornetta. «Ho bisogno di un consiglio, tu cosa faresti?» Newell era un grandissimo coach e come tutti quelli che ho incrociato sulla mia strada, mi aiuta a ragionare, consigli semplici, ma molto efficaci. «Stai facendo i venti minuti di scivolamento?», «Sì, ma forse non abbastanza?», «Dan, devi tirare fuori i più duri, sei riuscito a individuarli?», «No, non ancora». «Allora, Dan, fai così. Fate un allenamento di rugby! Botte! Butta via il fischietto e falli diventare degli uomini veri», «Ok grazie, Pete, ho capito!». Vado dai ragazzi dicendo che avremmo fatto una partita senza regole. E così non fischio neanche un fallo, non fermo mai il gioco. Alla fine vincerà chi ha meno paura. «Devi avere gente dura in campo», quello era il messaggio, «e poi scegli i più cattivi (sportivamente parlando)». Si espandeva il mio bagaglio di esperienza.

Dopo quell'allenamento decido di cambiare il quintetto base, era necessario cambiare strategia e mi adeguo velocemente. Come primo risultato riesco a battere Navy, la U.S. Naval Academy, i miei ex, 67 a 62. Sono riuscito a raddrizzare la squadra, ma il percorso è ancora lungo.

Giocare non è un gioco

Gennaio 1968, Università di Delaware. Dave Nelson è athletic director, ex super coach di football, inventore della «Wing-T Formation», quindi il mio capo diretto. È un uomo molto intelligente e capace, ha praticato diversi sport, bravissimo professionista, ma introverso, impopolare, in alcuni casi rigido, intransigente. Ha rifiutato anche moltissimi lavori perché a lui basta rimanere grande nel suo piccolo mondo. In compenso ha un'incredibile forza politica, sa far funzionare le cose. È integerrimo e tutti lo rispettavano per questo, non solo, ma si fidavano di lui. Per esempio non aiuterebbe mai un atleta se avesse voti bassi, nemmeno se fosse il più bravo sportivo in campo, prima viene la scuola. Nessun allenatore lo ama, addirittura Tubby Raymond, suo ex vice divenuto capo allenatore di football dopo di lui e grazie a lui, nonostante questo ha con Nelson un rapporto sempre teso, distaccato. Anzi, un non-rapporto. Parlare con Nelson è una tortura, ma a volte non se ne può fare a meno.

Quell'anno stiamo perdendo giocatori importanti e io sento di dover fare qualcosa. Non ci vuole un veggente per capire che cosa sta succedendo, molto semplice. Decido di parlarne con Nelson: «Coach, stiamo perdendo molte leve, alcuni sicuramente se ne andranno in altre università», «Dan, non dire cazzate! Questo non succederà mai!» Ci avevo provato, prevedevo la sua risposta, lo conoscevo bene, ma dovevo farlo. L'anno dopo se ne andarono in tre, i primi di una serie. Non sono un genio, l'avrebbe capito anche un bambino, non stiamo offrendo niente a questi ragazzi. Gli altri offrono borse di studio e altre facilitazioni. Purtroppo questo è il sistema dello sport giovanile, se vuoi vincere devi saper attrarre i più bravi. Nelson però non ama questo sistema. Non mi lascia nemmeno parlare. Ma io sento di avere il dovere di dirgli quelle cose, anche se non ho un grande impatto. Nelson rappresenta un punto di riferimento per me in questi cinque anni trascorsi a Delaware.

Imparo a vedere sempre le cose sotto una nuova luce, lui è abituato a «pensare controcorrente», a ragionare *outside the box*. È geniale e creativo. Rimanendo sempre semplice. Come detto, si devono a lui il famoso schema «Wing-T» di football, nonché la play-action pass.

Nonostante questa grande tecnica e tanti anni di lavoro con Raymond, assisto a un episodio per me cruciale di quegli anni. Raymond nel suo anno di esordio come football coach stabilisce un ottimo record, 6 partite vinte e 3 perse. Il secondo anno però fa solo 2-7, una catastrofe a dir poco. Io e Tubby siamo molto amici e abbiamo in comune anche le stesse vedute su Nelson. So che è molto preoccupato. Una mattina lo vedo intento a fare schemi, a rivedere azioni, quando passa Dave Nelson. Io sono lì per caso, per recuperare la mia posta. «Ehi Dave! Devo rivedere la difesa, mi serve un consiglio». La sua difesa era diventata un colabrodo, oltretutto perdevano male. Sembrava addirittura una squadra non allenata. Nelson si ferma e incrocia le braccia fissando lo sguardo su Raymond, io non mi faccio sfuggire l'occasione per stare ad ascoltare. Dove si può imparare qualcosa, io ci sono. Mi metto «like a fly on the wall» (come un insetto sul muro) mimetizzandomi nell'ambiente e seguo la scena, quasi non respiro. Nelson era un genio della difesa, Raymond evidentemente si aspettava un consiglio illuminato. «Ho rifatto la nostra difesa. Che ne pensi di questa?» e si mette a disegnare una serie di linee e punti, cercando di spiegare i passaggi. Va avanti: «Questi end possono "establish a flank", stabilire un fianco, perché sono coperti dai due linebacker esterni. I due linebacker possono fare questo perché sono coperti dai due corner back. I due corner back a loro volta sono coperti dai due safety». Io penso che sia una difesa eccellente ma Nelson non parla, non batte ciglio. Tubby riparte e spiega tutto di nuovo: grande copertura lì, grande copertura là. Ancora Nelson non parla. Finalmente Raymond gli chiede: «Well, what do you think?», «Che ne pensi?». «Vuoi davvero sapere cosa ne penso io?» Oddio, sapevo che non sarebbe finita bene. Nelson: «I think that, sooner or later, ONE of those 11 men is going to have to play FOOTBALL!!!», «Penso che prima o poi uno di questi 11 uomini debba cominciare a giocare a football!». In altre parole: non farmi vedere schemi e tecnica, il football è sempre uno sport di botte, di gioco fisico, di uomini duri e concentrati. Pensa a quelle cose prima. Tutto ciò da un genio della tecnica. Raymond piega il suo foglio, non alza nemmeno lo sguardo ringrazia ed esce dalla stanza. L'anno dopo vince sette match su nove (7-2). Ho imparato che le partite non si vincono solo con la tattica, ma anche con l'atteggiamento, con il cuore e con la fiducia. Ho rubato la frase di Nelson e l'ho usata decine di volte: «Uno di voi dovrà prendere un rimbalzo!».

Outside the box

Alla vigilia della mia penultima stagione, 1969-70, faccio la solita prima riunione con la squadra, nella quale, almeno in passato, stilavo le regole di comportamento: niente fumo, niente alcool, capelli tagliati bene, codice per vestire, studi, orari, rapporti, assistenza alla classe, voti e altre cose. Quest'anno decido di usare un'idea nuova.

«Io sono il vostro coach, ma la squadra è vostra. Quindi a voi il compito di darvi le regole come ritenete sia giusto.» Fantastico, qualcuno adesso potrebbe pensare: «Li stavi fregando». E invece no, credevo davvero a quello che dicevo. Volevo responsabilizzarli, era un periodo storico particolare, i capelli lunghi erano mal visti e ovviamente darsi all'alcool o alle droghe non sarebbe stato permesso. Dico: «Accetterò ciò che voi decidete. Ma tutti devono, a loro turno, accettare e rispettare le vostre regole». Certo, stavo tentando di *think outside the box*, pensare fuori dagli schemi abituali. Non avevo mai visto nessuno dei miei coach preferiti fare questa richiesta, io volevo sperimentare qualcosa di nuovo partendo da logiche semplici e meccanismi chiari. Ho sempre applicato la stessa logica in tutto. Spesso vedo persone vittime delle abitudini, senza nessuno mai che si chieda: «Esiste un altro modo, migliore, per fare questo?».

Guarda caso, stabiliscono le regole più severe di quanto avrei fatto io.

Un altro esempio è dato dalla gestione del mio staff. Nella pre-stagione del mio ultimo anno a Delaware, 1970-71, avevo uno staff di quattro vice-allenatori: full-time Jim Basista; part-time Kevin Wilson; due dei miei ex giocatori, Rick Albertson e Loren Pratt. Sì, proprio Loren, quello che domandava il perché di due partite ogni venerdì in pre-stagione. Decido di fare una cosa inconsueta: annullo l'allenamento di lunedì, per il grande piacere dei ragazzi. Decido che noi cinque dello staff andremo a Philadelphia, a visionare gli allenamenti dei grandi allenatori in quella zona, il tutto con preavviso e loro autorizzazione, naturalmente. Jim Basista ha visto Pennsylvania, sotto Chuck Daly; Kevin Wilson ha visto Philadelphia Textile, sotto Herb Magee; Rick Albertson ha visto Villanova, sotto Jack Kraft; Loren Pratt ha visto La Salle, sotto Paul Westhead. Io ho visto St. Joseph's sotto Jack McKinney. Dovevamo solo osservare e «rubare» idee per migliorare i nostri sistemi di allenamento. La mattina dopo, debriefing! O almeno l'idea era quella. Erano tutti galvanizzati, talmente pieni di energia, quasi da esplodere. Avevano visto mille cose interessanti e tutti volevano parlare nello stesso momento. Divento «arbitro» di una riunione tecnica!

Jim Basista amava il nostro programma di atletica, ma aveva visto qualcosa da Chuck Daly che gli piaceva troppo: cinque «suicidi» in cinque minuti. Cioè, cinque sprint, ognuno in 30" e con 30" di riposo tra uno e l'altro. Un «suicidio» è questo: il giocatore parte dalla linea di fondo e corre alla prima linea di tiro libero, poi torna al fondo, di nuovo corre alla linea di metà campo, poi torna al fondo e ancora corre all'altra linea di tiro libero, poi torna al fondo, di nuovo corre all'altra linea di fondo e poi torna al fondo. Una cosa tremenda, da fare in meno di trenta secondi. Chuck Daly ne ha fatti cinque prima dell'allenamento e altri cinque alla fine. Jim Basista era convinto di questa idea e l'abbiamo copiata, senza cambiamenti. Ed è stato lui a dirigere quella fase dell'allenamento.

In questo clima di lavoro le idee nascono come funghi. Io ho continuato a vedere e osservare che cosa fanno gli altri anche negli anni successivi. È una passione, un divertimento. Voglio aggiornare me prima di tutto, senza aspettare i *clinic* o i corsi di formazione di fine stagione. Guardo tutte le partite che posso. Non mi pesa. E le persone che lavorano con me lo percepiscono come un valore.

Cinque minuti del suo cervello

NBA All Star Game a Philadelphia. Febbraio 1970. Giocano le stelle, i giocatori migliori della Eastern e della Western Conference. Sono al cocktail di benvenuto, è mezzogiorno. Mi riempio di tramezzini e bevo una spremuta. Come tutti sanno, sono astemio da sempre. Mi aggiro curioso fra i presenti, general manager, allenatori, assistenti, conosco praticamente tutti, grazie alla mia passione per il basket non sfugge nulla. Se non li avevo ancora incontrati di persona, li avevo visti in partita oppure sui giornali: di loro so tutto. A un certo punto vedo Bill Van Breda Kolff, allenatore dei Detroit Pistons dal 1969-71, già allenatore dei Los Angeles Lakers dal 1967-69 e prima ancora dei Princeton Tigers al livello NCAA, anni 1962-67, quindi mio avversario quando allenavo la US Naval Academy nel 1965-66, con il mitico Ben Carnevale. Vado e mi presento, non mi ferma nessuno se di mezzo c'è il basket. «Coach, buongiorno, Dan Peterson vice-allenatore a Navy quando lei era a Princeton»: il trucchetto di presentarsi con nome, cognome e qualifica funziona sempre. Impedisce al tuo interlocutore di farti domande, anzi gli offri un asset per fare bella figura. «I know who you are, Dan!», dubito fortemente che se ne ricordi davvero, ma tant'è non è quello che mi importa. «Coach, posso farle una domanda, le rubo solo cinque minuti?», «Accomodati, Dan», «Qual è la sua filosofia dell'attacco?». Lui, uomo acuto e di spirito, mi guarda serio e mi dice, come se stesse svelando il terzo segreto di Fatima: «Well, Dan...». Pronti, azione, ciak si gira! Bill, come tutti i grandi coach, prepara l'assolo e gioca con le pause per aggiungere un po' di suspense alla recitazione. Una tecnica che anch'io ho affinato con gli anni. «Devi fare fondamentalmente due cose: primo devi fare in modo che la palla arrivi al tuo centro, tuo pivot», si sfiora il mento come per farsi venire le parole giuste. «Secondo: fai andare la palla dal centro-pivot verso l'esterno!», cioè usa il centro come base! Adesso ride, ma non era una presa in giro la sua teoria, era davvero così semplice come tutte le teorie vincenti. Non c'è bisogno di fare le cose tanto più complesse di quel che sono.

Poco dopo, vedo Red Holzman, allenatore dei New York Knicks, 1967-77, poi 1978-82. Vincerà il titolo NBA nello stesso 1970 e si ripeterà nel 1973. In quel momento non ha ancora vinto l'NBA, ma tutti sanno che è un genio. Mi presento come prima, e identica è la reazione: «So chi sei Dan!». Uguale anche il mio approccio, mi sentivo come Pinocchio nel paese dei balocchi, avevo a disposizione tutto quel che mi piaceva e volevo sfruttarlo al massimo. «Can I pick your brain for five minutes?» Questa volta cambio la domanda, questo modo di chiedere del tempo agli altri mi è sempre piaciuto. Mai dire posso fare una domanda, mai dire scusa se ti disturbo o frasi simili. Mi piace dare importanza al mio interlocutore, facendogli capire che ho bisogno del suo cervello, non del suo tempo. Un modo per dire la verità insomma. «Vai Dan, dimmi pure.» Negli uomini più grandi ho sempre trovato molta umiltà e disponibilità. «Cosa fate voi in pre-stagione?», «Beh, semplice, iniziamo a lavorare uno contro uno, poi due contro due, tre contro tre, quattro contro quattro e poi cinque contro cinque». Era serio. Io rido e penso: «Si va be', mi sta prendendo in giro». «Grazie, coach» e mi ributto nella mischia del cocktail, tra patatine, tramezzini e bevande. L'aspetto buffo di questa vicenda è che anni dopo, proprio qui a Milano, ho in squadra un ragazzo che aveva giocato anche per Holzman, John Gianelli. Alla prima occasione gli racconto quella storia: «Sai John, una volta mi son fatto prendere per i fondelli da Red! Mi voleva far credere che in pre-stagione iniziavate la preparazione uno contro uno, poi due contro due e così via fino ai cinque contro cinque! Diavolo di un Red!» e rido, come se la sapessi lunga. Ma John non è affatto divertito, anzi rimane proprio serio e mi guarda col sottotitolo: «Ma cosa ride questo, andavano proprio così gli allenamenti in prestagione». Dal suo sguardo riesco a leggere questo pensiero. «Non posso crederci, lo facevate davvero?!» «Sì, coach, i nostri allenamenti iniziavano sempre così!» Scoppiai a ridere, stavolta per me stesso, pensavo di esser più furbo e invece ero un ingenuo. Non solo, ma lo provai e poi adottai lo stesso schema anch'io per gli anni a venire. La regola della semplicità dei grandi uomini, della semplicità dei metodi, è confermata. È evidente però che anche se tutti fanno il pre-campionato così, non tutti vincono l'NBA! C'è qualcosa che mi sfugge.

La psicologia dei giocatori

Pre-stagione 1969-70. Steve Jackson era il mio miglior giocatore. Prestagione, rientra appesantito, demotivato, senza testa. Giochiamo dieci partitelle fra di noi e la sua squadra le perde tutte. «Steve, ma che ti prende? Così non va, non sei presente!» Il mio intento era motivarlo, non intendevo offenderlo. Mi sbagliavo. Non l'ho aiutato, gli ho buttato in faccia il problema senza dargli modo di parlarmi. Volevo spronarlo, invece l'ho buttato ancora più giù. Lascia il campo e non torna più. Con il senno di poi ho capito che avrei potuto immaginare la situazione che viveva in casa, forse non era la mia critica il vero motivo della sua partenza, ma io di certo non lo avevo aiutato. L'anno prima avevo avuto modo di conoscere la madre che non era contenta di come facevo giocare suo figlio. Secondo lei dovevamo dare ogni pallone a suo figlio. Io riesco a trovare una bella frase diplomatica: «Signora, suo figlio è di gran lunga il mio miglior giocatore, ma io ho dieci ragazzi da far giocare e senza la squadra intorno nemmeno lui può dare il meglio». Certo quella volta era andata, ma avrei dovuto mettere in conto che Steve doveva fare i conti con i suoi genitori tutti i giorni a casa. Ma stavo imparando ancora, e anche tanto. Non gli corro dietro: perdo un grande giocatore ma non perdo la squadra, che non ha battuto ciglio.

Sempre in quegli anni riesco a fare un altro piccolo miracolo, ma in negativo. È il mio ultimo anno a Delaware (1970-71), i due capitani hanno giocato molto male le prime due partite. Alla terza per far capire loro che devono fare meglio, li tolgo dal quintetto base. Senza dirmi nulla non vengono più a giocare. Vado avanti in campionato e faccio le ultime otto partite con solo sei giocatori. Ci chiamavano «The Suicide Six», perché in effetti non era facile sopravvivere giocando solo in sei. Per certi versi si può considerare una sconfitta perché avrei potuto provare a dialogare con i due che se ne erano andati. D'altra parte ho anche dato un segnale ai sei rimasti, ho detto «Ragazzi, qui bisogna correre e lavorare per la squadra, non ci sono intoccabili». Forse meglio così, meglio in pochi ma tutti leali tra di loro e con la squadra.

La profezia che si avvera

Siamo all'inizio del 1971 e si decide che nel 1975 i giochi Pan Americani saranno organizzati dal Cile. Don Boucher, ex giocatore di basket a Oklahoma Baptist University, è giovanissimo e già direttore del Corpo di Pace (Peace Corps), istituzione che opera proprio in quella parte del Sud America ed è impegnata a finanziare missioni orientate allo sviluppo attraverso progetti di volontariato. I cileni si mettono subito all'opera, stanno costruendo un'arena da 25.000 posti, il basket è lo sport più importante. Vogliono un allenatore americano che in più parli lo spagnolo e si rivolgono proprio a Baucher, sperando che il Peace Corps possa aiutarli. I cileni vedono i giochi del 1975 come una vetrina, come un modo per mettesi in luce, con qualche conflitto politico interno che non aiuta lo sviluppo del paese. In quello stesso periodo Anderson, mio ex allenatore a Michigan State, allena part time il Perù, tra l'altro con grandi risultati. Riesce addirittura a battere il Brasile, che all'epoca è la squadra da battere in Sud America. La Federazione Cilena chiede ad Anderson di dargli un'indicazione su un papabile coach americano per loro. Le specifiche erano chiare: giovane, ma con esperienza e che parlasse spagnolo. Bene io all'epoca avevo trentaquattro anni, da quattro ero capo allenatore e nemmeno a farlo apposta avevo scelto lo spagnolo come seconda lingua all'università. Mettiamo sul conto che Anderson aveva molta stima di me, ancora per la lealtà che avevo dimostrato nei suoi confronti anni prima. La FBBCH (Federaciòn de Bàsquetbol de Chile) contatta l'ambasciata americana in questa ricerca, e poi devono rivolgersi al Corpo di Pace, quindi a Don Boucher. Il gioco è fatto, mi scelgono. Io che a Delaware con Nelson non ero più contento per via delle restrizioni sulle borse di studio, non ci penso due volte e accetto di diventare l'allenatore della Nazionale di basket del Cile. La valigia sempre pronta: si stava avverando la profezia di Dr. Gregg.

Schemi di gioco. Strategic thinking (out of the box)

Leadership strategica

Diventare capo è un processo manageriale che implica cambiamenti significativi in termini di comportamenti ed emotività. È un passaggio della vita professionale nel quale si diventa responsabili di risorse fisiche e umane, si prendono decisioni, si imposta un progetto nel suo complesso. Si parla in questi casi di *strategic leadership* (o *leadership strategica*) e non solo di leadership. Mentre la leadership è individuabile in ogni persona nell'organizzazione, la leadership strategica è riferita alle persone al vertice di un'organizzazione. Le teorie della leadership sono riferite a un livello micro di relazioni tra leader e follower, mentre la leadership strategica si focalizza su aspetti simbolici e strategici che determinano il risultato organizzativo nel suo complesso[1]. In sintesi, un bravo leader strategico è in grado di vedere dove andrà la propria organizzazione e di strutturarla di conseguenza per guidarla.

Osare ma senza aggredire

Dan Peterson si trova per la prima volta a essere capo allenatore. L'incarico è alla prestigiosa University of Delaware, dove può finalmente applicare tutto quanto imparato precedentemente. In cinque anni comprende l'importanza della sua capacità di adattamento al contesto e cerca continuamente di ottimizzare le risorse a disposizione. Il suo credo in questo periodo è sperimentare, osare, cercare un modo diverso per fare ciò che si è sempre fatto, senza smettere mai, al tempo stesso, di imparare, di affrontare ogni sfida con umiltà, chiedendo agli altri consigli, identificando ciò che può essere migliorato. La leadership strategica di Peterson è caratterizzata dal bilanciamento tra applicazione e ricerca del nuovo, con il proposito sempre di pensare e vedere out of the box. Questo rappresenterà un punto fermo del modo di essere di Peterson anche successivamente. È quasi ossessionato dall'idea di cambiare, innovare, sperimentare, provare a fare qualcosa di diverso, a partire dalla ricerca, dalla curiosità e dalla ricca conoscenza di ciò che governa. Non a caso a soli ventitré anni scrive un libro di basket, tecnica e tattica: a lui piace osare, avere il coraggio di fare e dire qualcosa, nei modi e nei tempi giusti, quindi con umiltà. Comprende che se non si osa non si può essere diversi e migliori degli altri, se si osa in modo aggressivo si rischia di perdere ciò che si è costruito.

Valorizzare l'unicità delle persone

Vi sono allenatori che hanno vinto con una determinata ricetta tecnico-tattica e si sentono in dovere di replicarla quando chiamati ad allenare nuove squadre, nuovi campionati. Ciò che in gergo manageriale si può definire una *one best way*. Altri come Peterson partono dai giocatori, dalle risorse della società e lavorano per migliorare, per ottimizzare. Peterson fa la distinzione tra un sarto e uno stilista: il primo cuce sulla persona, il secondo disegna in base al proprio credo e gusto. Il primo parte dalla persona, il secondo cerca la persona migliore che possa indossare e valorizzare ciò che ha creato. Questa metafora vale per lo sport e vale per il management. Cinque schemi di gioco in cinque anni, la sua visione del ruolo dell'allenatore come umile sarto in grado di valorizzare ciò di cui dispone fanno di Peterson un esempio di leader strategico.

Con lo sguardo tra presente e futuro

L'orizzonte temporale è un aspetto centrale della leadership strategica. Si concretizza nella capacità di influenzare gli altri nel prendere decisioni quotidiane – in grado di aumentare il valore dell'organizzazione a medio-lungo termine – bilanciando innovazione ed esecuzione e mantenendo al tempo stesso il focus sulla stabilità nel breve[2]. La leadership strategica è in grado di predire l'apprendimento organizzativo, inteso come la capacità dell'organizzazione di imparare adattandosi ai mutamenti ambientali[3]. Il desiderio di innovare, di prendere decisioni oggi pensando a ciò che potrà funzionare domani caratterizza il primo Peterson allenatore. Questo orientamento tra presente e futuro è anche dettato dalla combinazione di leadership visionaria e manageriale, transazionale e trasformazionale[4].

La leadership visionaria è prettamente orientata al futuro, al rischio, a ciò che è possibile essere e fare domani, senza un collegamento con l'organizzazione e le risorse a disposizione oggi. La leadership manageriale è orientata alla stabilità e all'ordine, alla gestione delle attività quotidiane. Un leader strategico è un po' di entrambi, è portato a dedicare un occhio al futuro e uno al presente.

Un leader transazionale è simile al leader manageriale, basa la sua azione sulle motivazioni individuali attraverso obiettivi, feedback, ricompense e gestione delle eccezioni, rafforzando il legame strategia-cultura-organizzazione. Un leader trasformazionale è carismatico, dà ispirazioni, è stimolante intellettualmente, attento ai singoli e portato a generare entusiasmo per il bene comune dell'organizzazione[5]. Un leader strategico combina tutti questi aspetti.

Chiedere consigli, con umiltà

Peterson in questi anni si concentra sul suo metodo, basato su allenamenti intensi come lo scivolamento, le due partite di seguito in pre-stagione per un totale di 80 minuti, le partite senza arbitro dove è possibile fare qualche fallo in più. Il primo tassello di Peterson allenatore è dunque preparare la sua squadra a essere più forte degli avversari in ogni situazione: lucidità in attacco e difesa, tempi supplementari, arbitri che non fischiano. Ogni buona idea in allenamento, ogni nuovo esercizio è uno strumento per creare una squadra vincente. Quando Peterson si trova a subire la sua prima cocente sconfitta contro Pennsylvania comprende che è necessario cambiare o aggiungere qualcosa. Interroga Pete Newell che gli consiglia di individuare i «duri» della squadra, cambia il quintetto base e i risultati migliorano. Peterson dimostra l'umiltà di chiedere consigli, di cambiare, sapendo che l'obiettivo è vincere e perfezionarsi.

Anche in questa fase della sua carriera Peterson osserva i suoi capi con curiosità. Dave Nelson, athletic director di Delaware, ex allenatore di football e inventore della Wing-T Formation (schema che ha rivoluzionato il gioco del football), è per Peterson un esempio da seguire in termini di innovazione, capacità decisionale e risultati (meno in termini di stile e attenzione alle persone).

Chiedere ai giocatori di fare le regole della squadra, chiedere ai suoi vice di visionare gli allenamenti di altre squadre è controintuitivo per l'epoca. Sono esempi nei quali Peterson ribalta l'impostazione standard e fino ad allora consolidata, sfida se stesso e la routine, inventandosi modi diversi per svolgere le attività. Queste idee non sono già tutte chiare nella sua testa, anzi la caratteristica di Peterson è che non sa tutto prima degli altri, semplicemente chiede, si informa, si aggiorna. La famosa domanda «May I pick your brain for five minutes?» è sintomatica della sua filosofia. Deciso e determinato a sperimentare, ma al tempo stesso rispettoso nel chiedere, senza sminuirsi agli occhi di allenatori più affermati. Chiedere non è per Peterson un segnale di debolezza, ma è uno strumento per imparare, per allinearsi a ciò che fanno gli altri, per poter interpretare e decidere al meglio, ottimizzando le risorse di cui dispone.

Reagire ai cambiamenti dell'ambiente

Un leader strategico è sia risoluto sia flessibile, sia persistente sia in grado di reagire ai cambiamenti dell'ambiente. Per fare ciò deve usare e combinare al tempo stesso capacità diverse. *Anticipare*: raccogliere informazioni da un ampio network di esperti, dentro e fuori il proprio ambiente; predire ciò che faranno i concorrenti e agire di conseguenza. *Sfidare*: rivedere un problema da più punti di vista per comprenderne le cause; ricercare diverse prospettive di uno stesso argomento. *Interpretare*: dimostrare curiosità e apertura mentale; testare diverse ipotesi di lavoro con gli altri prima di arrivare a una conclusione. *Decidere*: bilanciare investimenti a medio-lungo termine con pressioni di breve termine; bilanciare e integrare gli interessi di diversi stakeholder quando si prendono decisioni. *Allineare*: valutare la tolleranza e la motivazione per il cambiamento nel proprio contesto di riferimento; gestire i diversi interessi tra gli stakeholder. *Imparare*: comunicare storie di successo e fallimento per promuovere apprendimento; cambiare una decisione già presa se le evidenze lo suggeriscono[6].

Sono gli anni in cui Peterson si allena su queste competenze, meno sugli aspetti relazionali con i giocatori. Il suo pensiero rivolto a progettare e programmare la stagione lo ha in alcuni casi distratto dalla relazione con i suoi giocatori. Sono significativi i casi di Jackson e dei due capitani che lasciano gli allenamenti e la squadra. Peterson comprende che essere un team leader vuol dire disegnare il progetto, la cornice, ma anche riconoscere il giusto ruolo alle persone, ai suoi giocatori. Fa di tutto per migliorare la squadra e ci riesce come i risultati testimoniano. Ma sa che per poter competere con le principali università occorre adottare una strategia di reclutamento più aggressiva, con borse di studio e altre facilitazioni per gli studenti bravi. Purtroppo Dave Nelson non la pensa allo stesso modo e Peterson è la persona giusta al momento giusto per andare in Cile. Come spesso capita quando si leggono le carriere di successo, l'opportunità del Cile incontra Peterson e non il contrario. Coach non aveva mai pensato di lasciare gli Stati Uniti, men che meno di andare ad allenare una squadra nazionale. Le sue attitudini di persona curiosa e pronta a cambiare lo spingono in Cile.

Scheda di allenamento

- Siete un leader strategico, visionario o manageriale?
- Che cosa vuol dire thinking out of the box nel vostro contesto? Disegnate graficamente i confini (box) che rappresentano ciò che è standard per voi.
- Quanto vi sentite liberi di osare nella vostra organizzazione?
- Come fate a bilanciare la fase di apprendimento e innovazione con quella di esecuzione e applicazione, sapendo che fare solo una delle due cose non è sufficiente per generare risultati positivi?
- Quanto tempo dedicate alla ricerca dell'innovazione?
- A chi chiedete consigli in ambito professionale?
- Come raccogliete le informazioni dagli esperti nel vostro network?
- Qual è la vostra tattica per chiedere consigli agli altri?
- Come fate per generare più prospettive su uno stesso problema?
- Come dimostrate la vostra curiosità negli altri e per gli altri?
- Quanto i vostri colleghi sono allineati al vostro modo di vedere le cose?
- Come potete persuadere e allineare gli interessi tra le persone del vostro team?
- Quali sono gli allenamenti quotidiani che potete svolgere per migliorare la vostra prestazione?
- Cambiate idea facilmente?
- Qual è la vostra strategia per imparare?
- Vi sentite un leader sarto o stilista?

Letture

[1] D. Hambrick, A. Pettigrew, «Upper Echelons: Donald Hambrick on Executives and Strategy», *Academy of Management Executive*, 15(3), 2001, pp. 36-44.

[2] G.W. Rowe, «Creating Wealth in Organizations: The Role of Strategic Leadership», *Academy of Management Review*, Vol. 15, 2002, No. 1.

[3] D. Vera, M. Crossan, «Strategic Leadership and Organizational Learning», *Academy of Management Review*, Vol. 29, No. 2, 2004, pp. 222-240.

[4] B.M. Bass, *Transformational Leadership: Industry, Military, and Educational Impact*, Mahwah, Lawrence Erlbaum Associates, 1998.

[5] B.J. Avolio, B.M. Bass, D.I. Jung, Re-examining the components of transformational and transactional leadership using the multifactor leadership questionnaire. *Journal of Occupational and Organizational Psychology*, 72, 1999, pp. 441-462.

[6] P.J.H. Schoemaker, S. Krupp, S. Howland, «Strategic Leadership: the Essential Skills», *Harvard Business Review*, January-February 2013.

5 Non ero un agente CIA (1971-1973)

Calendario

1971-73 Allenatore della Nazionale di basket del Cile.

Risultati

Il primo anno (1971-72) in Cile disputiamo quindici amichevoli e le vinciamo tutte (15-0), nelle principali città cilene. Nell'autunno del 1972 giochiamo quaranta partite in quaranta giorni negli Stati Uniti contro università della prima e seconda divisione NCAA. Vinciamo una sola partita contro Widener University di 2 punti. Riesco a fare un bel lavoro con i sedici giocatori che avevo portato con me: otto senior e otto junior, quest'ultimi che poi diventeranno il futuro della squadra. Rimane la mia impronta di gettare le basi facendo fare esperienza ai più giovani.
Il secondo anno (1972-73) iniziano le partite ufficiali. Maggio 1973, partecipiamo al Festival Mundial, una sorta di mini-mondiale, che si gioca in Perù. Ci sono squadre come URSS, USA, Jugoslavia, Brasile, Argentina. Otteniamo il settimo posto su nove, 2 partite vinte e 4 perse (2-4). Vinciamo contro Uruguay due volte. Prima volta nella storia che il Cile batte l'Uruguay in una partita ufficiale. Luglio 1973 giochiamo il torneo Sudamericano in Colombia, totalizziamo 3 partite vinte (Ecuador, Paraguay e Uruguay), 4 perse (3-4), quarto posto. Agosto 1973, in Messico a Guadalajara per i giochi Afro-latino-americano. Cile, Uruguay, Messico e Africa. Arriviamo terzi (1-2), dopo aver battuto Uruguay per la quarta volta quell'anno, un risultato incredibile considerando la grandissima tradizione cestistica dei «los celestes». Il Cile da allora non sarebbe più riuscito a batterli di nuovo. A fine agosto lascio il Cile.

Inviato speciale

Ho amato il Cile. Tutto, la gente, le città, il clima, la mia squadra. Ho amato profondamente quel paese. Nell'ottobre 1970 era stato eletto Salvador Allende. Era stata un'elezione controversa, vinta con il 36 per cento dei voti dalla Unidad Popolar, un'unione delle sinistre, che però – e se lo dicevano anche fra di loro – non era «ni unidad, ni popular», né unita né popolare. Il centro aveva ottenuto il 34 per cento, la destra il 30. Anche un bambino capirebbe che non era una situazione «sana», c'erano tensioni interne fortissime, non a caso dopo solo tre anni è scoppiata la rivoluzione con l'omicidio (per molti suicidio) di Allende, l'11 settembre 1973.

Non sono arrivato lì per un'offerta ricevuta dalla Federazione cilena, la FBBCH. Sono invece inviato e pagato dal Corpo di Pace degli Stati Uniti, che ha fatto da tramite in tutto. Si tratta di un'istituzione di volontari nata con John Fitzgerald Kennedy nel 1961, con l'obiettivo di fornire assistenza ad altri paesi. È la «faccia buona» degli Stati Uniti, con gli anni ha assunto un'importanza cruciale e io ne sono una prova vivente. Allende a un certo punto chiude ai volontari del Corpo di Pace, gli americani non sono visti di buon occhio. Lo sport però ancora una volta può parlare una lingua comune. Nel 1970 i volontari dagli Stati Uniti sono circa venticinque: dal momento che ogni volontario rimane in carica circa due anni, nel giro di qualche tempo, per volontà di Allende, in Cile potrebbero non esserci più Peace Corps Volunteers. Ma i Giochi Pan-Americani generano soluzioni non previste, compresa quella di un coach americano per la Nazionale di basket. Così Allende firma il mio permesso su richiesta specifica di Sabino Aguad, presidente del Comitato Olimpico del Chile (COCH), suo caro amico. Il mio incarico serve anche a lui, è importante usare lo sport come veicolo politico e sociale.

Economicamente in quel momento il Cile è un paese a terra, non il paese ricchissimo che è ora. Si dice: «Tutti hanno i soldi, ma non c'è niente da comprare!». La causa: inflazione, mille per cento annua. Io vengo pagato in dollari dal Corpo di Pace, su un conto americano. Mi capita di cambiare soldi per vivere. Il 30 giugno 1972 sul mercato nero (come facevano tutti) scambio un dollaro per 150 Escudos. Lo stesso giorno prendo anche una tanica di benzina, mi serve per il riscaldamento in casa e spendo 62 Escudos. Esattamente un anno dopo, mi danno 1500 Escudos per dollaro e la tanica costa 620 Escudos, un'inflazione del 1000%!

Ho il ricordo vivido di un rione in particolare, la Barnachea, periferia di Santiago, dove andavano a scuola i miei figli. Adesso è uno dei quartieri più di moda ma all'epoca entrarci era come prendere la capsula del tempo, ti ritrovavi in un secondo indietro di cent'anni. Uomini con il sombrero, strade impolverate, donne con i loro scialli neri che vendevano succo di canna da zucchero su banchetti sgangherati. Un universo parallelo. Io che venivo dall'Illinois mi sentivo uno straniero, ma innamorato sin dal primo momento di quella gente così diversa da me. Anche i miei figli hanno amato quei colori e quei sapori del Cile, ancora oggi mi mandano notizie su Santiago e sulle bellezze di quella cultura.

La preparazione in Porto Rico

Otto-sei-otto. Non è lo score di un campionato. Sono otto settimane, sei giorni alla settimana, otto ore al giorno di corso di spagnolo. Sarebbero riusciti a far parlare spagnolo anche un muto. Mi dicevano: «Ti metteremo talmente tanto spagnolo nelle orecchie che ti uscirà dalla bocca!». Mi piace ricordare questa frase, era esattamente così. Questo avveniva in Porto Rico, a Ponce. Il Corpo di Pace non lascia niente al caso, sapevano bene che avevo un ruolo fondamentale in quel momento storico e che mi serviva parlare in modo fluente per integrarmi facilmente. Nel periodo a Puerto Rico seguo anche dei corsi di formazione per vivere in contesti multi-culturali, cosiddetti di *cross culture*. Il messaggio più importante è «sei tu che devi capire loro, stai andando nelle loro case, nelle loro famiglie. Non sono loro che devono capire te». Grande lezione, anche per la vita. Il corso di cross culture serviva a evitare guai diplomatici. Un esempio su tutti: non mi insegnano la forma colloquiale. In spagnolo a differenza dell'americano, esistono il «tu» e il «lei» «Tù» e «Usted». Per me doveva esistere solo «Usted». Meglio usare la forma di rispetto a sproposito che dare del tu alla persona sbagliata.

In Porto Rico ho anche avuto modo di incontrare Juan Pachin Vincens, ex giocatore di basket della Nazionale dell'isola, una leggenda a cui hanno dedicato l'arena più importante della città. Ha circa sessant'anni quando lo chiamo: «Pronto? sono Dan Peterson. Sarò allenatore del Cile in visita a Porto Rico per imparare lo spagnolo. Mi piacerebbe poterla incontrare». Naturalmente dico tutto con lo spagnolo che conosco e, come spesso capita con i grandi personaggi, è molto disponibile. Mi riceve il primo ottobre 1971. Mi aspetto un incontro di mezz'ora, invece inizia a parlare e stiamo insieme mezza giornata. Ancora una volta una grande persona piena di umiltà sul mio cammino. Vincens ha giocato contro il Cile, conosce bene il basket sudamericano e quindi mi può dare alcuni consigli. Da quell'incontro capisco che l'esperienza in Cile cambierà la mia vita. I corsi di formazione me lo stavano dicendo, ma aver parlato con Vincens mi fa provare qualcosa di diverso, mi fa interiorizzare intimamente ciò che il cervello aveva già recepito. Da quell'incontro porto a casa un insegnamento importante: devo iniziare a considerare anche un basket diverso, giocato fuori dall'area, ho una squadra troppo piccola per pensare di giocare sotto canestro. Ma la tattica in questo momento della mia vita sembra l'ultimo dei problemi.

Yanqui, go home!

20 novembre 1971. Metto piede in Cile per la prima volta. Rilascio un'intervista in spagnolo perfetto, ma l'accoglienza non è il massimo. Il giorno dopo il titolo «Yanqui go home!» prende tutta la testata delle pagine sportive di *Puro Chile*, a firma del giornalista Eduardo Kaleka Salamanca. «Cominciamo bene», mi dico, «Devo recuperare subito». Scambio i miei pensieri con quelli del Corpo di Pace, siamo tutti d'accordo: invito Kaleka a venirmi a intervistare personalmente. Domande a raffica, tutte durissime: «Perché è venuto in Cile? È una spia? È agente della CIA? A che partito politico appartiene?». Rispondo con diplomazia, memore dell'incontro con il *St. Louis Post-Dispatch* quando ero al McKendree College: «Io non faccio politica. Nemmeno negli Stati Uniti». «Dicono tutti così, la sua è una copertura», «Kaleka, io sono qui per fare sport, sono qui per voi e conto di fare un buon lavoro». Botta e risposta continuo. Dopo venti minuti Kaleka non ha più né fiato, né domande! Infatti, cambia completamente atteggiamento, non è più la stessa intervista: «Peterson, ha intenzioni di chiamare Thompson in squadra?». Stava parlando del più grande giocatore cileno di sempre, Juan Guillermo Thompson, detto El Flaco, il magro.

Devo interrompere questo racconto per parlare di Thompson. Quella domanda molto probabilmente in quel momento l'ho sottovalutata, troppo concentrato a conquistare la fiducia dei media e di tutti i tifosi cileni. Ma nel luglio 1973 Thompson tornerà a bussare alla mia mente. L'episodio accade durante il torneo Sudamericano, giochiamo contro la Colombia e perdiamo 71 a 69, di soli 2 punti allo scadere del tempo. Siamo in albergo, abbattuti e stanchi. «Coach y con El Flaco Thompson?», dice uno dei miei giocatori preferiti, Edgardo Arismendi, con tono interrogativo: non era una critica. Mi stava dicendo: «Secondo lei ce l'avremmo fatta con Thompson in campo?». Sì, ce l'avremmo fatta, avevamo perso ai rimbalzi e lui di rimbalzi non se ne faceva scappare mezzo. Thompson era all'epoca il Meneghin del Cile, già stella nel campionato brasiliano, con il Corinthians di Sao Paolo.

Lo avevo incontrato durante i miei primi giorni in Cile, subito dopo l'intervista di Kaleka. Thompson: «Coach, non posso venire in Nazionale. Ho trentaquattro anni. Ho appena cambiato lavoro. Mi sposo per la seconda volta. Questo è il mio ultimo anno con il mio club, l'Uniòn Española di Santiago. Ho chiuso con la Selecciòn qualche anno fa. Mi dispiace, ma spero che vada bene per lei». Un signore. Avrei forse potuto dire: «Ok Juan, non ti preoccupare, vieni quando te la senti, mi serve un campione come te anche solo per il torneo Sudamericano del 1973. Fai solo gli ultimi dieci giorni di allenamento prima del torneo». Non sapevo se avrebbe accettato, ma volevo lasciare la porta un po' aperta.

La sconfitta contro la Colombia mi fa accendere la lampadina, capisco che un bravo coach non deve essere rigido, deve comprendere le differenze tra i giocatori, soprattutto se queste differenze poi aiutano e servono a vincere. Si gioca in base all'impegno e alla qualità del contributo, tutti vogliono vincere e anche per pochi minuti a partita El Flaco Thompson, un idolo per tutti, sarebbe stato utile. Io lo avevo escluso considerando l'unica regola che ammettevo in quel momento: dedizione assoluta alla squadra, agli allenamenti, i miei allenamenti duri e intensi. In quel torneo avrebbe fatto la differenza. Non credo si possa definire un errore, di certo un po' di rammarico per me e per gli altri ragazzi.

Tornando a Kaleka, lui mi aveva posto il primo quesito tecnico del mio periodo in Cile proprio su El Flaco Thompson, ma avrei capito il peso di quella domanda solo qualche mese dopo. Il mio obiettivo all'inizio è di far capire che ho le idee chiare e che sono lì per farli vincere. Kaleka di colpo cambia registro: l'avevo conquistato e finalmente abbiamo cominciato a parlare di basket, il mio pane. Il giorno dopo, stesso carattere e numero di colonne del primo titolo: «Peterson El Gringo Choro!», «Peterson, l'americano simpatico». Avevo preso un vantaggio non indifferente.

«Vecchi» come me

In pochi giorni comprendo che anche se la stampa mi voleva bene, rimanevo comunque uno yankee che doveva dimostrare qualcosa. E io non avevo mai vissuto prima un'esperienza nemmeno lontanamente simile a quella. Dopo anni di tornei nell'Illinois e di chiacchiere con i miei coach, mi trovavo lì alla scoperta del mondo. Non ero certo di aver fatto una scelta giusta a lasciare gli Stati Uniti, ma allenare una Nazionale mi sembrava un'opportunità unica che non a tutti tocca in sorte. Nato per distinguermi, quindi lentamente ritrovo gli stimoli e le motivazioni per fare bene anche lì.

Per tutti ero sempre il Coach, ma si rivolgevano a me con le richieste più diverse. «Coach, vuole un po' di vino?», Jorge Ferrari, trentadue anni. «Coach, passami il portacenere, voglio fumare», Francisco Kiko Valenzuela, trentatré anni. Fuori a cena con i «vecchi» della squadra, questo era l'andazzo, mi trattavano come un loro coetaneo. In effetti ero un loro coetaneo! Avevo trentacinque anni.

Mi rendo conto subito che devo cambiare stile. «Fai così perché te lo dico io», come si faceva nella vecchia scuola, qui non può funzionare. Ho a che fare con uomini adulti. Uomini che avevano una famiglia, un lavoro, spesso faticoso. C'è il capitano Manuel Torres, un metro e 95, commercialista, l'uomo che rimarrà sempre nei miei ricordi per il suo coraggio. Nel 1973 scapperà verso Montreal in Canada portando con sé la famiglia. Manuel Herrera, un metro e 78, studente universitario. Francisco Pando, detto Pancho, un metro e 88, scaricatore di porto, sia a Valpariso sia nel New Jersey – sai cosa vuol dire fare un'esperienza del genere? –. Quando non faceva quello, si improvvisava taxista pirata. Uno dei miei preferiti, Edgardo Arismendi, un metro e 80, detto El Huaso, il cowboy, fa il falegname, mobiliere. Ultimo nel quintetto base, ma primo nel mio cuore, Lorenzo Pardo, un metro e 76, da Iquique nel nord del Cile. Si tuffava nella baia per pescare le ostriche, un lavoro durissimo. Uomo di una sensibilità, di un'intelligenza emotiva sopra la media. Ancora oggi non so se sapesse leggere e scrivere.

Non sono certo a Michigan o a Delaware. Tutto un altro materiale su cui lavorare. Non sono dei campioni, ma hanno un cuore e una passione incredibile per il basket. Purtroppo soffrono lo strapotere delle altre nazionali sudamericane. Trovo una mentalità perdente e un complesso di inferiorità nei confronti di Uruguay, Argentina, Brasile. Il quadro non è dei migliori ma è una sfida unica nella vita, inizio a lavorare sodo per cambiare le sorti di quella Nazionale, per legare il nome Peterson al Cile per sempre.

Gringo: 10, 100, 50 all'ora

Il presidente della Federazione di Basket, Dr. Guillermo Rodriguez, famosissimo medico ginecologo ed esperto di fertilità, è un uomo eccezionale, un punto di riferimento per il mio lavoro. La Federazione è molto criticata, sono chiamati *los momios*, le mummie, da quelli di sinistra. Rodriguez, uomo di destra mi ha fatto vedere pro e contro di tutto e di tutti, con grande signorilità e neutralità. Il team è molto preparato, ma soprattutto molto disponibile. Vice-presidente della federazione Mario Solimano, tesoriere Carlos Diaz (detto Charley Day dagli scherzosi), team manager Raul Pardo, vice-allenatori Juan Ostoic, Hector Oreste e, l'ultimo, José Bambi Sanchez.

È il gennaio 1972, sono passate poche settimane dal mio arrivo. «Hei, Gringo», è il presidente che mi chiama così, in modo simpatico e affettuoso. «Noi qui siamo abituati ad andare a 10 all'ora. Tu sei abituato ad andare a 100 all'ora. Adesso stiamo andando a 50 e nessuno è contento». Fantastico. Capisco che i corsi di formazione in Porto Rico dicevano la verità. In quell'istante imparo che ci vuole pazienza. Tanta. Come per altri momenti della mia vita, l'imperativo è uno solo: «Devo farmi amare». E ci sono riuscito, almeno penso.

Un giorno Augusta Crino, italiana, dirigente nel Corpo di Pace, mi riporta le parole di Pando: «Sai perché amiamo il Coach? Perché non ci ha mai detto "In America facciamo così!". Ha rispettato la nostra cultura e i nostri ritmi». Per me era una grande soddisfazione, non era una vera e propria strategia la mia, lo facevo spontaneamente, mi veniva dal cuore. Anche se ogni tanto veniva fuori il mio fuoco dell'Illinois, sapevo che in Cile occorreva un Dan diverso.

La tournée americana

Non ci sono dubbi: la Selecciòn Chilena ha bisogno di ciò che i cileni chiamano *roce*, impatto, contro una durissima realtà. In altre parole, hanno bisogno di esperienza. Decido quindi di fare la squadra e andare a giocare negli Stati Uniti, contro le università più forti. Bell'idea ma un grande problema: la Federazione cilena non ha un centesimo da spendere per un progetto simile. Con una grande incoscienza, faccio tutto io. Mi metto nei panni di un fine stratega economico. Programmo quaranta partite in quaranta giorni nell'autunno del 1972, fine ottobre, tutto novembre, inizio di dicembre. Chiedo alle università vitto, alloggio, trasporto in città e una garanzia economica, che andava da un minimo di 500$ a un massimo di 2500$. Prima di tutto apro un conto negli Stati Uniti, a Evanston, alla State Bank con l'aiuto di mio padre che allora era ancora guardia giurata della banca, nonostante fosse già in pensione. Poi vado a contrattare con John Wilson, il capo della Braniff, compagnia aerea che adesso non esiste più. Riesco a ottenere, a un buon prezzo, biglietti aerei per 22 persone della comitiva: 16 giocatori, 3 allenatori, un arbitro, un vice-allenatore cileno e un dirigente della FBBCH.

I voli totale erano 27: Santiago-Miami, 25 voli interni, Miami-Santiago. Ho fatto impazzire i ragazzi della Braniff, a dire poco. Il calendario: Navy, Georgetown, Maryland, North Carolina, Furman, Cornell,

Illinois State, McKendree (sì, la mia McKendree), Southern Illinois, Marquette, Drake, Missouri, Miami Ohio, Creighton, Texas Tech, New Mexico, Kentucky, Duke, Syracuse, Weber State, UTEP (University of Texas at El Pasos), Florida e altre. Wilson, americano e responsabile della Braniff, per ventiduemila dollari riesce a farmi tutti gli sconti possibili, per studenti, per sportivi, per gruppi di più di 15 persone (se la compagnia è fallita, forse è anche a causa mia!). «Dan, incasserò l'assegno solo al vostro ritorno», mi ero guadagnato la sua fiducia.

Vinciamo solo una partita, ma i ragazzi fanno esperienza, applicano ciò che abbiamo fatto in allenamento, vedono che la differenza con il basket americano non è così tanta come immaginavano. Acquistano fiducia e li vedo crescere partita dopo partita. Confrontarsi con la dimensione internazionale ti fa crescere per definizione e così abbiamo fatto anche noi, io con loro e loro negli Stati Uniti.

Durante il viaggio decido anche di trovare un «gettone» da lasciare ai ragazzi, opto per 2 dollari al giorno, mi pare ragionevole, venivano 80 dollari a testa. Non mi rendo conto che con la forza del dollaro in quei giorni gli stavo dando una fortuna, avrei scoperto solo più avanti che nessuno li aveva spesi durante il viaggio, erano tornati tutti con la busta intonsa. Raul Villella, croupier al casinò di Viña del Mar, si sarebbe sposato da lì a poco. Con i soldi della tournée è riuscito ad arredare tutta la sua nuova casa a Viña del Mar, con buona pace della sua futura moglie! Alla fine di tutti i giri mi sono rimasti sul conto 18 dollari e settantacinque centesimi. Un miracolo.

Ricordo con emozione un momento della mia tournée americana, il 5 novembre 1972. Partita a Washington DC, la mia squadra nazionale del Cile contro Georgetown. Lo sport è trasversale. Lo sport può essere anche politica. La partita sarebbe stata la sera, a mezzogiorno abbiamo pranzato all'ambasciata cilena, un vero banchetto d'onore e lì ho capito il nostro vero ruolo. Siamo ambasciatori di pace, di integrazione internazionale. Ci ha accolto Orlando Letelier in persona, l'ambasciatore oltre che economista di fama mondiale. Una personalità incredibile. Nel 1976 sarebbe stato assassinato proprio a Washington.

Il periodo in Cile è stato utile e per certi versi molto fortunato considerando le tensioni e gli episodi vissuti in quei mesi. Il 31 agosto 1973 lascio definitivamente il paese. La rivoluzione scoppia l'11 settembre seguente. Troppi pochi giorni per non far credere a molti che non ero un volontario del Corpo di Pace, ma un agente della CIA che sapeva tutto. Mi fa sorridere il pensiero che qualcuno ancora oggi ne sia convinto, ma se fosse vero, da Langley (sede centrale della CIA) mi devono due anni di stipendio arretrato!

I segnali della rivoluzione

«Ragazzi, dov'è Osvaldo?» Osvaldo Andrade, detto Chaleco - che in cileno vuol dire «gilet» - dal soprannome che proprio mio figlio Jeff gli dà semplicemente perché lo indossa sempre, ha diciotto anni ed è uno dei pochi sempre in orario. Non vederlo in allenamento all'ora giusta mi suona molto strano. Ma la risposta tarda, vedo i ragazzi guardarsi l'un l'altro. «Ragazzi, che succede, donde esta el Chaleco?», «Coach, Andrade è in ospedale», «In ospedale?!!?», «Sì, incidente stradale ieri notte», «Incidente stradale? Si è fatto molto male?», chiedo sorpreso e spaventato. «Non proprio. Ma l'hanno trattenuto»: ho capito dal tono che non era una cosa positiva. Infatti. La notte prima Osvaldo stava guidando un camion, alle quattro del mattino fa un incidente contro un'auto che passa con il rosso a 150 all'ora. Osvaldo Chaleco Andrade perde i sensi. I carabinieri arrivano sul posto e gli controllano i documenti. Un ragazzo di diciotto anni in giro con un mezzo del genere alle quattro di notte? Era sospetto. Controllano il carico e infatti c'erano tante munizioni da farci la terza guerra mondiale! Diretto in ospedale ammanettato al letto. Andrade è un ragazzo eccezionale, grande personaggio. Diventerà poi ministro del Lavoro in Cile.

Questo era l'ambiente in cui dovevo lavorare. Non potevo più far finta di niente, la situazione stava degenerando in fretta. Un giorno addirittura suonano alla porta, è un ragazzo che allena mio figlio Billy nella squadra di calcio a cinque. «Coach, l'avviso perché le vogliamo bene. Stanotte facciamo saltare la centrale dell'acqua, riempia più contenitori possibili stasera». Io ero molto colpito, la mia famiglia meno. Riempiamo tutto ciò che possiamo, riserve d'acqua per un mese. La mattina dopo mi sveglio sudato, apro subito i rubinetti e l'acqua scende. L'attacco era stato rimandato per mancate condizioni. Avevo anche visto altri episodi di tensione, autobus rovesciati, auto in fiamme. Sento che è venuto il momento di andarsene.

Quando le coincidenze si incastrano

Marzo 1973, sto programmando una seconda tournée negli USA. Non ho intenzione di lasciare il Cile in quel momento, ma vado negli Stati

Uniti per procacciare partite e avere le garanzie per organizzare il tutto, come avevo fatto per la tournée dell'anno prima. Mi ritrovo a St. Louis per le Final Four del torneo NCAA. Le Final Four sono come una fiera del basket, ci sono tutti e quindi per me è anche una buona occasione per tenere i contatti caldi.

Passo da Evanston, mi fa sempre piacere ritornare a casa, i miei genitori abitano ancora lì, e sono comodo per andare in giro. Vedo la mia università Northwestern giocare contro Minnesota. Il giorno dopo, come ho sempre fatto, passo a salutare gli amici. «Dan, che piacere rivederti!», è Waldo Fisher a parlare, ex coach di basket e ora assistant athletic director di Northwestern. «Ehi Waldo, sempre un piacere passare a salutarti!» Salta i preliminari e mi dice subito: «Dan, ma non ti piacerebbe venire ad allenare qui?», indietreggio leggermente con la testa, e sbarro gli occhi «Sta scherzando?», penso. «Waldo che domande, ovvio che mi piacerebbe allenare qui a Northwestern, ma c'è Brad Snyder!» «In confidenza, Dan, Brad si è già dimesso da tempo. Vai a parlare con Tippy Dye», il suo capo, l'athletic director. I candidati iniziali sono 150, non ci spero tanto, ma gli parlo e mi faccio anche raccomandare da più persone. La contesa si restringe fra me e Tex Winter, famoso allenatore universitario, che poi andrà in NBA. Rimaniamo in due, grande soddisfazione per me. All'ultimo minuto – e non per modo di dire, proprio quindici minuti prima della scadenza per dare conferma – Tex accetta e io sono fuori. Non sono deluso perché Tex ha più esperienza di me. Amo da sempre Northwestern, è la mia Alma Mater, ma amavo altrettanto stare in Cile e i miei ragazzi là. Non rimanevo a piedi. Col senno di poi, se Tex non avesse accettato quell'offerta molto probabilmente la mia vita sarebbe cambiata, sarei tornato negli Stati Uniti e chissà forse non sarei mai venuto in Italia. Chissà.

Proseguo comunque il mio giro alle Final Four, incrocio Chuck Daly, che non è ancora *quel* Chuck Daly che tutti gli appassionati di basket nel mondo conoscono, ma pur sempre un bel personaggio, allenatore di Pennsylvania, quello dal quale avevo catturato l'idea dei «suicidi» in allenamento. «Dan, ti interessa allenare in Europa?», nemmeno «Ciao», è un tipo che va diretto al punto. «Sì. No. Non so... Può darsi», testuali parole. Allora mi spiega: «Il mio vice-allenatore, Rollie Massimino, ha firmato un pre-contratto con Bologna (senza specificare se Fortitudo o Virtus), ma è anche candidato come capo allenatore a Villanova University. Se viene preso a Villanova rinuncia a Bologna, si saprà fra qualche tempo». «Ok, grazie dell'informazione Chuck, ci penso», ma il mio cervello sta già andando a cento allora. Il contratto con il Corpo di Pace scade il 31 agosto. La possibilità che scoppi la rivoluzione in Cile è altissima. I miei giocatori fanno sempre più fatica ad allenarsi anche per la situazione politico-economica, senza contare le condizioni in cui vive la mia famiglia. E poi non sono mai stato in Europa. Indubbiamente mi interessa. E, come faccio da sempre, comincio a muovermi in quella direzione, se devo vincere, muovo le montagne.

Ritorno subito da Daly. «Chuck, dimmi cosa devo fare per candidarmi», «Bene, Dan, vai da Jack Rohan, il coach di Columbia University, lui sa tutto dell'Italia», stretta di mano e me ne vado. Dopo non più di dieci secondi incontro Jack Rohan, che mi dice di mandare il mio cv all'avvocato Richard Kaner, a New York. Parte da lì tutta la trafila. Mando il mio curriculum con un contatto telefonico e attendo. È già il primo di aprile, quasi non ci penso più. Torno in Cile e a maggio partecipiamo al Festival Mundial.

26 maggio. Ricevo un telegramma da Kaner: «Puoi essere a Bologna tra due giorni?». Rispondo: «No, tra quattro». La valigia era pronta. Il primo giugno firmo a Bologna, inizia la mia avventura in Italia. Prima, però, *conditio sine qua non*, devo allenare il Cile nel torneo Sudamericano ad agosto. Nessun problema, perché la Serie A iniziò tardi quell'anno a causa degli Europei a Barcellona. Tutto si stava incastrando alla perfezione.

Un ponte verso l'Italia

Non era facile per me lasciare il Cile o meglio lasciare i miei ragazzi. Ero riuscito a creare un gruppo unito, facciamo bene in tutti i tornei che giochiamo, vinciamo quattro volte contro l'Uruguay. Non erano mai riusciti a batterla prima, e non ci sarebbero mai riusciti neanche dopo che me ne sono andato. Ero riuscito a farli vincere, a non avere paura di nessuno.

In Italia, nel 1977, scrivo un libro sul Cile dal titolo *Cile, el Tercer Mundo*. Sono ancora nel mio cuore. Il 5 aprile ricevo questa lettera da Milenko Skoknic, uno dei più giovani della Selecciòn, che aveva catturato l'ultimo rimbalzo, quello della vittoria, nel nostro primo trionfo contro l'Uruguay. Oggi è ambasciatore cileno in Argentina.

> Caro Dan,
> Ti scrivo dopo un lungo periodo di tempo e spero che tu possa capire il mio inglese e le idee che cercherò di esprimere. Prima di tutto, spero tu

stia passando un buon momento in Italia, con tutta la tua famiglia. So che stai facendo molto bene con il team. Ho ricevuto la cartolina della Virtus-Sinudyne, Campione d'Italia nel 1975-76, e il bellissimo libro che hai scritto sul Cile. Come sta facendo la tua squadra in questa stagione? Ben presto sarà finita e sono sicuro che vincerete, ancora una volta, il campionato.
Volevo scriverti soprattutto perché vorrei ringraziarti per il libro e il modo piacevole e bello con cui hai descritto il periodo in cui sei stato l'allenatore della Nazionale ed io ero uno dei tuoi giocatori. Dopo la tua partenza, il Cile ha partecipato a due campionati sudamericani, arrivando al sesto posto a Medellin, in Colombia, nel 1976. Brasile, Argentina e Uruguay hanno segnato più di 100 punti contro di noi. Colombia e Paraguay più di 90. Mi sono vergognato di essere un giocatore di basket cileno. L'allenatore era Ettore Oreste. Nell'ultimo campionato sudamericano, il Cile ha fatto il sesto posto di nuovo, a Valdivia, Cile, nel febbraio del 1977. L'allenatore era Randy Knowles, ventiquattro anni, ex giocatore di Texas A&M University e di Barcellona (Spagna), ma senza esperienza come allenatore.
Leggendo il tuo libro, mi sono ricordato i tempi in cui eravamo molto orgogliosi di far parte della Nazionale, la bella difesa e la pallacanestro che abbiamo giocato, quando non avevamo paura degli Stati Uniti, o della Jugoslavia, dell'Africa, del Brasile o di chiunque altro; quando abbiamo pensato che avremmo potuto battere il Brasile o l'Argentina, quando abbiamo battuto l'Uruguay quattro volte in un anno, quando abbiamo potuto giocare per 45 giorni negli Stati Uniti, quando siamo stati invitati a giocare in Argentina, Perù, Colombia e Messico.
Hai detto che hai imparato tanto da noi, ma posso dire, sinceramente, che con Te ho imparato così tanto sulla gente, la vita, il mondo e molte altre cose. L'esperienza che ho vissuto non si ripeterà più. Il basket cileno non sarà più rispettato come lo era quando eri tu allenatore. Dan, grazie mille per tutto, per averci fatto sognare per un momento un futuro diverso, come giocatori e come uomini.

Arrivederci e buona fortuna,

Milenko

In Cile sono cresciuto come uomo, ho imparato a vivere fuori dagli Stati Uniti, ho saputo adattarmi a una cultura diversa, ho perfezionato lo spagnolo e ho potuto fare esperienza con il basket internazionale. Tutto ciò ha fatto «da ponte» per me fra gli USA e l'Italia, l'Europa. Tuttora, quando mi chiedono di spiegare il motivo per il mio successo qui in Italia, rispondo con una parola sola: «Cile».

Schemi di gioco. Cultural agility

Uno degli aspetti più affascinanti della globalizzazione è l'imprescindibile confronto con altre culture, modi di pensare, linguaggi, norme e abitudini di vita. Persone di culture diverse hanno schemi mentali differenti, che si sono costruiti nel tempo data l'interazione con uno specifico ambiente di riferimento. L'insieme di questi schemi spesso conduce alla definizione di uno *stereotipo culturale*, inteso quale visione semplificata di un gruppo di persone accomunate da certe caratteristiche o qualità. Le nostre decisioni possono essere inconsapevolmente influenzate dagli stereotipi, che ci inducono a generare in modo inconsapevole pregiudizi attribuiti a una certa cultura. Per esempio: l'inglese è preciso, l'italiano creativo, il tedesco rigoroso, il cinese lavoratore e così via. Apprendimento e agilità culturali sono due competenze che consentono di apprezzare e valorizzare le diversità che è possibile trovare interagendo con qualsiasi individuo, che per definizione è diverso da noi.

Oltre lo stereotipo culturale

L'esperienza cilena di Dan Peterson è da lui definita come un «ponte», una strada che gli ha permesso di acquisire una visione diversa del mondo, di imparare a convivere con la diversità. La Federazione cilena di basket vuole un allenatore americano per acquisire competenze tecniche e migliorare il proprio livello di gioco. Gli Stati Uniti rappresentano una fonte di conoscenza invidiabile, in virtù di un sistema scolastico radicato e diffuso che si basa sullo sport. Se la scelta strategica di avere un allenatore americano è di valore sulla carta, il successo passa – nelle mani di Peterson – attraverso la sua capacità di sapersi integrare, di comprendere che cosa e come trasferire del basket americano in Cile, non senza tuttavia qualche inevitabile passo falso.

L'elemento centrale di questa fase della vita di Peterson è la sua capacità di vivere in un altro paese e interagire con una nuova cultura. Quando si parla di cultura spesso si intendono diversi aspetti, perché in effetti la cultura è un costrutto alquanto articolato. Una definizione di cultura ampia e completa potrebbe essere la seguente: il modo attraverso il quale prendiamo decisioni, vale a dire scegliamo e ci comportiamo. Ogni paese, società, organizzazione, gruppo di lavoro ha una propria cultura, spesso anche definita come sub-cultura all'interno di un livello sovraordinato. Per esempio, ci sono sub-culture di funzione all'interno di una più ampia cultura organizzativa, oppure una sub-cultura regionale all'interno di una cultura nazionale.

La cultura ha tre componenti: *a*) *artefatti*: ciò che le persone fanno e usano; *b*) *comportamenti*: come le persone agiscono; *c*) *pensieri*: ciò che le persone pensano, le idee che sviluppano. I primi due, artefatti e comportamenti, sono visibili e includono elementi quali: il linguaggio parlato, l'architettura, l'arte, l'abbigliamento utilizzato, le abitudini alimentari e così via. Questi sono elementi di superficie di aspetti culturali più fondanti e profondi quali: valori, norme e credenze[1]. L'orientamento alla prestazione – l'orientamento umano –, la propensione all'incertezza, all'individualismo/collettivismo, la distanza di potere, il ruolo della donna e dell'uomo in società, l'orientamento al futuro, l'assertività nelle relazioni, il valore assegnato al bene collettivo, sono aspetti che sottintendono una cultura-paese e ne determinano i relativi stili di leadership[2].

Artefatti, comportamenti, pensieri

I modelli di competenze cross-culturali tradizionali sono maggiormente focalizzati sulla conoscenza delle culture, delle loro caratteristiche e dei loro orientamenti. Imparare a conoscere una cultura attraverso fatti e peculiarità è utile in una fase iniziale, ma rischia di generare stereotipi che possono inibire o rallentare l'apprendimento della situazione. A proposito di stereotipo, i due anni «cileni» di Peterson gli daranno l'etichetta di «agente CIA», ruolo che lui nega di svolgere, anche se sono molti coloro che non gli credono. Siamo di fronte a uno stereotipo cross-culturale: è evidente che l'immagine degli Stati Uniti è legata ai rapporti internazionali, alle grandi organizzazioni orientate alla sicurezza come la CIA e, se c'è un golpe favorito dalla CIA, un americano che ha vissuto lì per due anni e che a pochi giorni di distanza dal golpe lascia il paese, in modo quasi naturale si è spinti a pensare che tutto ciò non sia casuale, ma appunto organizzato dalla CIA. Se Peterson fosse stato di un'altra nazione, per esempio italiano, avrebbero pensato che fosse fortunato o che l'Italia ha buoni rapporti con gli Stati Uniti. Evidentemente queste ultime riflessioni sono una forzatura ma ci portano a considerare come la provenienza culturale possa spiegare e influenzare la percezione degli altri sul nostro agire, sul nostro essere, anche in assenza di informazioni accurate, ma solo in virtù di uno schema mentale che abbiamo autodeterminato rispetto agli elementi a nostra disposizione.

Peterson in questi due anni si è allenato a confrontarsi con qualcosa di diverso dai suoi schemi mentali costruiti nell'Illinois e nel suo network di relazioni. Le competenze cross-culturali, infatti, non sono solo la conoscenza dei rituali culturali di altre persone o paesi, oppure la conoscenza della lingua del luogo – ciò che in letteratura si può definire come *cultural learning* –. Sebbene questi aspetti siano assolutamente utili per entrare in contatto con gli altri, non sono sufficienti a interagire con culture differenti dalla propria. Vivere efficacemente in un contesto multiculturale vuol dire saper adattare competenze e comportamenti all'ambiente di riferimento[3]. Il successo di tale adattamento dipende dalla qualità dell'interazio-

Meglio essere agili

ne tra la cultura e l'individuo, dalla capacità del singolo di leggere segnali e situazioni e adottare le scelte più opportune, ciò che viene definito *cultural agility*[4].

Il presidente Guillergo Rodriguez è stato il vero mentore culturale di Peterson, colui che lo ha guidato a conquistare la sua agilità culturale. L'episodio che ha fatto capire a Peterson quanto fosse importante sincronizzarsi con la culturale locale è quello legato alla metafora delle velocità, un vero e proprio shock culturale che aiuta Peterson a riorientare il proprio stile. In Cile sono abituati ad andare a 10 km all'ora, lui, Peterson, va a 100, mentre tutti in quel momento sono costretti ad andare a 50 all'ora e nessuno è contento. Anche se Peterson manifesta molto rispetto per i cileni, al punto da non dire mai «In America si fa così» per spronarli a migliorarsi, vuole a tutti i costi che i giocatori seguano le sue direttive, le sue modalità per diventare una squadra vincente.

Adattamento, minimizzazione, integrazione

La velocità, intesa come i tempi necessari a fare le cose, è una delle variabili che meglio di altre descrive una realtà culturale. Peterson non ha abbandonato il suo credo cestistico per adeguarsi al mondo e ai ritmi del Cile. Ha sperimentato invece tre aspetti fondanti della cultural agility per farsi accettare e rispettare dai cileni: *a*) adattamento culturale: essere sensibili e rispettosi delle differenze culturali; *b*) minimizzazione culturale: ridurre la percezione di diversità dei comportamenti propri e altrui, riducendo quindi la percezione delle differenze; *c*) integrazione culturale: comprendere le differenze in un contesto multiculturale, con l'intento di creare nuove norme in grado di combinare le diversità. I leader cross-culturali sono in grado di operare con ognuna di queste tre capacità, in base alle necessità della situazione. Un leader adotterà un orientamento adattivo quando la situazione richieda una particolare attenzione al contesto locale; un orientamento teso a minimizzare le differenze culturali quando invece sia necessario che i propri comportamenti si sostituiscano a quelli del contesto locale; un orientamento integrativo, infine, quando sia possibile generare nuovi modelli comportamentali valorizzando le differenze culturali presenti.

Applicando queste tre dimensioni possiamo osservare come Peterson si sia adattato ai tempi suggeriti dal presidente Rodriguez (adattamento), applicando le sue metodologie di allenamento senza considerare le diversità culturali (minimizzazione) e sapendo generare un modello innovativo per entrambe le culture durante la tournée americana (integrativo). Quaranta partite in quaranta giorni hanno consentito a Peterson di valorizzare il sistema americano e ai cileni di confrontarsi con una realtà nuova, uscendo dai confini di un paese confuso e soddisfacendo il loro bisogno di curiosità e di confronto.

Un leader multiculturale è in grado in prima battuta di acquisire la conoscenza di una nuova cultura. Vi riesce meglio chi è curioso, tollerante verso l'ambiguità e l'incertezza, disponibile a sospendere il giudizio privilegiando l'apprendimento: in sintesi, chi non è portato a misurare gli altri partendo dai propri schemi, ma chi invece si pone in modo neutrale nei confronti degli altri. Inoltre, il leader multiculturale è in grado di leggere le situazioni, di rispondere efficacemente agli stimoli esterni e, infine, sa prevedere gli impatti che le sue decisioni (di adattamento, minimizzazione o integrazione) possono avere sulla cultura locale.

Formazione e diversità

Come prepararsi e formarsi a diventare un leader multiculturale è un tema alquanto rilevante nelle carriere attuali. La formazione in aula – che punta a uno stimolo cognitivo – è basata su schemi, definizioni e pratiche manageriali che trovano alcuni limiti nel fatto che la dimensione cross-culturale si applica più nel vissuto quotidiano di un contesto, che non nell'attività che si intende svolgere in esso. L'esperienza formativa di Peterson in Porto Rico è utile, ma il vero apprendimento avviene nel suo vivere quotidiano in Cile. In più momenti Peterson ricorda ciò che gli era stato detto durante il periodo formativo, ma solo nella dimensione del rapporto interpersonale con i cileni può cogliere le differenze e imparare a modulare il suo stato emotivo.

Questa peculiarità suggerisce modelli formativi cosiddetti *esperienziali*, a contatto diretto con gli stimoli tipici della cultura di riferimento. Non è detto però che il semplice fatto di vivere in un altro paese consenta di attivare un approccio culturalmente flessibile e quindi dimostrare agilità culturale. La stabilità emotiva, l'apertura mentale, l'umiltà, l'autoironia, l'essere estroverso, sono tutte caratteristiche della personalità che aiutano a predire la capacità dell'individuo di essere culturalmente agile[5].

Le caratteristiche dei leader multiculturali sono molto simili a quelle dei leader orientati al cambiamento e alla diversità in generale, sia essa culturale, religiosa, di genere o altro[6]. Chi è allenato a interagire con persone differenti per età, expertise, status e cultura-paese, in generale è abituato a leggere ogni individuo come detentore di una cultura singola, fatta di valori e comportamenti unici. Un leader è colui che manifesta un rispetto generalizzato per gli altri e per le loro unicità. Coloro che sono orientati e costruttivi di fronte a nuovi contatti, pronti a misurarsi con nuove relazioni, vedono gli incontri come un'opportunità, manifestano flessibilità e sono neutrali di fronte a una nuova conoscenza[7].

Persone differenti, culture differenti

È ciò che Peterson fa quando casualmente gli viene presentata l'idea di allenare in Italia. Non è solo una cultura diversa, ma un'opportunità importante della sua vita per diversi motivi. E sapendo leggere le situazioni – con o senza il supporto della CIA –, trova il giusto momento per cambiare.

Scheda di allenamento

- Quale esperienza multiculturale avete vissuto che potete sintetizzare come «il ponte» della vostra carriera?
- Qual è la cultura-paese che vi affascina maggiormente? Come la descrivete?
- Siete in grado di riconoscere e distinguere i tratti basilari di una cultura diversa dalla vostra?
- Quanto vi sentite portati a interagire con altre culture, confrontarvi con gli altri e tollerare il diverso?
- Quali esempi di shock culturali ricordate? Che cosa vi hanno insegnato?
- Avete mai provato ad associare una certa velocità oraria a una cultura, così come ha fatto il presidente Rodriguez?
- Quante culture avete avuto modo di conoscere nella vostra vita privata e professionale?
- Quanto gli stereotipi influenzano il vostro agire in contesti multiculturali?
- Quanto utilizzate gli stereotipi in generale per instaurare soluzioni?
- Siete in grado di leggere le situazioni e adottare un orientamento adattivo, minimalista o integrativo?
- Come pianificate le migliori azioni in ambito cross-culturale valutandone l'impatto che possono generare?
- Siete in grado di leggere ogni individuo in quanto detentore di una cultura unica?
- Vi ritenete dei leader globali completi?

Letture

[1] G. Hofstede, *Culture's Consequences: Comparing Values, Behaviors, Institutions and Organizations across Nations*, Thousand Oaks, Sage, 2001².

[2] P. Dorfman, M. Javidan, P. Hanges, A. Dastmalchina, R. House, «GLOBE: A Twenty Year Journey into the Intriguing World of Culture and Leadership», *Journal of World Business*, 47, 2012, pp. 504-518.

[3] J. Brett, K. Behfar, M. Kern, «Managing Multicultural Teams», *Harvard Business Review*, November 2007, pp. 1-10.

[4] P. Caligiuri, *Cultural Agility: Building a Pipeline of Successful Global Professionals*, Jossey-Bass, 2012.

[5] P. Caligiuri, I. Tarique, «Developing managerial and organizational cultural agility», in C. Cooper, R. Burke (Eds), *The Peak Performing Organization*. New York, Routledge, 2009.

[6] D.A. Thomas, R.J. Ely, «Making Differences Matter: A New Paradigm for Managing Diversity», *Harvard Business Review*, September 1996.

[7] J. Coleman, D. Gulati, W.O. Segovia, *Passion & Purpose: Stories from the Best and Brightest Young Business Leaders, Harvard Business Review Press*, 2011.

6 A lezione di management (1973-1975)

Calendario

1973-75 Allenatore della Virtus Bologna (Italia).

Risultati

1973-74. Arrivo alla Virtus Bologna. 15 vittorie e 11 sconfitte (15-11). Quinto posto in campionato, vinciamo la final four di Coppa Italia a Vicenza, prima volta nella storia di Bologna. Questo ci qualifica per la Coppa delle Coppe, prima competizione europea della Virtus dopo tredici anni.
1974-75. Campionato, 18-8, terzo posto. Per la prima volta si gioca la poule scudetto dove otteniamo 8 vittorie e 6 sconfitte, terzo posto. La poule scudetto è un mini-campionato di otto squadre andata e ritorno, le prime sei di A1 e le prime due di A2. Alla fine arriviamo al terzo posto, ci qualifichiamo per la Coppa Korac. Nella Coppa delle Coppe, 4 vinte 4 perse, siamo eliminati ai quarti di finale. Da quest'anno non c'è più la Coppa Italia: riprenderà nel 1983-84, quando ormai sarò a Milano. In questi due anni miglioriamo gli scontri diretti con le squadre più forti come Cantù, Varese e Milano. Nel 1973-74 contro di loro otteniamo 0 vittorie e 6 sconfitte in campionato ma 1-1 contro Cantù in Coppa Italia, per un totale di 1-7. Nel 1974-75 contro queste squadre 5 vittorie e 7 sconfitte, considerando regular season e poule scudetto del campionato. Le stavamo raggiungendo.

Dan chi?!?

«Dan chi!?!?»: anche questa è Bologna. Altra città che ho amato da subito. Sono atterrato lì come dallo spazio il 5 giugno 1973, mi vengono a prendere in aeroporto il professor Dino Costa responsabile del settore giovanile, i giocatori Achille Canna e John Fultz, l'americano, e mi catapultano nella capitale dell'Emilia. Potevo non innamorarmene a prima vista? Non ero mai stato in Europa, sono fortunato, ho scelto la nazione che ha dato i lumi al Rinascimento e una città bellissima come Bologna. I palazzi, le piazze, la gente allegra, la mortadella! Un gatto in pescheria non sarebbe stato altrettanto contento. Ciliegina sulla torta, l'avvocato Gianluigi Porelli, presidente della Virtus. Un personaggio incredibile, che ha segnato con la sua presenza e i suoi insegnamenti il mio passaggio da ragazzo appassionato di basket a uomo allenatore di campioni.

Porelli era un uomo deciso, un uomo d'affari, *business-like* come si dice negli Stati Uniti, uno pragmatico, con le idee molto chiare. Aveva promesso alla città un allenatore americano per la Virtus ed eccomi. I tifosi si aspettano un nome di grido e invece arrivo io. «Dan chi?!?» era il titolo del giornale *Stadio*, firmato da Luigi Vespiniani che diventerà poi mio grande amico. Ma dopo l'accoglienza della stampa cilena non temevo più nulla. Ho visto il lato positivo: non avevano aspettative nei miei confronti, avrei potuto sorprenderli e così ho fatto. Leggo il giornale e sorrido. Porterò quel ritaglio di carta per molto tempo nel portafogli. È iniziata una nuova sfida, la più incredibile della mia vita. Tocca a me far vedere all'Emilia e all'Italia chi è Dan Peterson.

Purtroppo ho lasciato la mia famiglia negli Stati Uniti, il periodo in Cile aveva segnato il rapporto con mia moglie. Lontani forse avremmo trovato un nuovo equilibrio. Per fortuna mi ambiento facilmente, Bologna è speciale. Una dimensione nuova per me, una cultura completamente differente e una bellezza che ancora mi lascia senza fiato. Capisco in quei giorni perché negli Stati Uniti la prima parola che si impara in italiano è «bello», la seconda «ciao». Sembra di stare in un film. La prima volta che sono stato a Roma, passiamo dinanzi al Colosseo e per trenta secondi non respiro. Lo giuro! In Italia ho ritrovato il gusto dei particolari, la bellezza di avere il bar di fiducia, il ristorante dove non devi nemmeno chiedere perché già sanno che cosa devono portarti e per la prima volta ho cominciato a farmi fare abiti e camice su misura. Un mio grandissimo amico e tifoso della Virtus, Cesere Grigolo, un giorno mi dice con un marcato accento bolognese: «Soccia Dan, non puoi andare in giro vestito così, altrimenti in nostri tifosi crederanno che non capisci un'acca!». Mi ha preso per mano e mi ha fatto conoscere degli artigiani che noi americani ci potevamo solo sognare. Io che sono sempre stato attento alla moda scoprivo un altro universo. Gli italiani hanno l'eleganza nel DNA. Se in quel periodo mi avessero detto «Dan, scegli tu un posto sulla Terra dove andare ad allenare» io sarei entrato in crisi, ma avrei probabilmente optato per restare a Bologna. Lì ho trovato la mia dimensione.

Dietro di me il cemento armato

La chiave di volta? Di certo Porelli. Per spiegare chi era devo raccontare alcuni episodi, una descrizione soltanto non renderebbe l'idea. Avvocato civile, dello studio Veronesi-Porelli, molto noto in città. Porelli nasce col tennis, e con il basket fondamentalmente non c'entra nulla. Ma – come spesso succede agli audaci – era al posto giusto nel momento giusto. Faceva parte della Virtus Tennis, prima come giocatore e in seguito come dirigente, sezione della polisportiva Società Educazione Fisica Virtus (SEF). Nel 1968 viene nominato responsabile della sezione pallacanestro che non sta attraversando un ottimo momento. L'avvocato non si fa cogliere impreparato, accetta, ma alle sue condizioni. Vuole la libertà assoluta e pieni poteri di agire, per questo costituisce una società per azioni: cinquanta per cento lui e l'altro cinquanta per cento a Fiero Gandolfi, suo amico, anch'egli appassionato di basket. Da quel momento Porelli darà alla Virtus e al basket italiano idee e competenze, facendolo diventare uno sport popolare e seguito.

A Bologna, prima del suo arrivo gli spettatori paganti erano solo 1100, tutti gli altri erano biglietti gratis. Così non andava. Decide quindi di interrompere le gratuità, tirandosi ovviamente addosso alcune critiche, ma non si fa intimorire da niente, va avanti come un carro armato. Seconda mossa, di prepotenza, proprio fisica, va da tutti i suoi conoscenti e li obbliga a comprare abbonamenti. Sì, li obbliga: «Mario sei tifoso della Virtus?», «Sì!», «Bene allora compra un abbonamento!», «Ma come, adesso?», «Tira fuori il portafoglio! Ce l'ho qui, te lo do subito». Questo il tono delle sue contrattazioni, credo che nessuno abbia osato dirgli di no. È diventato famoso per i suoi modi concreti, talvolta dittatoriali. Tant'è che successivamente verrà soprannominato Robespierre o Savonarola. Con quel metodo riesce a riempire il palazzetto della «gente giusta», aveva capito anni prima quello che poi sarebbe diventato un claim di una nota pubblicità «piace alla gente che piace». Quindi, se vuoi piacere, devi esserci. E per completare l'opera, nel parterre invita sempre attrici e donne della moda. Sa come attirare l'attenzione e sa che cosa apprezza il pubblico. Nel 1973-74 arriviamo ad avere 2500 abbonati.

Porelli è maniaco dei dettagli. Niente è lasciato al caso: i colori tenui per rendere l'atmosfera piacevole, nessun cartellone pubblicitario rinunciando anche a contratti cospicui. Non vuole «pugni negli occhi» ai tifosi, il vero spettacolo deve essere la squadra e sui giocatori deve ricadere tutta l'attenzione. Anche la musica è un accompagnamento per la gente, non il jukebox che spacca le orecchie come spesso accade oggi. A volte rasentava la follia. Un giorno arrivo al palazzetto e lo vedo in mezzo al campo con lo sguardo rivolto verso l'alto. Guardo nella stessa direzione e vedo che stanno smontando la cabina luci che si trova tra il secondo e il terzo anello. «Avvocato, che succede?», «Sto facendo rimuovere la cabina luci spostandola nei corridoi, posso ricavare altri otto posti», «Otto posti?!?! Gigi, ma cosa te ne frega di otto posti in un palazzetto da 7000 poltrone!», «Dan, vedrai», «Sì, ma quanto ti costa questa operazione?!», «Otto milioni di lire». Era il 1976, praticamente una fortuna! Io lo incalzo ovviamente non ne vedo il senso. «Ma Gigi! Un milione a sedia, mi sembra una follia pura!» Non ho dovuto aspettare tanto per ricredermi. Non si può quantificare quanto gli abbiano fruttato quei posti in più. Aveva una visione che per i tempi era stratosferica.

Dal mio arrivo in poi comincia a crearsi un'attenzione particolare intorno alle partite. Un'aspettativa che si trasforma in una corsa agli abbonamenti. Era esattamente quello che Porelli voleva e riesce a centrare l'obiettivo in pieno. Qualche numero per capire: palazzetto con 7000 posti di capienza. Era sempre pieno, o almeno dicevano pieno al 99 per cento.

Nel 1974-75 con l'ingaggio di Tom McMillen si scatena una grande frenesia in città. Avevamo dei piccolissimi uffici in via Ercolani, esattamente al piano inferiore rispetto a dove abitavo io, ma di fronte, con un bel giardino curato. Il primo giorno della vendita degli abbonamenti si presenta un'orda di gente, distruggono letteralmente tutto, erba, aiuole, cespugli. Interviene Porelli. «Fermi tutti per oggi si chiude. Tornate domattina al palazzetto, ci saranno otto botteghini a vostra disposizione per la vendita». Bene, ma c'era un segreto in quel comunicato così perentorio. Lui durante quella notte, lui in prima persona, numera altre mille poltrone! Non lo fermava niente. Il giorno dopo gli abbonamenti vengono spazzati via, si arriva a 3500 abbonamenti e si lasciano alle spalle 600 persone in lista d'attesa. Nel 1975-76 saranno 4500 con mille in lista d'attesa. Un successo inverosimile. Porelli aveva generato la «Virtus Mania». La gente lasciava gli abbonamenti nei testamenti ed erano contesi nei divorzi. A completamento della parabola crescente di interesse, nel 1976-77 e 1977-78 ci saranno rispettivamente 5500 e 5750 abbonamenti, con oltre mille persone in lista d'attesa.

Oltre a questo, ci sono altri dettagli che aiutano a comprendere lo spessore della persona. Lui è un buon giocatore di tennis, arrivando anche alla terza categoria. Per poter parlare con me della squadra decide di iscriversi al corso per allenatori di basket! In tutto questo continua a esercitare la professione di avvocato, ma soprattutto è un capo capace anche di capire i suoi limiti. Il corso di basket non gli è servito per interferire nel mio lavoro, non lo ha mai fatto. Voleva sapere che cosa succedeva in campo e, naturalmente, fuori.

E poi credeva in me, mi amava tanto quanto io amavo lui. Apro la mia prima stagione alla Virtus con tre sconfitte in tre partite, 0-3. «Peterson si gioca la panchina!»: titolo nelle pagine sportive del *Resto del Carlino*, firma Stefano Germano, prima della quarta partita, in casa, contro Pesaro. Non avevo letto il *Carlino* quel giorno. Porelli entra nel mio ufficio, prima di pranzo, con una copia del giornale in mano. Mi chiede: «Hai letto questo articolo?», mostrandomi la pagina del giornale. «No, Gigi», «Sai cosa vuol dire?», «Più o meno», «Dice che se tu perdi oggi, io ti licenzio», «Ah!». Porelli continua: «Sono venuto qui per dirti che questo non è vero. Anche se perdiamo oggi tu sei l'allenatore della Virtus finché ci sono io. Dietro di te c'è il cemento armato. Io sono quel cemento armato!».

Porelli è una fonte di lezioni di vita e di management, capisco in quegli anni che cosa vuol dire lavorare in un club professionistico, che cosa vuol dire saper prendere decisioni. La società sportiva è più complessa delle università e delle scuole che avevo allenato fino ad allora. Porelli è esigente e soprattutto mi fa sentire invincibile.

Il camaleonte

È il 3 settembre 1973, mio primo allenamento in Italia. «Non sono qui per insegnarvi a giocare a basket, questo lo sapete fare. Sono qui per insegnarvi a lavorare in allenamento», dico una sola frase e inizio subito l'allenamento. Mi interessa l'etica del lavoro. Poche parole, molta azione. Uso gli stessi allenamenti usati a Delaware, nel Cile, ovunque. Mi concentro sui fondamentali, faccio lavorare i giocatori duramente con esercizi davvero micidiali. Il mio credo è la preparazione atletica, avevo avuto tante conferme nella mia carriera fino a quel momento. Il segreto è lavorare più duramente di una partita vera. I giocatori apprezzano il mio approccio e lavorano bene sin da subito. Non posso dire di esser avvantaggiato, sono alto la metà di loro, ho i capelli lunghi e le camice con le punte del collo lunghe fino a metà petto. Una frase su tutte, Giancarlo Ugolini, dirigente della Virtus, rivolgendosi a Porelli: «Gigi, vuoi davvero farmi credere che questa mezza figura qui sarà il nostro allenatore?!». Giancarlo diventerà il mio migliore amico.

L'avvocato aveva colto immediatamente il mio potenziale e i giocatori gli davano conferme. Un esempio. Franco Natali, diciannove anni chiede di essere ceduto in prestito per giocare, subito dopo i miei primi allenamenti cambia idea e vuole rimanere. Porelli rimane molto impressionato, cominciava ad amarmi, ad apprezzare la mia serietà, i miei allenamenti duri e rigorosi. Lui lo chiama il «metodo Peterson».

Anche i miei collaboratori tifano per me. Decido di aprire le porte del Palazzo dello Sport durante gli allenamenti, è la prima volta che succede nella storia della Virtus. Porelli aveva sempre ordinato gli allenamenti a porte chiuse. Bene, Porelli arriva e, vedendo tutta quella gente sulle tribune, si mette a urlare «Che ci fanno tutte queste persone qui dentro? Fuori tutti!», ma interviene immediatamente Ettore Zuccheri, grandissimo mio vice. «Avvocato, si calmi è un'idea di Peterson e sta funzionando alla grande. I ragazzi si sentono osservati, lavorano meglio, non vogliono fare brutta figura e si abituano alla pressione delle partite vere». Porelli comprende immediatamente il potenziale di questa mossa e ci lascia lavorare.

Mi adatto in fretta a questa nuova realtà. È vero che non avevo mai allenato dei veri professionisti, ma è altrettanto vero che fino ad allora mi ero dovuto adattare a tante situazioni diverse e questo aveva fatto di me un camaleonte. Negli Stati Uniti avevo avuto giocatori molto tecnici, in Cile giocatori adulti. Adesso ho di fronte uomini preparati, devo solo spingerli oltre i loro stessi limiti. Adotto dei principi chiari nel modo in cui decido di allenare: metodo, intensità e semplicità.

Innanzitutto sono metodico. Martedì, fondamentali di difesa; mercoledì, fondamentali di attacco; giovedì, contropiede; venerdì, gioco di squadra. Il coach sa che cosa sta facendo, non improvvisa o cambia in base ai risultati. Messaggio molto chiaro per i giocatori.

Secondo, intensità. Il primo anno ci siamo allenati 90 minuti, che avevo identificato come il limite di massimo impegno mentale. Poi, il secondo anno, 105 minuti; il terzo anno 120 minuti. Tutti allenamenti di grande intensità, ricreando sempre la situazione di gioco. Faccio fare la partitella senza arbitro, tutti i falli sono ammessi: lezione per i giocatori che non devono pensare se l'arbitro fischia, devono solo fare canestro e giocare. Li alleno a diventare forti e senza alibi. Fisicamente adotto anche gli scudi di football americano che tanto mi avevano fatto soffrire durante il mio primo anno di università alla University of Illinois a Champaign-Urbana. Li uso per simulare un vero blocco. Ogni esercizio deve aiutare a superare i propri limiti fisici, ma soprattutto mentali. L'allenamento deve essere sempre più duro della partita. Per esempio, alla fine di ogni allenamento, quando sono tutti stanchi, facciamo tiri liberi e suicidio. Tutti sulla linea di fondo, ognuno dei dieci tira a turno due tiri liberi. Se li fa entrambi viene il turno del giocatore successivo. Se ne sbaglia uno, tutti e dieci devono fare un suicidio in meno di trenta secondi (per un'attenta descrizione del suicidio si veda il Capitolo 4). Dopo un allenamento difficilissimo questo li ammazza, ma soprattutto crea spirito di squadra. L'errore di uno ha impatto sugli altri. Erano tutti a spingere quei palloni nel canestro con la forza del pensiero e si incitavano a vicenda. È un esercizio semplice ma che scopro avere un grande risultato.

Terzo punto, semplicità. Voglio aumentare il livello tecnico, ma per farlo scelgo di mantenere le cose semplici. Non dieci schemi per l'attacco, dieci schemi per la difesa e così via, come facevano molte squadre all'epoca. Decido di adottare uno schema d'attacco contro l'uomo, uno contro tutte le zone, una rimessa laterale, un'organizzazione per il tiro libero, un'organizzazione per le palle a due. I giocatori imparano gli schemi in un giorno, non abbiamo bisogno di chiamarli in campo. Dobbiamo essere veloci. Non è una squadra abituata a vincere e voglio lavorare principalmente sul cambio di atteggiamento, dando loro certezze tattiche. Il mio obiettivo è ridurre il più possibile la tensione in partita, meno cose devono ricordarsi sotto stress più rimangono concentrati sul gioco. I giocatori rilassati sono più bravi nei momenti decisivi di una partita. Voglio pulire le loro menti dallo stress. «Eseguite, quello che abbiamo fatto in allenamento»: non voglio sorprese. La gente vuole vincere, «brutti e vincenti» – *winning ugly* – andava bene anche a Porelli, uomo molto pragmatico. Se poi sappiamo anche fare spettacolo, tanto meglio. Ma l'imperativo è imparare a vincere.

Gioco di squadra, premi di squadra

I premi. Avevo la mia teoria e questa volta sono stato io a insegnare qualcosa a Porelli. All'inizio della stagione, settembre 1973, si svolge la trattativa con l'avvocato per i premi partita, nel suo mega ufficio. «Ok tutto definito, ovviamente Dan per te i premi saranno in dollari, 50 dollari per la partite vinte in casa, 100 per le partite fuori casa, e 100 anche per le partite in casa vinte contro le big three Milano, Varese e Cantù», «Avvocato, a me sembra tutto sbagliato. Il messaggio che passa da questo sistema è uno solo e limpido: è due volte più difficile vincere fuori casa, ed è due volte più difficile vincere contro le tre grandi del campionato. Questo crea mentalità perdente». Porelli, basito, non aveva mai ragionato in questi termini. «Voglio un premio a fine anno. 10.000 dollari per il primo posto. 7500 per il secondo posto, 5000 per il terzo e 2500 per il quarto». Ai tempi l'avvocato è solo preoccupato di non andare in serie B. Gli leggo in faccia: «Questo americano è pazzo, non vedrà mai un solo dollaro!», ma ovviamente gli conviene fare come dico io, quindi accetta senza problemi.

Quell'anno arriviamo quinti, ma vinciamo la Coppa Italia e Porelli decide di considerarlo come se fosse un quarto posto. Dice a Ugolini: «Penso che il nostro Coach meriti un premio». Detto e fatto. Grande generosità dell'avvocato. Poi, dal mio secondo anno alla Virtus anche i premi per i giocatori saranno basati sul piazzamento finale in classifica. Quando tre anni dopo ho vinto lo scudetto è diventato matto, ma evidentemente contento. Io voglio che tutti siano concentrati sui risultati finali. Non si deve vivere per *la prossima partita*, devo vincerle *tutte* per arrivare alla fine del campionato. La squadra deve essere concentrata sempre per l'obiettivo finale.

Ripagare con la stessa moneta

John Fultz dal 1971 al 1974 è stato alla Virtus, mi ha fatto vincere la Coppa Italia. Gli sono tuttora molto affezionato. Con l'arrivo di Tom McMillen nella stagione 1974-75, purtroppo, dovrò rinunciare al suo contributo. Genio e sregolatezza, in campo e fuori, soprattutto con le donne. Non aveva proprio un modello di vita da sportivo, notti brave e discoteche. Però era un bravo ragazzo. Lo avevo scelto sapendo che non sarebbe stato facile, ma per me era molto meglio di altri.

Primo match di Coppa Italia, partita secca in campo avversario a Livorno. Appuntamento al Palazzo dello Sport per partire tutti insieme con il pullman. Ci siamo tutti tranne uno, Fultz. Passano i minuti e inizio a sentire qualche mormorio tra i giocatori. Naturalmente non esistono i cellulari e non si sa che cosa fare. Ogni momento è buono per attendere o per partire. Fortunatamente per tutti Fultz si presenta con venti minuti di ritardo al pullman. Io non batto ciglio. Faccio un cenno all'autista che chiude le porte e parte. Per tutto il viaggio rimango impassibile, ma mi pareva di leggere nelle menti dei miei ragazzi: «Il Coach si fa metter sotto dall'americano solo perché ha bisogno di lui». Sentivo gli occhi puntati addosso, ma non era ancora il momento di reagire. Probabilmente per un'oretta la mia immagine agli occhi degli altri giocatori della squadra si era un po' sbiadita. Arriviamo a Livorno, siamo negli spogliatoi per le ultime raccomandazioni, i ragazzi si cambiano e io rimango sempre zitto. Poco prima di scendere in campo mi rivolgo a Fultz: «Di quanto sei arrivato in ritardo all'appuntamento della partenza stamattina?». John è preso in contropiede, ovviamente lo stavano osservando, non può mentire e non prova nemmeno a trovare una scusa. «Venti minuti, Coach», «Bene i primi venti minuti quindi li fai in panchina». Cioè: tutto il primo tempo in panchina, venti minuti di cronometro. Boom, gelo nello spogliatoio. Avevo lanciato una bomba atomica e non avevo nemmeno dovuto alzare la voce. Doppio obiettivo raggiunto. I miei giocatori erano con me, Fultz aveva compreso e quando scende in campo nel secondo tempo è devastante per la voglia di giocare e di riscatto agli occhi della squadra. Asfaltiamo il Livorno 70 a 58 e rimettiamo tutti gli equilibri al loro posto.

Fare domande per dire qualcosa

Fultz è sempre stato un giocatore particolare, per certi versi un elemento di disturbo per tutta la squadra. Non dà il buon esempio, pur essendo l'Americano, il giocatore dal quale la società si aspetta qualcosa in più. E anche io, americano come lui, non riesco a trovare il giusto feeling. Questa situazione non è molto gradita a Porelli, uomo di disciplina e di rispetto delle regole. Siamo sempre nel mese di novembre 1973, quando Porelli mi incontra e mi dice: «Parla con Fultz e fallo ragionare, perché se gli parlo io lo rimando con un calcio nel culo negli Stati Uniti!». E Porelli era capacissimo di farlo. «Fagli capire che deve cambiare atteggiamento, basta ritardi, basta bugie e spiegagli che deve avere rispetto per la società, per i suoi compagni e per tutti quelli che lavorano anche per lui!» Mi presento il pomeriggio da Fultz e gli parlo, elencandogli tutto quello che doveva migliorare. Lui tace. Il mio impatto su di lui, zero virgola uno. Non mi risponde, ma mi pare abbia capito. Il giorno dopo, sempre alzando la voce, l'avvocato: «Coach, hai parlato con Fultz?!» «Sì, ho parlato ieri prima dell'allenamento», «E la risposta?» Oddio. «Niente, mi ha ascoltato», gli rispondo sicuro di aver fatto il mio dovere. E fino ad allora ero anche convinto che Fultz mi avesse veramente capito. Ma Porelli non è d'accordo e urla. «Hai sbagliato tutto! Devi fargli delle domande, devi costringerlo a reagire!» Torno da Fultz: «John, perdonami forse ieri non mi sono spiegato bene». E gli ridico i cinque punti fondamentali ma stavolta in forma di domanda. Tutto un altro effetto. «John, come mai arrivi in ritardo?» che cambia molto da «John non devi arrivare in ritardo». È terrorizzato, sembra un interrogatorio del KGB. Alla fine trema, e capisco il valore del consiglio di Porelli. Ero stato in grado di smuovere la sua corteccia.

In molti negli anni successivi mi hanno chiesto come avevo fatto a resistere con Porelli. Aveva indubbiamente un modo duro, ma conosceva il giusto confine e rimaneva rispettoso. Bastava parlargli.

Quell'anno Fultz è la nostra chiave per la vittoria della Coppa Italia. Grazie anche a una multa di 500 dollari. Sì, perché Porelli non andava tanto per il sottile. Ti comporti male, paghi. Fultz un giorno si avvicina: «Coach, provi a parlare con il boss, quei 500 dollari sono importanti per me». «John, ci provo, ma non credo, sai che tipo è». E Fultz ci prova: «E se vinciamo la Coppa Italia?». Avevo inteso le sue intenzioni, sorrido e dentro di me capisco che se fossi riuscito a far ragionare l'avvocato avrei avuto un teminator in campo. Aspetto il momento giusto e lancio l'amo: «Gigi, che ne dici di levare la multa a Fultz se vinciamo la Coppa Italia?». «Non se ne parla neanche, la prossima volta impara!», risponde in modo così rapido come se avesse letto nel mio pensiero la domanda. Rimango in silenzio per qualche istante: «Va bene come non detto era solo un'idea». Ma Porelli non è uno stupido. Passano ventiquattro ore. Siamo a pranzo: «Coach ho pensato che se vinciamo la Coppa Italia straccio la multa a Fultz». Sorrido, non mi interessava che si prendesse la paternità dell'idea, il mio obiettivo era centrato. Lo dico a Fultz. Da lì in poi sovrasterà i dieci giocatori di ogni squadra che avrebbe incontrato, tutto per quei 500 dollari o forse per quell'attenzione particolare che io e Porelli eravamo riusciti a concedergli. Vinciano la final four di Coppa Italia del 1973-74 a Vicenza, contro Snaidero Udine, 90-78. Prima volta nella storia della Virtus. Questo ci qualifica per la Coppa delle Coppe, prima competizione europea della Virtus dopo tredici anni. Tutto questo con grande merito di Fultz. Ogni giocatore ha la sua molla motivazionale, basta trovarla.

Coach, tu non sei Rubini

Gennaio 1974, mi intervistano: «Coach, che ne pensa dell'arbitraggio di queste ultime partite?». «Bisognerebbe rivedere come vengono assegnati gli arbitri», zero diplomazia, senza mezzi termini. Bene, giorno dopo titolo sul giornale: «Dan Peterson contro gli arbitri», con le mie testuali parole, di cui io tra l'altro mi sentivo anche abbastanza fiero. Non avevano scritto niente di più di quello che avevo detto io. Ero tranquillo e pensavo: è giunta l'ora di farsi sentire altrimenti subiamo ingiustizie ogni domenica. Mentre fisso il giornale pensieroso, entra Porelli nel mio ufficio con il giornale aperto sulla mia intervista. Non mi accusa di niente. «Coach, tu hai fatto queste dichiarazioni?» Sempre e solo domande, in puro stile Porelli. «Sì. Perché?», «Tu non puoi dire cose del genere». Io, convinto: «Perché no? Lo fa Rubini!». «Coach, tu non sei Rubini», come dire: «Devi ancora mangiare molte tagliatelle prima di sentirti e comportarti come Rubini».

Cesare Rubini è stato un atleta straordinario in grado di vincere sia nella pallanuoto sia nel basket. Con la Nazionale di pallanuoto, capitanata da Mario Majoni, conquista l'oro ai Giochi di Londra battendo in finale l'Olanda. Ed è proprio con Rubini che nascerà il mitico «Settebello d'oro», del quale diventerà capitano alle Olimpiadi di Helsinki del 1952 e agli europei di Torino del 1954, collezionando in entrambe le occasioni una medaglia di bronzo, dietro a Ungheria e Jugoslavia.

Era nel frattempo anche entrato a far parte del mondo del basket. Una carriera lunga venticinque anni, 1949-74. Prima allenatore-giocatore dell'Olimpia Borletti Milano; poi dal 1955 solo allenatore. Vince qundici scudetti con l'Olimpia, un record che non sarà mai neppure avvicinato in seguito. Conquista cinque campionati italiani consecutivi, dal 1950 al 1954, tutti come giocatore-allenatore dell'Olimpia Milano. Realizza anche uno straordinario primato, stabilendo un record di 322 vittorie e 28 sconfitte. Da allenatore conquista la Coppa dei Campioni nel 1966 e le due Coppe delle Coppe nel 1971 e nel 1972. Sempre nel 1972 l'Olimpia Milano conquista anche la Coppa Italia. Unico atleta al mondo inserito nelle Hall of Fame in due sport differenti, nonché unico atleta nella storia dello sport italiano a giocare per due Nazionali in due differenti sport. È membro del Naismith Memorial Basketball Hall of Fame dal 1993 in qualità di allenatore di basket, e dell'International Swimming Hall of Fame dal 2000. Già all'epoca era più di un uomo, era una leggenda. Fuori dallo sport era anche una persona immensa. Uomo affascinante e carismatico, non le mandava a dire a nessuno e non aveva paura di niente, aveva donne, fama e successo, poteva permettersi qualsiasi dichiarazione. Per questo, Porelli mi ha fatto capire: «Coach, ti do una notizia... Tu non sei Rubini!». Fine del discorso, capisco e metto via. Ancora una volta ho dovuto imparare a stare al mio posto. Ogni tanto rimettere i piedi per terra non fa male a nessuno.

Arrivo dilettante, divento professionista

In questi primi due anni a Bologna comprendo che sto facendo un salto di qualità. La vicinanza a Porelli, il suo stile così diretto e americano mi aiutano a crescere. Sto imparando molto, più dal punto di vista societario che di basket in realtà. Osservo Porelli in ogni sua mossa, è evidente a tutti che la scommessa iniziale si è trasformata in stima professionale che spesso si confonde con il grande attaccamento. Ognuno dei due, io e Porelli, amavamo ciò che faceva l'altro, come ragionava l'altro. Io ho lavorato molto su questo, volevo replicare l'esperienza del Cile, dove Guillermo Rodriguez, capo della Federazione, mi aveva aiutato a vivere meglio, a raggiungere i miei obiettivi.

Fino ad allora sapevo che una società di basket ha tanti aspetti da dover gestire che non sono aspetti tecnici legati ai giocatori. Per esempio il palazzetto (l'arena come dicono negli Stati Uniti), i tifosi, gli abbonamenti, l'organizzazione della partita. Porelli ha una marcia in più anche sull'organizzazione. Ha nello staff un esperto di training autogeno, un bravissimo massaggiatore e offre ai suoi atleti cure eccellenti quando si infortunano, perfino con l'agopunturista. La logistica raggiunge livelli quasi maniacali di attenzione e precisione. Gli sponsor non sono dei finanziatori, ma dei soci. Al mio arrivo a Bologna lo sponsor è Sinudyne, grande azienda produttrice di televisori di proprietà di Bruno Berti. La società ha un contratto di tre anni: 45 milioni, 50 milioni, 55 milioni. Al termine del terzo anno, Bruno Berti diventa socio al 22 per cento. Porelli ha trasmesso il senso di appartenenza, ha compreso che la società poteva e doveva rinforzarsi. Investire in una società sportiva non è mai come investire in Borsa, occorre crederci e Porelli dedicava tempo alle persone, a tutti coloro che aiutavano a rendere la Virtus una grande squadra. Un manager molto rigido, esigente, ma al tempo stesso molto umano.

Tutti concetti semplici e corretti che avevo studiato per prendere le mie due lauree, ma solo lavorando con Porelli vedo e capisco effettivamente come si fa a mettere insieme tutto. In quegli anni imparo a curare questi aspetti manageriali indispensabili per costruire un progetto vincente. E, come dico sempre, «Sono arrivato a Bologna da dilettante; sono andato via da professionista». Grazie all'avvocato.

Schemi di gioco. Relazioni e conflitti

I risultati di un'impresa dipendono anche dalla *qualità delle relazioni* che essa possiede con attori esterni e dalla credibilità che il management è in grado di esprimere nell'ambiente di riferimento nel quale opera. Per ottenere una prestazione positiva occorre lavorare *a più livelli* – interdipendenti tra di loro –, dal micro al macro: individuo, team, organizzazione e ambiente, instaurando relazioni efficaci con ogni attore che possa essere utile al risultato complessivo. Ci sono leader che si focalizzano principalmente sulla dimensione individuale e di team (possiamo definirli *coach*) e altri che invece dedicano attenzione al lavoro dell'organizzazione nel suo complesso e agli interessi dei principali portatori d'interesse – i cosiddetti *stakeholder* – (e questi sono *manager*). Un'interpretazione del ruolo del team leader è la capacità di lavorare simultaneamente come coach e come manager, di creare e mantenere relazioni soddisfacenti con interlocutori a diversi livelli, da quello individuale a quello più ampio, esterno al proprio contesto, adottando una visione relazionale della leadership[1].

Leadership da relazioni multiple

Peterson arriva a Bologna con un'ottima preparazione per quanto concerne la dimensione tecnica e tattica, e la gestione degli atleti e della squadra nel suo insieme, in virtù di un sistema scolastico americano di grande qualità. Tutti elementi che caratterizzano la professione del coach in senso stretto. In chiave organizzativa, l'allenatore ricopre un ruolo determinante, in quanto punto di riferimento del progetto sportivo per una pluralità di attori. Peterson si trova a vivere un contesto professionistico più sfidante dei precedenti: un livello tecnico più elevato dei giocatori; maggiori aspettative degli atleti in termini di servizi e risorse a disposizione; maggiori aspettative dei tifosi, e anche della proprietà, per vittorie e spettacolo; un maggior numero di attori rilevanti – oltre al pubblico: sponsor, istituzioni sportive, la città ecc. – a influenzare le scelte della società, spesso con preferenze diverse e come tali capaci di determinare, in generale, una maggiore pressione ambientale.

Peterson si fa subito conoscere presentandosi con il suo credo cestistico: allenamenti durissimi basati su metodo, intensità e semplicità, lavorando sugli aspetti che egli già governa. Rimane affascinato invece dalle lezioni di management che riceve costantemente dall'avvocato Porelli, presidente della Virtus Bologna, impegnato nel rilancio della società sportiva. La squadra in campo è il tassello principale, ma vi sono altri attori altrettanto determinanti per

Stakeholder e sostenibilità

la prestazione dei giocatori e per l'efficacia del progetto sportivo, vale a dire: i tifosi, il palazzetto, i media, gli arbitri, gli sponsor, la città in generale. Quanto più questi attori manifestano un atteggiamento positivo nei confronti della squadra, tanto più la squadra si esprime al meglio, riceve sostegno nelle diverse forme che ogni attore può esprimere: i tifosi sempre presenti alle partite, il palazzetto accogliente, i media filtrati e accontentati, gli arbitri rispettati, gli sponsor inglobati nel progetto, gli abbonamenti della Virtus lasciati in eredità data la lista d'attesa per sottoscriverli. Grazie all'avvocato Porelli, Peterson imparerà a ragionare da manager-proprietario di una squadra, a vedere il lavoro del coach all'interno di una cornice più ampia; in particolare sarà affascinato dalla capacità dell'avvocato di instaurare relazioni diverse con attori differenti. Come lui stesso dichiara, arriva a Bologna da dilettante e ripartirà come un vero allenatore professionista.

Porelli comprende che una società sportiva è fatta da diversi elementi, per certi versi è più articolata di una società normale. Lo sport è caratterizzato da un elevato impatto culturale sulla società civile e sulle comunità di riferimento. L'integrazione di risultati sportivi, culturali ed economici è una precondizione per la sopravvivenza e lo sviluppo di un'organizzazione sportiva. I risultati sportivi sono quelli che si ottengono sul campo: successi, trofei individuali e di squadra, nuovi traguardi e record. I risultati culturali sono: i valori che gli atleti e i dirigenti trasferiscono a tifosi e comunità, come competizione, eccellenza, solidarietà, tolleranza, rispetto, responsabilità, amicizia, impegno, spirito di squadra, senso di appartenenza, rispetto della persona e degli avversari, lealtà, onestà, coraggio, determinazione, sostegno e collaborazione, amicizia e fiducia. Infine, i risultati economici, che permettono di avere una equilibrata gestione tra costi e ricavi, con un adeguato ritorno per gli azionisti. L'allenatore ha un impatto sul risultato sportivo in base alle sue scelte tecniche e tattiche; ha un impatto sul risultato culturale in virtù del suo comportamento con i vari attori e dei valori che infonde agli atleti; ha un impatto sul risultato economico, non solo quando riesce a valorizzare gli atleti o acquista talenti, ma anche quando è in grado di attirare imprese e sponsor in linea con il progetto sportivo che sta costruendo. Le scelte tecniche si integrano sempre con le scelte di carattere manageriale[2].

Mappare e coinvolgere

Questa interpretazione della società sportiva evidenzia il ruolo degli *stakeholder* e come la loro considerazione generi benefici per l'impresa, in contrapposizione con una visione esclusivamente orientata agli *shareholder*, meri portatori di capitale che ricercano profitti[3]. Gli stakeholder sono quegli individui o gruppi di individui che sono influenzati o in grado di influenzare l'attività d'impresa[4]. Lo sport è caratterizzato da una particolare relazione con l'ambiente circostante: la propria identità è per definizione dettata dalle relazioni che la squadra (in senso ampio) è in grado di costruire con attori rilevanti. Una società sportiva, infatti, ha una sua proprietà, ma possiede anche un'identità legata alla propria storia e in generale è l'espressione di un territorio, di tifosi e appassionati che si riconoscono nella loro squadra. Mappare gli stakeholder, riconoscerne il valore e definire delle strategie d'ingaggio e di gestione rappresenta dunque una priorità per un manager di un'impresa, ancor di più se in un contesto ad alto impatto sociale come lo sport.

Gli stakeholder possono essere mappati secondo due principali variabili: *a*) *grado di interesse*, cioè quanto le scelte di un'impresa sono importanti per un singolo portatore d'interesse; *b*) *grado di potere*, quanto cioè la scelta di un'impresa può essere effettivamente condizionata e influenzata da un singolo portatore d'interesse[5]. Quando interesse e potere sono entrambi alti siamo in presenza di *key player* che necessitano di una partecipazione attiva e di coinvolgimento nelle decisioni. In caso di alto interesse e basso potere sarà invece necessario soltanto informare gli stakeholder delle azioni intraprese, mentre quando il portatore d'interesse manifesta alto potere e basso interesse diventa opportuna una strategia di soddisfacimento e contemperamento degli interessi, allo scopo di ottenere l'accettazione della decisione. Infine, si può trascurare il soggetto che abbia basso interesse e basso potere.

In una società sportiva i tifosi in primis, e poi gli altri attori che sostengono il progetto, meritano attenzione, tempo ed energie. Veri e propri stakeholder rilevanti, devono essere gestiti come se fossero interni e parte integrante del funzionamento organizzativo. Per fare ciò Porelli attiva una serie di iniziative che, laddove necessario, coinvolgono anche Peterson. La dimensione sportiva, culturale e quella economica devono andare insieme, la coppia Peterson-Porelli è ben affiatata, lavorano insieme in un'unica direzione e soprattutto rispettano i ruoli che ricoprono, con influenza ma senza interferenze. Obiettivo di Porelli è responsabilizzare tutti questi attori, in alcuni casi portandoli anche a divenire soci, come nel caso dello sponsor. Oppure gestendo i conflitti che inevitabilmente sorgono.

Fare domande per evitare conflitti

Il *conflitto* è uno degli argomenti più ricorrenti nella vita di un leader. Quando il processo di influenza si inceppa – in modo naturale e spesso inconsapevole –, emergono i conflitti: divergenze di interessi che si traducono in una diversità di vedute e di azioni, che spesso paralizzano le relazioni e quindi le organizzazioni; che si amplificano per scarsa comunicazione, per motivi di tempo o per volontà delle parti. I conflitti vanno di pari passo con la leadership e con le relazioni. Peterson in questi anni imparerà il segreto di Porelli, il «fare domande». È una valida chiave comunicativa e anche un modo per intraprendere un dialogo costruttivo e trasparente con l'interlocutore, sia esso un arbitro, il proprietario di una società, un general manager o un giocatore.

Fultz è il primo giocatore professionista che crea problemi a Peterson. Nasce un conflitto inevitabile che Porelli e Peterson gestiscono lavorando in modo allineato e diplomatico, instaurando una relazione efficace a partire dalle esigenze della squadra e dalle aspettative di Fultz. Peterson realizza che per affrontare un conflitto occorre essere preparati a ogni evenienza, ma soprattutto intende risolvere i conflitti avanzando i propri valori, il perché della sua posizione, delle sue preferenze. In fondo anche la relazione Peterson-Porelli si può leggere come un delicato equilibrio tra fiducia, armonia e potenziale conflitto; in particolare durante i primi mesi, quando i due, con caratteri molto differenti, si conoscono e imparano a rispettarsi. Spesso se ognuno è consapevole delle ragioni altrui le accetta con maggiore serenità, il dialogo diventa più facile così come trovare un accordo.

Il termine conflitto si sposa con relazione, in alcuni casi anche con *negoziazione*. Proprio come la multa di Fultz che viene trasformata in premio da Peterson e Porelli: una soluzione creativa con cui ognuno ha portato a casa ciò che desiderava.

Il leader, quindi, ha l'obiettivo di instaurare un rapporto virtuoso con attori, interni ed esterni. Il lavoro di *mappatura* e *coinvolgimento* degli attori-chiave deve essere complementare alla parte tecnica affinché il team possa da un lato beneficiare del supporto di altri attori, in termini di qualità delle risorse, delle informazioni e dei servizi a disposizione, e dall'altro essere tutelato da pressioni o conflitti che possono minacciare motivazioni individuali e spirito di squadra[6]. È obiettivo del manager acquisire reputazione e credibilità, da spendere a supporto del proprio team. Tali presupposti motivano e supportano l'adozione di modelli manageriali basati sulla *convergenza* dei propri interessi con gli interessi dei portatori d'interesse, fondando la propria attività su valori condivisi. Si promuove un'*organizzazione aperta* (la cosiddetta *collaborative enterprise*[7]), in grado di valorizzare la comunità locale attraverso partnership, sviluppare un modello a rete che stimoli lo scambio e il miglioramento continuo, nonché una comunicazione esaustiva e trasparente per gli attori rilevanti.

Il team leader coach e manager

Porelli aveva impostato la nuova Virtus su questi binari, sapendo instaurare con ogni attore un rapporto privilegiato, essendo esigente ma anche umano. Coach Peterson diventa più manager, acquisendo alcune competenze quali: costruzione e gestione di relazioni plurime, negoziazione, comunicazione e gestione dei conflitti. Si sta preparando a fare il salto a diventare un allenatore professionista vincente.

Scheda di allenamento

- Quali sono gli stakeholder della vostra impresa? Come suddividerli tra interni ed esterni alla vostra organizzazione?
- Quanto il vostro business dipende da stakeholder interni o esterni alla vostra organizzazione?
- In che misura gli stakeholder generano benefici o vincoli alla vostra organizzazione?
- Come mappate gli stakeholder secondo il grado di potere e interesse che posseggono rispetto al vostro progetto?
- Quali strategie di coinvolgimento nelle decisioni d'impresa è possibile definire per ogni categoria di stakeholder?
- Utilizzando la metafora sportiva, quali sono i tifosi, gli arbitri e i media del vostro business?
- Qual è il vostro approccio ai conflitti? Preferite evitare, generare, subire o affrontare il conflitto? Siete in grado di «stare» nel conflitto perseguendo la vostra azione manageriale?
- Quanto utilizzare la strategia del «fare domande» per costruire una relazione o per risolvere un conflitto?
- Qual è la vostra strategia per instaurare una relazione proficua con un attore chiave? In quali azioni è possibile migliorarla?

Letture

[1] P. Guenzi, D. Ruta, *Leading teams: Tools and Techniques on Successful Team Leadership from the Sports World*, London, Jossey-Bass, 2013.

[2] *Ibidem.*

[3] R.E. Freeman, J.S. Harrison J.S., A.C. Wicks, A.C., *Managing for Stakeholders: Survival, Reputation, and Success.* New Haven, Yale University Press, 2007.

[4] T. Donaldson, L.E. Preston, «The Stakeholder Theory of the Corporation. Concepts, Evidence, and Implications, *Academy of Management Review*, 1995, 20, pp. 65-91.

[5] R. Mitchell, B. Agle, B., D. Wood, «Toward a theory of stakeholder identification and salience: Defining the principle of who and what really counts», *Academy of Management Review,* 1997, 22, pp. 853-886.

[6] K.T. Jackson, *Building Reputational Capital: Strategies for Integrity and Fair Play that Improve the Bottom Line*, New York, Oxford University Press, 2004.

[7] A. Tencati, L. Zsolnai, «The Collaborative Enterprise», *Journal of Business Ethics*, 2008, 85, 3, pp. 367-376.

7 The killers (1975-1978)

Calendario

1975-78 Allenatore della Virtus Bologna (Italia).

Risultati

1975-76. Campionato: 16 vinte, 6 perse (16-6), terzo posto. Poule scudetto: 13 vinte, 1 persa. Vinciamo lo scudetto, dopo vent'anni. Nella Coppa Korac, 8 vinte e 2 perse, arriviamo in semifinale, dove vinciamo di 9 punti contro la Jugoplastika di coach Petar Skansi a Spalato e perdiamo in casa di 13 punti. Squadra piatta, un po' colpa mia.
1976-77. Campionato: 19-3, primo posto. Dopo la regular season cambiano le regole per arrivare a determinare la finale scudetto. Anziché l'ormai conosciuto poule scudetto si giocano due mini-tornei di quattro squadre, tra le prime sei di A1 e le prime due di A2. Ogni squadra gioca tre partite, andata e ritorno. Da questi due mini-tornei le prime due si scontrano in semi-finali e finali. 6 vinte e 5 perse, perdiamo la finale con Varese 0-2. Nella Coppa dei Campioni: 3-3, settimo posto.
1977-78. Campionato: 17-5, terzo posto. Sistema post regular season come l'anno precedente, 6 vinte e 6 perse. Arriviamo al secondo posto e perdiamo ancora una volta la finale contro Varese, 1-2. Nella Coppa delle Coppe: 6 vinte e 5 perse, perdiamo la finale con Cantù, giocata al Palalido di Milano, di soli 2 punti.

L'avventura americana tra volere e potere

Sono passati i primi due anni a Bologna. Abbiamo vinto una Coppa Italia al mio primo anno, abbiamo iniziato a vincere i primi scontri diretti contro le magnifiche tre: Cantù, Milano e Varese. Ci stiamo avvicinando ma occorre qualcosa in più. Il mercato deve darmi qualche asso nella manica. Anche Porelli lo sa e ci imbattiamo nell'idea Terry Driscoll. Era già stato a Bologna nella stagione 1969-70, poi era tornato negli Stati Uniti per giocare nell'NBA cinque anni. Quando McMillen lascia Bologna a fine stagione 1974-75, occorre trovare un sostituto valido. Uno straniero in grado di fare la differenza. All'epoca la regola consentiva di avere solo uno straniero per squadra. Porelli mi fa il nome di Terry Driscoll e devo dire che aveva visto bene.

Un giorno si avvicina con fare premuroso: «Coach, tu sei l'allenatore, sei tu che devi fare le scelte, sinceramente non voglio metterti in imbarazzo. Ma cosa ne dici se riprendessimo Terry Driscoll?». Conoscevo Driscoll e lo apprezzavo: «Per me va molto bene. C'è il problema però della "riqualificazione", perché ha giocato nell'NBA e difficilmente la FIBA lo riqualifiherà come dilettante». «Ci penso io alla FIBA. Tu devi solo rispondere alla mia domanda: vuoi Driscoll o no?». «Presidente, Terry è la mia prima scelta. Assolutamente.»

Qualche giorno dopo Porelli va a Monaco di Baviera, dove allora aveva sede la FIBA (Federazione Internazionale di Basketball) a parlare di persona con il segretario generale, William Jones. L'avvocato però non si presenta a mani vuote: «Buongiorno, William», i due si conoscevano da anni, «questo è un regalo per te». Porelli teneva in mano il Rolex più costoso allora in commercio. E così per la riqualificazione di Driscoll alla Virtus Bologna non sorgono problemi. Per non farsi mancare nulla ha allungato anche un assegno: «Questi sono per la FIBA». 5000 dollari intestati a Jones. Non commento oltre. Sapeva quel che voleva e come ottenerlo.

L'ultimo ostacolo a questo punto, forse il più grosso, era convincere il giocatore a tornare a Bologna. Driscoll, nativo di Boston, aveva un contratto in prova con i Celtics, una delle squadre di vertice quell'anno. Andiamo, quindi, io e Porelli a Boston a parlare con il mitico Arnold Red Auerbach, nove titoli NBA come allenatore dei Boston Celtics, all'epoca general manager. La trattativa è subito in salita, Auerbach non vuole rinunciare a cuor leggero a un potenziale giocatore per i Celtics, anche se non voleva dare a Driscoll un contratto garantito per l'intera stagione. Auerbach prova a tessere una negoziazione: «Porelli, se *tu* ci tieni così tanto a Driscoll perché non offri di più?». Ma l'avvocato è maestro delle domande, non si può fregarlo sullo stesso terreno. «E se *tu* ci tieni tanto che rimanga a Boston, perché non gli fai un vero contratto?» Auerbach sembra convinto. Rimane sempre la volontà di Driscoll.

Una sera andiamo a cena anche con Driscoll. A un certo punto Porelli scopre le carte: «Terry, cosa vuoi per tornare alla Virtus?». Driscoll tira fuori dalla tasca un foglietto e scrive: contratto di tre anni, 50mila dollari (lordi) a stagione. Per quel periodo erano tanti soldi. Ma Porelli non fa una piega: «Ok, Terry!». A quel punto anche Auerbach non si oppone e io e il presidente torniamo a Bologna con il contratto firmato.

Il primo killer

Avevo visto giocare la prima volta Terry Driscoll a Boston College, due metri e 0,1 di potenza fisica, una macchina da recupero rimbalzi, sempre concentrato, il sogno di ogni allenatore. Tutto per la squadra, il primo a buttarsi nella mischia, senza paura. Anzi, era lui che faceva paura agli avversari. Un giocatore eccezionale. La sua prima esperienza a Bologna, nel 1969-70, non era stata memorabile. Aveva subìto molti infortuni, la squadra non era andata bene, insomma non aveva lasciato un grande ricordo. Infatti, quando nell'estate del 1975 si viene a sapere che abbiamo preso Driscoll, i giornali ci attaccano e titolano: «Driscoll, una minestra riscaldata». C'era molto scetticismo in città e tra i tifosi. Ma il giocatore che arriva a Bologna è cambiato, ormai è fatto di un'altra pasta: ventisette anni, grande esperienza maturata nell'NBA, sicurezza, determinazione, fiducia in se stesso e nelle proprie capacità. Lui è davvero «THE killer». Gli altri sono bravi ma non hanno la sua intensità. È un uomo bello, con il viso da faccia d'angelo. Vedendolo nessuno può mai pensare: «Questo è un duro». Invece è determinatissimo, coriaceo, un toro. L'ho avuto per tutti e tre gli anni, dal 1975 al 1978. È lui a trasmettere agli altri la mentalità vincente. Se c'è un contatto con Terry, qualcuno vola per terra.

Per me e per la squadra è importantissimo avere uno come lui. Non è lì per la gloria personale, lui è lì per vincere e non per fare la prima donna. Quando gli altri vedono in allenamento che l'«americano» lavora e si impegna più di tutti, gli altri non possono tirarsi indietro. Io credo, come lui, in questi segnali alla squadra, nel valore positivo del suo atteggiamento. Da quel momento in avanti sarà per me fondamentale avere nello spogliatoio almeno un giocatore con quelle stesse caratteristiche. Un duro contro gli avversari, in allenamento e in partita, sempre.

Driscoll ha tutti i numeri per giocare a un buon livello in NBA. Nel 1969 era stata quarta scelta NBA per i Detroit Pistons. Aveva tutte le doti del pivot NBA, ma non l'altezza: due metri non è abbastanza per il campionato americano. Avrebbe dovuto ripiegare al ruolo di ala, ruolo nel quale non riusciva però a dare il massimo. Era il classico giocatore *in betweener*, tra pivot e ala. In Europa invece, stazza, altezza, testa e qualità di gioco di Driscoll erano più che sufficienti per fare di lui un leader.

La contaminazione

Quell'anno posso contare su un gruppo di giocatori variegato e determinato, ognuno con un carattere e una storia singolare. Gianni Bertolotti, il Doctor J del basket italiano. Al mio terzo anno a Bologna (anno 1975-76) passerà da 13 a 26 punti di media a partita. Massimo Antonelli, soprannominato Fucile, grande tiratore. Marco Bonamico, messo fuori squadra prima del mio arrivo per via di un atteggiamento che non andava bene a Porelli. Con il mio vice, Ettore Zuccheri, Bonamico farà 500 tiri al muro ogni giorno mettendo il gomito al posto giusto e diventerà un grande tiratore da tre. Charlie Caglieris arriva nel 1975 dalla Fortitudo Bologna, grandi fischi per lui a ogni derby. Playmaker un po' svogliato e con tanti alibi, ma grande talento. L'avevano soprannominato Perdente. Ingiusto. Il pivot è Gigi Serafini, due metri e 11, buona elevazione, 100 kg, buon tiro in sospensione. Gigi è esploso nel 1974-75, media di 20 punti e 10 rimbalzi a partita. Si frattura la caviglia nell'ultima partita della stagione regolare nel 1974-75, a Mestre, in uno scontro di gioco. Non tornerà più quello di prima.

L'arrivo di Driscoll ha senza dubbio un impatto determinante su tutti i giocatori della Virtus e innesca un vero e proprio processo di contaminazione. Conoscono le sue doti e il suo temperamento, non è un estraneo. Eppure vivere da vicino con un giocatore simile è fonte di energia. La determinazione, lo spirito di sacrificio e l'intensità agonistica di Driscoll sono stati palpabili sin dal primo minuto del suo arrivo. Bertolotti, Antonelli, Bonamico, Caglieris e Serafini, tutti bravi giocatori ma la partenza del campionato 1975-76 non è molto entusiasmante: una vittoria, cinque sconfitte. Il pubblico inizia a fischiarci, i giornali titolano: «Virtus: leoni in casa, conigli in trasferta». Non è vero, ma le critiche iniziano a farci tremare le gambe.

Entra in scena Driscoll. La partita successiva è a Roma, contro Stella Azzurra, allenata da Valerio Bianchini, un grande coach, il primo in Italia a vincere tre scudetti con tre squadre diverse (Cantù nel 1981, Roma nel 1983 e Pesaro nel 1988). La partita è uno scontro fisico continuo, durissima: botte, pugni in faccia, impossibile da arbitrare. Ma vinciamo: perché c'è Driscoll. Lui non solo vuole sempre vincere, come tutti: lui soprattutto odiava e si rifiutava di perdere! L'idea di perdere una partita lo faceva stare male fisicamente. E così Roma è la prima di una serie di nove vittorie consecutive. Perché Terry Driscoll spaccava le difese e trascinava la squadra a dare il massimo.

È iniziata la contaminazione, ma non siamo ancora una squadra. Torniamo a Bologna contro Cagliari e di nuovo si inceppa il nostro meccanismo. All'intervallo siamo 35 a 48, per loro. I fischi sembrano delle locomotive: «Serafini, vai a zappareee!», solo perché proveniva davvero da una famiglia di contadini! Non so veramente cosa fare. Credo nella squadra, nel gioco che stiamo producendo. I ragazzi sono bravi, forse non hanno abbastanza fiducia nei loro mezzi. Occorre una scossa emotiva e allora mi viene in mente la frase del coach di West & Huff di Evanston. Nello spogliatoio poche parole: «Il primo tempo è stato loro; il secondo tempo sarà nostro!». Prima azione del secondo tempo e loro segnano, siamo a meno 15, 35-50. Disastro più totale, ma in quel preciso momento vedo rinascere la squadra. Alla fine vinciamo di 8 punti, 90 a 82. In venti minuti loro faranno solo 34 punti, noi 55. La chiave di volta per me e per tutti i compagni è Serafini. Sì proprio lui, con la caviglia rotta non è più lo stesso dell'anno precedente. Ma le difficoltà aiutano a formare il carattere. Durante un'azione di attacco perdiamo palla e subiamo il contropiede. Vedo Serafini, testa bassa, posizione da blocchi di partenza dei 100 metri che spinge sulle gambe per recuperare. Penso tra me e me: «Se giochiamo tutti così, ci siamo». La grande corsa di Gigi è un messaggio per me e una lezione per tutti. Avevo capito che avevamo fatto il grande salto da una sponda all'altra del fiume. Iniziamo a essere una vera squadra di killer.

Sempre nella stagione 1975-76, a marzo, giochiamo contro Fortitudo Bologna di Aza Nikolič, soprannominato il Professore e considerato, tuttora, da molti, il migliore coach nella storia del basket europeo. Siamo nella fase finale, in poule scudetto, gli scontri sono tutti decisivi. Veniamo da una striscia vincente di otto partite consecutive, abbiamo battuto la corazzata Varese a Bologna, siamo i favoriti della vigilia, non possiamo perdere per andare avanti. Fischio d'inizio, loro partono fortissimi e, dopo pochi minuti, sono avanti 24 a 11. Azione d'attacco ancora per Fortitudo, la palla arriva a Franco Franz Arrigoni, ala guardia, un metro e 97, un fisico bestiale, una montagna di muscoli. Salta e sta per schiacciare quando interviene Driscoll, prende Franz Arrigoni per il bacino, lo tira giù e scomposto dal salto rotola a terra. Ho sentito tutte le sue ossa sbriciolarsi. Una scena da wrestling. Penso: «Arrigoni è morto, chiamate il 118». Il messaggio di Driscoll arriva forte e chiaro: «Forse ci batterete, ma andrete tutti all'ospedale». Questo era Driscoll. Lui incuteva paura. Alla fine vinceremo 84-81, ai supplementari.

Altro episodio. Siamo in Coppa Korac, la «terza» coppa Europea per importanza, dopo Coppa dei Campioni e Coppa delle Coppe. Giochiamo in trasferta in Bulgaria, contro Akademik Varna. Cominciamo malissimo, loro dominano sui rimbalzi. Chiamo il time-out. Siamo tutti in cerchio che proviamo a ritrovare la concentrazione e Carlo Charlie Caglieris, il playmaker, un metro e 77, quindi il più basso della squadra, dice: «Ehi, ragazzi, ci stanno massacrando, perdiamo tutti i rimbalzi!». Driscoll allora, con una faccia da paura, interviene: «Piccola testina, stai zitto, tieni la bocca chiusa che ai rimbalzi ci pensiamo noi. Tu cerca di palleggiare e fare i passaggi giusti e non rompere!». Charlie non ha il coraggio di replicare, fa un'espressione del tipo «ho pestato una merda!» e torna a giocare senza più aprire bocca.

Era difficile discutere con Driscoll, ed era meglio non farlo adirare. Ma sapeva sempre cosa fare al momento giusto. Stagione 1977-78. La Virtus aveva acquistato come secondo giocatore straniero John Roche, americano di origini irlandesi, un metro e 88, rissosissimo, un combattente. Arriva il momento della stracittadina, il derby con Gira Bologna. Dal primo secondo di gioco comincia una vera battaglia, botte a non finire. Durante un time-out John, davanti a tutti, si rivolge a me inferocito: «Se il numero 5 prova ancora a toccarmi gli stacco la testa». Io dentro di me penso: «Se John fa un fallo di reazione succede poi che lo buttano fuori, e siamo in grossa difficoltà». Cerco di ragionare con Roche. Dopo 30", Driscoll vede che le mie parole non stanno avendo nessun effetto. Mi ferma con una mano sul braccio e dice: «John, stop. Dan, I'll take care of it», «Dan, me la vedo io». L'arbitro fischia la ripresa del gioco, tutti tornano in campo. Parte l'azione, contropiede veloce, siamo in attacco tre contro uno. Gli arbitri seguono la fase di gioco. A un certo punto fischiano, prima che l'azione finisca. «Non esiste!», penso tra me e me. «Non si può interrompere un'azione in corso!» Sto per rivolgermi in modo violento agli arbitri, quando vedo un giocatore avversario a terra: è il loro numero 5, quello che stava picchiando Roche, Piero Franceschini, steso sul parquet con le mani sulla faccia dolorante. Saranno cinque punti di sutura. Chi era stato? Mah, nessuno sapeva, gli arbitri non avevano visto. La televisione in campo non c'era. Io però non avevo bisogno di chiedere... Quello era stato il messaggio di Driscoll a Franceschini: «Se tu cerchi di fare male ai miei compagni, finirai all'Ospedale Maggiore di Bologna».

Terry Driscoll non era soltanto uno che dava botte, era anche uno che segnava, che intercettava rimbalzi, recuperava palloni, faceva assist e passaggi, insomma un giocatore completo.

La forza di cambiare e non cambiare

Devo fare qualcosa per rimediare a questa difficile partenza del campionato 1975-76. Decido quindi di cambiare: non i metodi di lavoro ma gli schemi di attacco per adattarli meglio alle caratteristiche dei nuovi giocatori appena arrivati alla Virtus, in particolare Charlie Caglieris e Terry Driscoll. Questo è sempre stato un aspetto importante delle mie squadre, avevo un messaggio chiaro sul metodo di lavoro, sulla programmazione, sulla tipologia di esercizi e di allenamenti, ero invece flessibile su ciò che serve ai miei giocatori per esprimersi al meglio.

Charlie ha bisogno di fiducia e facciamo di tutto per supportarlo. È arrivato con il setto nasale rotto, quindi ha poca benzina per lavorare in campo visto che non può respirare bene, e ha un angioma proprio sul polso. Quando prende una botta in partita gli fa tremare la mano. Nel giro di qualche mese Porelli lo rimette a nuovo. Un intervento dietro l'altro, il primo in estate, il secondo nella pausa natalizia. Charlie adesso ha tutte le carte in regola. Gli va infusa solo un po' di voglia di lavorare fisicamente, non era mai stato abituato. In pre-stagione, io, a trentanove anni, gli dico: «Charlie, fammi otto giri di campo di corsa», i 400 m delle piste di atletica. Scuote la testa, inclina la schiena, sembra prendere la rincorsa, ma non parte. Mi avvicino. «Forza, Charlie, li faccio con te!» Non poteva dirmi di no, ovviamente. «Basta, Coach, sono stanco!», «Ma Charlie che roba è questa! Abbiamo fatto solo un giro!», «Sì, coach, il fatto è che ad andare sempre dalla stessa parte mi gira la testa», «Va bene, cambiamo verso a ogni giro!». Non gli davo scampo. Ma lui ha capito il messaggio: «Crediamo in te».

Sino alla stagione precedente era stato il playmaker titolare della Fortitudo, veniva dall'altra sponda cestistica di Bologna. È come se Totti andasse a giocare nella Lazio. Polemiche a non finire. Anche per ferirlo, quindi, dopo le prime sconfitte, alcuni presero a chiamarlo Charlie Perdente Caglieris. La storia poi contribuirà a smentire questa etichetta, sei anni a Bologna: tre scudetti e tre finali. Dopo le prime sei partite provo alcuni schemi nuovi, due in particolare: *pick & roll* e *doppio stack* (due attaccanti in partenza tandem, uno appena davanti all'altro). Ma la chiave è il gioco «3» che prevede due blocchi in alto per Caglieris, con Serafini a sinistra e Driscoll a destra, con Antonelli sotto canestro al lato sinistro e Bertolotti sotto canestro al lato destro. Adesso Driscoll e Caglieris iniziavano a lavorare bene insieme, avevo la spina dorsale che iniziava a essere solida. Nella mia vita di allenatore, quando occorreva, ho sempre fatto dei cambiamenti. In questo caso lo stimolo era chiaro: volevo sfruttare al massimo il loro talento e le loro caratteristiche tecniche e mentali. E quindi ho lavorato sull'organizzazione del gioco e sulla tattica per raggiungere questo obiettivo. Io credo che i giocatori possano giocare senza allenatore, non il contrario. L'allenatore deve conquistare la fiducia dei giocatori mettendoli nelle condizioni migliori per eccellere individualmente e insieme, in squadra.

Giochiamo in dieci e non in cinque

L'idea di coinvolgere tutti i giocatori della rosa ha accompagnato l'intera mia carriera. Per due motivi: primo, ogni giocatore, anche chi di solito fa panchina, deve essere abituato a scendere in campo, deve avere confidenza con i suoi compagni e con la tensione della partita; secondo, ciascun giocatore si allena di più e meglio se sa che ogni momento può essere quello buono per dare il suo contributo alla squadra.

Mi viene in mente un episodio durante la fase finale della stagione 1975-76, poule scudetto a otto squadre. Campionato all'italiana, una partita in casa e una fuori: in tutto 14 partite. Il primo match in calendario ci vede in trasferta a Roma, ospiti della squadra allenata da Valerio Bianchini. Una partita di una durezza incredibile. A un certo punto, tutto il mio quintetto base esce per cinque falli. Devo giocare gli ultimi sei-sette minuti con il secondo quintetto, quello che di solito parte in panchina: Valenti, Tomassini, Bonamico, Martini e Sacco. Siamo 85 pari, il tempo sta per scadere, si profilano i supplementari, è l'ultima azione per noi. Palla a Massimo Sacco, il decimo giocatore, buon tiratore, ma sempre uno che gioca poco. Tira da nove metri, da dove nessuno avrebbe potuto mai immaginare, ultimo secondo, canestro! Sirena e tutti a casa: 87 a 85 per noi. A fine partita mi avvicino a Massimo, «Max, sono contento per il canestro che hai fatto, ma una domanda: perché hai tirato da lì?». Risposta disarmante: «Coach, ero libero!». Un personaggio unico, un figlio dei fiori, un hippie. Sono convinto che quella sicurezza, quel tiro e quella vittoria vengono dagli allenamenti e dalla filosofia dell'essere in dieci.

Per far passare il concetto della squadra fatta da dieci mi invento le cene di Peterson. Porto i ragazzi del secondo quintetto al mio ristorante di fiducia, Rodrigo, in centro, in via Della Zecca 17. L'ho fatto per il secondo quintetto, perché volevo ringraziarli per il lavoro e il sacrificio che facevano per la squadra. Specialmente dopo la partita di Roma, volevo manifestare nei loro confronti la gratitudine mia e della società, far sentire loro il nostro apprezzamento. Unico imperativo: alle 20.30 si inizia, se manca uno solo di voi la cena salta. È stato divertente e ancora una volta abbiamo fatto squadra anche fuori dal campo. Io parlo poco, è sempre stata una mia scelta. Chi parla poco viene ascoltato di più. Io non ho nessuna tattica in particolare, non è una mossa per far ingelosire il quintetto base, ma il giorno dopo il quintetto base (detto «quintetto rosso» perché quando giocavamo le partitelle indossavano le magliette di allenamento, double-face, dal lato rosso) manda avanti nientemeno che Terry Driscoll, che recita la parte dell'arrabbiato con me: «E noi? Noi che sputiamo sangue in campo?». Avevano ragione, faccio la parte di quello sorpreso, ma in fondo sono contento di quell'attaccamento alla squadra di quella sana rivalità. «OK, se vinciamo il derby (poule scudetto) con Fortitudo cena da Rodrigo anche per il quintetto rosso». Sì, proprio quella partita iniziata male, sotto 24-11 dopo 10' di gioco. Subito dopo la sirena e la vittoria 84-81, dopo un supplementare, Driscoll: «Quando è la cena?».

Forza di carattere più che tecnica

Andiamo a Varese, loro in casa sono imbattuti da sei anni, giochiamo per il titolo della stagione 1975-76. Negli anni Settanta Varese è una potenza, conquista sei scudetti e arriva per dieci volte consecutive in finale di Coppa dei Campioni, vincendone cinque. Aveva appena vinto la Coppa nella finale di Anversa contro il Real Madrid: 79-66, una prestazione spaventosa, sembravano i Boston Celtics. Sapevo che dovevamo giocare una partita perfetta. Sul giornale leggo una dichiarazione di un giocatore di Varese: «Dobbiamo vincere nei primi venti minuti». Vuol dire che hanno paura, ci temono, ma anche che hanno veleno nelle gambe ancora dalla coppa. Inizio a comprendere come le partite non sono altro che una serie di mosse psicologiche.

A metà del primo tempo (allora le frazioni di gioco erano due) Varese è sopra di 9 punti. È un momento decisivo, il vantaggio non deve aumentare per rimanere in partita. Driscoll, che non chiamava mai la palla, indica a Caglieris di passarla a lui. Canestro e siamo a –7. Varese segna e siamo di nuovo a –9. Driscoll chiama la palla una seconda volta e segna ancora, –7 di nuovo. Varese non molla e segna ancora, e ritorniamo a –9. Driscoll chiama la palla ancora, segna ancora, e torniamo a –7. Varese poi sbaglia, rimbalzo Driscoll che passa ad Antonelli che segna per il –5. Terry Driscoll era un allenatore in campo. Capiva e reagiva. Responsabilità e squadra, un super campione.

Nel secondo tempo di quella partita storica, Serafini, il nostro pivot, esce per cinque falli. Sposto allora Driscoll a fare il pivot e dalla panchina provo la soluzione Bonamico, due metri e 01, un giocatore roccioso, capace di dare battaglia, un duro. Preferisco lui a Martini o Tomassini perché più killer degli altri. Driscoll ingaggia un duello da titani con Dino Meneghin. I due giocatori più duri del campionato. Si vedono le scintille, nessuno dei due vuole cedere, botte da orbi. La partita piano piano prende una piega diversa, rimontiamo e a pochi minuti dalla fine ce la possiamo giocare. Un'azione in particolare mette le ali al nostro finale. Palla in difesa, Varese sta pressando, la fase è concitatissima. Poi, proprio davanti alla nostra panchina, Driscoll difende un pallone e con la coda dell'occhio vede Bonamico partito in contropiede. Terry sgancia un siluro, un passaggio stile baseball «coast to coast» su Bonamico che prende e va a canestro come un proiettile. 2 punti importanti, che ci riportano a galla e demoralizzano gli avversari. Il resto è un crescendo e quella volta a Varese strappiamo la vittoria. Con la determinazione, la forza di volontà, il carattere, più che con la tecnica e con la qualità di gioco. Alla fine vinciamo, 82 a 75. Partita in trasferta e campionato.

Cambi di ruolo

Stagione 1976-77, il primo anno di Renato Villalta, Mister 400 milioni di lire per via del suo trasferimento da Mestre, pagato da Bologna in parte in contanti e in parte con prestiti e cessioni. Nel 1976 la Lega, per la prima volta, aveva consentito l'acquisto di un oriundo per squadra. La Fortitudo Bologna acquista un giocatore argentino molto forte che ci eravamo fatti sfuggire noi, Carlos Raffaelli, figlio di italiani originari di Appignano, piccolo paese vicino Macerata. Porelli non era convinto e fa una scelta di mercato diversa, investendo una cifra record per i tempi per l'acquisto di Villalta. Affrontiamo quindi le partite di campionato e coppa campioni senza il contributo di un oriundo che poteva valere come un secondo straniero. È una stagione di grande sofferenza. Dopo aver battuto Cantù nella semifinale scudetto, perdiamo la finale, 2-0, contro Mobilgirgi Varese di Meneghin, Morse, Zanatta e compagni. Uno squadrone, noi secondi. Anche in Coppa dei Campioni, facciamo fatica. Veniamo eliminati ai quarti. Non abbiamo l'abitudine di giocare in coppa, il livello è altissimo e noi non siamo attrezzati. Non si può dire come sarebbe andata con l'oriundo, ma il dubbio mi rimane e soffro tuttora per quelle eliminazioni.

Porelli aveva deciso di lanciare Villalta, che allora aveva ventuno anni, era giovanissimo per l'A1. Renato aveva più o meno le stesse caratteristiche di Driscoll: due metri e 04, non poteva giocare centro, avevamo ancora Serafini, quindi l'ho dirottato al ruolo di ala. Driscoll ha aiutato molto Villalta a inserirsi, e Renato con umiltà, intelligenza e grande maturità ha bruciato le tappe ed è entrato presto in formazione. Ho avuto la conferma che era il nostro uomo dopo la vittoria a Cantù nella prima partita della stagione. «Forza ragazzi, torniamo a casa è tardi», non so chi stesse parlando, poteva essere chiunque dei miei ragazzi. Cantù era sì una grande vittoria, ma per chi era più navigato non faceva così tanta impressione. Renato invece è come in estasi, ancora seduto dopo il caffè. «Ragazzi, per favore, lasciatemi godere ancora un po' di questo magico momento, io non ci sono abituato!», potevo non credere in un bambino così?!? Ci siamo riseduti tutti, pacca sulla spalla e spazzolata di testa a questo ragazzino. Ci ha messo il cuore, la lezione di Blaze è marchiata a fuoco nella mia anima. Ormai sono quasi esperto, so leggere e vedere dentro i miei atleti. Un giocatore può cambiare ruolo solo se ci crede realmente, se sente un ambiente positivo attorno a sé. Se tutta la squadra crede in lui, se sente il supporto dello staff, dell'allenatore. Arrivare con l'etichetta di Mister 400 milioni, nella squadra campione d'Italia, con campionato e coppa da giocare, non è facile. Meno male che Villalta è molto umile, un panchinaro pompiere che sa che deve entrare per spegnere il fuoco. Unico tema: non sa quando accadrà, ma sa che deve essere pronto anche solo per pochi minuti.

Il primo anno Villalta fa un po' fatica, è stato un anno di sofferenza, per lui e per noi, ma io ci ho creduto. Lui risponde alla grande e diventa l'immenso campione che tutti conoscono. Tre campionati e due coppe Italia vinte con Bologna, due bronzi agli europei (1975 e 1985), un oro agli europei 1983, un argento olimpico a Mosca 1980. Il vero giocatore bandiera di una squadra e di una città. Dal 6 maggio 2013 è anche diventato presidente della Virtus e non è un caso.

Per il suo esordio in quintetto base parte del merito va anche al mio vice-allenatore, Ettore Zuccheri, grandissimo tecnico e persona squisita. Stagione 1976-77, play-off scudetto, semi-finale, giochiamo la prima a Cantù e perdiamo di 18 punti: 99 a 81. Ettore mi dice: «Coach, Cantù ci batte su tutti i fronti: stazza fisica, ritmo di gioco, tecnica individuale. Ci vuole un cambio che dia la scossa. A Bologna, la prossima partita, partiamo con Villalta in quintetto base, che ne dici?». Io non ero molto convinto, si trattava di lasciare in panchina Antonelli, un giocatore che aveva dato tanto per arrivare sino a lì, e buttare nella mischia da titolare Villalta che stava ancora prendendo le misure con il suo nuovo ruolo di ala. Ma Zuccheri insiste con tutta l'energia possibile. Rivedo i miei momenti da numero 2 e 3, a McKendree College, Michigan State e Navy, stessa tenacia. Quando sono stato al suo posto avrei dato tutto per esser ascoltato. A un certo punto mi sto quasi innervosendo: «Ma cosa insisti? Non ti rendi conto che rischiamo di bruciare Villalta?». Poi, di fronte alla sua tenacia, decido di sfidarlo: «Ah, sì? OK, d'accordo, mettiamo Villalta in quintetto base dall'inizio. Però poi, se siamo sotto, non venirti a lamentare con me, OK?!». Beh, aveva ragione lui: abbiamo vinto 98 a 71, li abbiamo distrutti. Poi abbiamo vinto la bella di un punto a Cantù, 84 a 83, sempre con Villalta ala in quintetto base e siamo andati in finale col Varese. L'importanza di ascoltare i tuoi collaboratori: due occhi e un cervello in più. È il primo anno di play-off, due su tre per vincere il titolo. All'epoca non è tutto pianificato come adesso. Porelli decide di giocare la prima a Varese, poi eventualmente la bella in campo neutro a Milano. Purtroppo perdiamo le prime due e svanisce il sogno scudetto.

In panchina in silenzio

Questi tre anni li ricordo con grande piacere, perché ho cambiato il modo di stare in panchina. I primi due anni dovevo urlare a ogni azione: «Difesa, recuperare, attenzione a quello, scivolare, senza falli, e così via». I ragazzi avevano bisogno di sentire la mia voce. Dal 1975, con l'arrivo di Terry Driscoll, inizia un lento processo di cambio degli equilibri. I giocatori in campo sanno bene che cosa devono fare e io mi limito a osservarli, riuscendo anche a essere più lucido. Non è stato un passaggio pianificato, la scelta di Driscoll era stata principalmente di Porelli che ancora una volta si è dimostrato un grandissimo dirigente. Mi sono subito accorto che con lui in campo anche gli altri stanno cambiando atteggiamento, sono più autonomi e responsabili del ruolo che hanno in campo. E allora ho iniziato a lavorare diversamente anche durante la settimana, negli allenamenti.

Se dal 1973 al 1975 posso considerarmi un allenatore di allenamento, dal 1975 al 1978 diventerò un allenatore di partita. Questo vuol dire fare il direttore d'orchestra. La squadra nell'estate del 1975 aveva cambiato faccia, con due certezze: Caglieris nel ruolo di playmaker, Driscoll nel ruolo di pivot. Avevo l'asse portante della squadra, stabilendo chiarezza e gerarchie. Diventa ancora più chiaro – perché lo sento anch'io nella mia pancia – che la squadra è dei giocatori, non la mia. Inizio a utilizzare frasi emblematiche del tipo: «Siete voi che siete nelle linee bianche! Non io». Tutto questo è iniziato con l'arrivo di Terry Driscoll, da quel momento gli altri avevano un punto di riferimento in campo. Io però non ho caricato Terry di tutte le responsabilità come se fosse un allenatore in campo, anzi ho voluto coinvolgere maggiormente gli altri: «Non rilassiamoci perché c'è Terry che combatte per noi. Combattiamo tutti come lui e vedrete che ci toglieremo belle soddisfazioni».

Inizio a vedere il lato killer che c'è in ogni giocatore. La determinatezza, il coraggio, ma soprattutto l'assenza di paura. Il killer è una persona fredda, cinica che sa cosa deve fare, ma soprattutto si prepara sui dettagli. Non tutti i giocatori hanno questo istinto spiccato e innaturale, ma ho imparato che in parte lo si può allenare. Così ho fatto con Charlie Perdente Caglieris. Sentivo che anche lui era un killer, solo che non aveva ancora avuto la possibilità di esprimersi. Tolti gli ostacoli alla respirazione e al polso, con le due operazioni volute da Porelli, Caglieris lentamente recupera fiducia in se stesso. Ma soprattutto io continuo a stimolarlo, ad allenarlo, a credere in lui. Questo processo di valorizzazione di un giocatore mi ha sempre affascinato. Caglieris non è un cuor di leone, ma sta entrando lentamente nella parte del killer.

Stagione 1977-78. Semifinali. Perdiamo di 10 punti a Cantù, 83-73. Torniamo a Bologna e vinciamo di 17, 100-83. Ma non è stata una partita come le altre. Durante la settimana Ettore Zuccheri si avvicina con fare timido: «Coach, secondo me possiamo giocare a zona contro Cantù in casa». «Ettore, ma cosa stai dicendo?!? Non siamo pronti per la zona»: continua a insistere con la sua eleganza e tenacia, proprio come quando, l'anno prima, mi aveva suggerito Villalta titolare contro Cantù ai play-off. Aveva avuto ragione lui. Vinceremo anche la terza partita a Cantù 79 a 90. E qui arrivo all'episodio di Caglieris. Prima della terza sfida, Charlie prende una brutta febbre, sembra quasi un attore, continua a dire: «Coach, sto per morire, sto malissimo». Addirittura non viene con noi in pullman. Viene in auto con il medico. Lo vedo entrare in albergo con una sciarpa così lunga e arrotolata da sembrare Liz Taylor quando sfuggiva via per non farsi fotografare dai paparazzi. Non sono certo sereno. Ma Charlie entra in campo e anche lui si trasforma. Gioca la partita della vita: 7 su 7 dalla distanza, miglior giocatore della partita. Da Charlie il perdente, nel mio cuore era diventato Charlie il killer playmaker.

Ho imparato che nella vita o nasci killer, come i miei giocatori cileni, oppure lo diventi lavorando con me. Che cosa vuol dire essere killer? Un giocatore killer è sempre pronto al peggio, deve saper soffrire, senza demoralizzarsi, senza alibi. Occorre saper aspettare il momento giusto, riducendo ansie ed emotività. Non intendo dire senza emozioni, anzi quelle ci sono e coinvolgono anche gli altri compagni. Nel momento giusto della partita devi giocare avendo in mente: «Niente di nuovo, niente differente, niente extra». Nei momenti caldi devi essere freddo, schiavo della semplicità, fare con massima durezza ciò che sai fare bene. «In attacco ghiaccio, in difesa fuoco», ripetevo sempre questo concetto ai miei killer. Nel 1975-76, vinciamo lo scudetto con due schemi, il resto era fluidità di gioco. Chi ha la mente libera ha anche la mente fredda, quella del vero killer.

Non è facile insegnare a essere killer, a capire che cosa fare e quando durante una partita. Ho lavorato molto nei due anni precedenti. Gianni Bertolotti, durante il mio primo anno a Bologna, era incostante. Giochiamo la dodicesima di andata in casa contro Cagliari e fa 26 punti. Quella successiva andiamo a Venezia, perdiamo di 4 e lui fa zero punti. «Gianni, hai fatto 13 punti di media in queste due partite, ottimi numeri. Io però non ho bisogno di te per battere Cagliari, ho bisogno di te in trasferta con Venezia. Io non posso vincere con te che fai zero punti. Se mi avessi dato 13 punti contro Cagliari avremmo vinto lo stesso e con 13 punti a Venezia non avremmo perso. Facciamo un patto: da questo momento in poi voglio un rendimento standard, minimo di 12 punti a partita.» Ho iniziato a dare obiettivi individuali, ho innaffiato di sicurezza e fiducia i miei giocatori, e ho raccolto dopo. Allenare i grandi giocatori è così. Tu dai loro le indicazioni e poi diventano autonomi, maturi. Bertolotti da quel momento non ha mai più fatto meno di 12 punti. Il terzo anno avendo preso Driscoll, decido di non usare il giocatore straniero, il più temibile per le difese, il cosiddetto Americano come opzione principale per la rimessa laterale. Decido di usare Bertolotti per quello: «Gianni, quest'anno farai tu il taglio americano». Non è proprio corretto dire così, ma intendevo dire che lui avrebbe fatto il taglio che, con Fultz e con McMillen, faceva lo straniero, l'Americano appunto. Ma lui l'ha preso come il più grande complimento possibile, come se avessi detto: «Gianni, tu vali come un giocatore americano». Con quelle parole lui si sente di fatto americano e facendo tesoro dei precedenti due anni di allenamenti e iniezioni di sicurezza esplode, con una media di più di 26 punti a partita, record per un italiano in campionato.

Ho imparato che i professionisti rispondono diversamente dai giovani delle università americane. Ho imparato a dare loro obiettivi individuali di prestazione. L'avversario è il giocatore stesso. Io devo aumentare la stima e la sicurezza che ognuno ha di se stesso, con il lavoro e con la *fiducia*. Parola chiave che mi servirà nel mio salto a Milano. Purtroppo la mia avventura bolognese finisce tra i rimpianti. Nel 1977-78 arriviamo in finale malconci. Poco prima della finale contro il Varese Roche si spacca la caviglia, Driscoll prende dodici punti di sutura sul sopracciglio e gioca la prima partita con una benda così grande che perde le misure in campo. Addirittura fa 1 su 12 dai liberi. Con due giocatori come loro fuori è stato difficile contrastare Varese.

Un salto da fare

Il primo approccio di Milano è del 1977, l'anno successivo a quello del nostro scudetto. Mi chiama nientemeno che il mitico Cesare Rubini, general manager dell'Olimpia Milano: «Dan, ti vogliamo a Milano». Io ringrazio ma avviso subito Porelli, era un mio dovere professionale. Scoppia la polemica sui giornali. L'avvocato non si risparmia: «Rubini vuole rubarmi Peterson, non lo lasceremo fare!» e via dicendo. Io sono stato corretto con tutti, ma capisco che non sarà facile andare via da Bologna. La cosa finisce lì.

Stagione successiva, gennaio 1978, Rubini si dimette da general manager, promuovono Tony Cappellari, da vice-allenatore, ha solo ventinove anni. Poco tempo dopo lo incontro. «Dan, possiamo parlare di farti allenare Milano l'anno prossimo?», «Tony, non metterti in difficoltà. Non parliamo di questo adesso, ti ricordi le polemiche dell'anno scorso con Rubini?», «Sì, certo». Cappellari è giovane ma per niente sprovveduto. «Va bene, allora ne parliamo a bocce ferme. Il giorno dopo l'ultima di campionato telefonami. Legge uguale per tutti quelli che mi cercano», «Ok, va bene, Dan».

Arriviamo all'ultima di campionato e purtroppo perdiamo l'ultima partita e lo scudetto, perdiamo la bella a Varese. Lunedì, il giorno dopo, sono in ufficio e chiama Cappellari. Due parole: «Quali sono le possibilità di portarti a Milano?», «Tony, devo parlarne con la mia società, sono ancora un allenatore di Bologna. Oggi è lunedì, ci risentiamo giovedì».

Vado da Porelli: «Gigi, mi vogliono a Milano». Stavo già pensando a una reazione simile a quella dell'anno precedente, qualche urlo e magari qualche domanda alla quale avrei dovuto rispondere rapidamente. Invece, quasi come per miracolo: «Coach, noi siamo insieme da cinque anni. Un record sulla panchina della Virtus. Anche se contro i miei interessi, tu devi andare a Milano. È un salto che devi fare». Più di un amico, più di un agente. Grande gesto dell'avvocato.

Ma il suo ruolo non finisce lì. Mi aiuta anche con Bogoncelli, proprietario dell'Olimpia e capo di Cappellari. «Avvocato, mi spieghi. Ma se Peterson è così bravo perché lo vuole lasciar andare via?!», ovviamente cercava di stuzzicarlo, ma non si insegna ai gatti ad arrampicarsi. «Presidente Bogoncelli, io non posso pagarlo di più. Non me lo posso permettere, vince troppo con i premi di fine stagione». Non solo mi ha lasciato andare, ma mi ha messo in condizione di volare e farmi pagare bene. Rifaccio di nuovo la valigia, direzione Milano. Quella Milano da bere che Bologna vedeva grande, frenetica e un po' superficiale.

Schemi di gioco. Distributed leadership

Oltre il leader eroico

Molte teorie della leadership si basano sull'assunto che un leader ricopre un ruolo di responsabilità e che in virtù delle sue caratteristiche e dei suoi comportamenti è in grado di guidare un'organizzazione: queste teorie delineano una sorta di *leader eroico*. Tale visione si scontra con una prospettiva diversa, che invece enfatizza il ruolo dell'influenza reciproca tra il leader e gli altri membri di un team o di un'organizzazione, dando vita al concetto di *distributed leadership*[1]. Per meglio descrivere questa forma di leadership si utilizzano diversi sinonimi, come leadership democratica, collegiale, collettiva, condivisa, dispersa, oppure co-leadership, tutti termini che descrivono situazioni nelle quali le funzioni della leadership sono suddivise tra più persone[2]. Questa visione della leadership è tanto più attuale se si fa riferimento a organizzazioni piatte, dove le reti formali e informali prevalgono sulle strutture gerarchiche verticali, dove la dimensione orizzontale di confronto stimola l'emergere di comunità di pratica orientate alla condivisione di conoscenza[3], in contesti sfidanti dove le competenze richieste sono maggiori di quelle che un singolo soggetto può possedere[4].

In questi tre anni a Bologna, Peterson consacra il suo passaggio da allenatore di allenamenti ad allenatore di partita. Diviene un direttore d'orchestra che inizia a guidare i giocatori in campo, stando in silenzio, senza dover ricordare loro tutto ciò che devono fare. Dopo due anni di lavoro i giocatori sono più responsabili, autonomi e riescono ad agire il proprio ruolo nella squadra con maggiore sicurezza. Peterson inizia a realizzare che una squadra per essere vincente deve possedere individualità tecniche, ma anche personalità in grado di esprimersi quando la situazione lo richieda. La squadra è protagonista in campo, nelle linee bianche, dove un coach non può giocare. Questo passaggio avviene in modo casuale, grazie all'arrivo di Terry Driscoll: un giocatore unico, senza paura, sempre concentrato, sempre orientato alla squadra, forte tecnicamente e con grande personalità, un killer – come ama definirlo Peterson –. Con lui in campo l'obiettivo è generare imitazione, contaminazione e non una squadra Driscoll-dipendente. Ognuno è responsabilizzato ad allenarsi bene, a supportare il lavoro degli altri.

Interdipendenza e coordinamento

Il concetto di distributed leadership trova la sua piena applicazione nei *team*, dove le influenze reciproche, le relazioni, gli scambi, le prestazioni individuali si armonizzano per il raggiungimento di una prestazione collettiva[5]. Ogni individuo è chiamato a esprimere la propria leadership, in base alle proprie competenze e al proprio ruolo. Il processo di *distribuzione* o *attribuzione della leadership* non può essere casuale, necessita di una conoscenza approfondita dell'individuo nei suoi punti di forza e nelle sue aree di debolezza. La distributed leadership può essere classificata in base a: *a*) *azioni numeriche* o multiple, nelle quali la leadership è dispersa tra più persone, o tra tutti i membri di un team o di un'organizzazione, e vi è la possibilità che tutti a un certo punto possano esprimersi in qualità di leader; *b*) *azioni di concerto*, una complessa rete di interazioni tra due, più o molti individui che agiscono al fine di sincronizzare le proprie azioni con quelle degli altri, tenendo presente i propri interessi, quelli dei pari e l'obiettivo comune da raggiungere. Spesso questi due casi si osservano nella medesima organizzazione, si pensi a un solista all'interno di un'orchestra.

Due caratteristiche utili a leggere la distributed leadership sono: *a*) l'*interdipendenza*, tra i compiti e le responsabilità dei membri del team; *b*) il *coordinamento*, la gestione delle dipendenze al fine di assicurare che persone e risorse siano organizzate in modo appropriato dato l'obiettivo collettivo[6] .

Una squadra di basket e le scelte di Peterson vanno in questa direzione. Una squadra gioca alla ricerca della sincronizzazione in campo – in attacco, in difesa – e si affida alle scelte dei singoli – tiri, passaggi, movimenti e anche falli –. In tal modo ciascuno individualmente può contribuire al successo, ciascuno può esprimersi per ciò che può dare alla squadra e alla singola azione che si sta giocando. L'interdipendenza è insita nel gioco stesso del basket e Peterson si impegna nel coordinamento, dando precise e semplici regole e gerarchia: la spina dorsale tra playmaker e pivot, pochi schemi costruiti sulle individualità dei giocatori. Per questi motivi, se Driscoll è stato il primo killer, Peterson ha voluto cogliere il massimo da tutti gli altri, fino a farne la squadra dei killer, giocatori che sapevano che cosa fare e quando, con determinatezza, coraggio, ma soprattutto senza paura.

Il valore degli obiettivi individuali

La letteratura sulla distributed leadership s'intreccia inevitabilmente con quella dei team. Ciò che la caratterizza è la capacità di distribuire – come dice il termine stesso – la leadership tra i membri, ancor di più se esiste un ruolo formale di autorità, come nel caso di un allenatore. Diviene pertanto utile approfondire le dinamiche che permettono la formazione di tali relazioni distribuite tra i membri di un team. Secondo Gronn tale forma di leadership distribuita può costruirsi in un team o in un'organizzazione, in base a un processo di collaborazione spontanea, di supporto intuitivo, oppure quando l'organizzazione riconosce che è inopportuno attribuire la leadership a un unico individuo. Driscoll è stato voluto da Porelli, presidente della Virtus; Peterson ha subito visto che la squadra poteva evolvere con la sua presenza. Coglie l'arrivo di Driscoll come un cambiamento spontaneo, trasferisce agli altri giocatori l'utilità e l'intuizione di essere più autonomi e responsabilizzati in campo, infine realizza che se si vuole vincere non occorre avere un allenatore leader in panchina, ma una squadra leader in campo.

Ognuno esprime la propria influenza

Peterson s'impegna quindi ad attivare gli ingredienti utili affinché ciò possa avvenire. Allena la leadership che ogni giocatore può esprimere, ciò che lui definisce l'essere killer, sapere che cosa fare e quando, durante la partita e con i compagni di squadra. Trova giovamento dalla sua impostazione già attivata nei due precedenti anni di lavoro dedicati al miglioramento dei giocatori: li spinge ora a curare i dettagli, assegnando obiettivi individuali, di tiro, realizzazione, difesa e altro. Un piccolo progresso individuale rappresenta un contributo in più per la squadra, ma soprattutto un tassello di fiducia nel giocatore che sa di potersi migliorare a vantaggio dell'intera squadra. Emblematico l'esempio di Bertolotti che passa da 12 a 26 punti di media a partita. Giocare in dieci e non in cinque è un modo per far sentire tutti importanti, abituando tutti (e non solo i cinque titolari) a scendere in campo, ad avere confidenza con gli schemi, con la tensione della partita, anche per pochi minuti o secondi. Proprio come accade con Massimo Sacco che segna il canestro decisivo a Roma.

I leader in campo sanno che cosa fare, riconoscono i momenti decisivi e trovano una forma di auto-aggiustamento, in cui tutti riescono a emergere. All'allenatore il compito di allenare queste dinamiche, creando un contesto di reciproco supporto, dando anche ordine e semplicità, creando le condizioni per esprimersi, così tutti possono suonare la musica che conoscono all'interno di partiture ben definite e sotto la regia di un direttore d'orchestra. In un team o in un'organizzazione, la fluidità dell'azione dei singoli nell'agire collettivo è segno riconoscibile di un sistema di leadership distribuita: quando ognuno è in grado di esprimere la propria influenza in merito a una decisione, ma sa anche essere follower di decisioni altrui quando occorra, senza recriminazioni o lamentele.

Peterson si accorge di aver costruito una squadra di leader quando riconosce che ogni giocatore dà qualcosa in più rispetto a prima, si impegna, si sforza per superare i propri limiti, e soprattutto che gli altri rispondono all'unisono al contributo, ricambiando e valorizzando. E così Peterson assiste a Serafini che corre più degli altri, Villalta che fa benissimo al suo esordio da titolare, Bertolotti che risponde più che positivamente quando deve ricoprire il ruolo che era stato dell'americano l'anno prima, Caglieris che gioca senza alibi anche con la febbre. Tutti episodi che innescano reazioni positive negli altri, armonia nelle relazioni. Non è solo una questione tra allenatore e singolo giocatore, ma ancor di più di come il singolo giocatore è percepito e si percepisce all'interno della squadra. L'allenatore può creare le condizioni affinché la squadra si organizzi e si strutturi in questo modo. Può allenare la leadership di ognuno, perché ognuno è leader nel proprio ruolo all'interno di una cornice strutturata, di una squadra o di un'organizzazione.

Fino a questo punto della sua carriera Peterson aveva compreso l'importanza di avere giocatori bravi, determinati, duri, concentrati, guidati da un allenatore. Adesso realizza, grazie all'arrivo di Driscoll, che i giocatori devono essere allenati a essere leader a loro volta, evidenziando le eccellenze di ognuno a beneficio degli altri. L'allenatore è alla guida di un sistema tra pari dove la leadership è distribuita tra tutti, allenatore, staff e giocatori, ognuno per le proprie competenze e responsabilità di fronte al risultato collettivo. Peterson diventa un allenatore silenzioso in partita (non in allenamento), si gode la partita con maggiore lucidità, potendo contare su una squadra di leader o, come a lui piace definirla, di killer.

Scheda di allenamento

- Quanto il vostro stile di leadership mira ad allenare i vostri collaboratori in qualità di leader?
- Quali emozioni provate ad allenare gli altri a essere leader? Riuscite a identificare un beneficio personale?
- Nei processi di delega, in che modo spingete i vostri collaboratori a essere più leader?
- Quanto il team che gestite o quello del quale fate parte si può definire un team che valorizza la leadership distribuita? Che cosa osservate per valutarla?
- Quali obiettivi e allenamenti individuali definite per i vostri collaboratori al fine di aumentare la loro sicurezza, autonomia e capacità di leadership?
- Quali meccanismi e azioni utilizzate per migliorare le relazioni tra i membri di un team dove ognuno può esprimere la propria leadership?
- Nel vostro contesto, vi sentite liberi di esprimere la vostra leadership? Se ciò accade o meno, per quali ragioni?
- Nella vostra organizzazione, quali comportamenti vengono svolti da chi può essere definito un killer, in chiave positiva?
- Avete individuato la persona che può contagiare in positivo l'essere leader degli altri colleghi, come Terry Driscoll nella Virtus? Come la gestite?
- Nella metafora sportiva, siete un team leader che in panchina è portato a urlare o a stare in silenzio?

Letture

[1] G. Yukl, «An evaluation of conceptual weaknesses in transformational and charismatic leadership theories», *Leadership Quarterly*, 1999, 10(2), pp. 285-305.

[2] J. Spillane, *Distributed leadership*, San Francisco, Jossey-Bass, 2006.

[3] E. Wenger, W. Snyder, «Communities of practice: the organizational frontier«, *Harvard Business Review*. January-February 2000, pp. 139-145.

[4] P. Gronn, «Substituting for Leadership: the neglected role of the leadership couple», *Leadership Quarterly*, 1999, 10(1), pp. 41-62.

[5] D. Day, P. Gronn, S. Salasc, «Leadership in team-based organizations: On the threshold of a new era», *Leadership Quarterly*, 2006, 17(3), pp. 211-216.

[6] P. Gronn, «Distributed leadership as a unit of analysis», *Leadership Quarterly*, 2002, 13, pp. 423-451.

8 La Banda Bassotti (1978-1981)

Calendario

1978-81 Allenatore dell'Olimpia Milano (Italia).

Risultati

1978-79. Il pronostico dice che arriveremo ultimi. In campionato otteniamo 15 vittorie e 11 sconfitte, quinto posto. In realtà sarebbe 16-10, perché la Federazione fa perdere 2 a 0 per un lancio di una tetrapak dagli spalti durante la partita contro Siena: colpisce il loro allenatore che va negli spogliatoi ed esce con la testa sanguinante (dal 1979 a oggi sto provando a farmi male con un tetrapak!...). Considerando la vittoria di quella partita, che effettivamente sul campo vinciamo, sarebbe finita 17-9 e saremmo arrivati secondi alla fine della regular season. Non c'è la Coppa Italia (che ripartirà solo nel 1983-84) e non siamo qualificati per nessuna coppa europea in virtù dei risultati dell'anno precedente.
Da quell'anno ci sono solo i play-off. Eliminiamo Roma nei quarti (2-0), Varese (2-1) e perdiamo contro Virtus Bologna (0-2) allenata da Terry Driscoll. Vengo nominato allenatore dell'anno. Tutti i miei giocatori ricordano quello come l'anno più bello di tutti, avevamo superato ogni aspettativa ma soprattutto ci eravamo divertiti.
1979-80. Primo posto nella regular season, 22-4. Play-off: eliminiamo Forlì ai quarti (2-1), perdiamo in semi-finale contro Cantù (0-2). Abbiamo rinunciato a partecipare alla Coppa delle Coppe per scelta del nostro presidente, il dottor Adolfo Bogoncelli, che riteneva il costo delle trasferte troppo elevato.
1980-81. Campionato: 23-9, secondo posto. Play-off: eliminiamo Mestre ai quarti (2-0), perdiamo la semi-finale contro Cantù (1-2), la terza partita a Milano la perdiamo di 1 punto dopo due supplementari. Partita da infarto. Rinunciamo alle coppe europee per scelta della nuova gestione, la famiglia Gabetti, appena subentrata nell'Olimpia.

Un uomo che ispira fiducia

Parigi, *ville lumière*. Cappellari mi organizza un incontro con il presidente Bogoncelli al Ritz in Place Vendôme, la piazza dei gioiellieri, il posto più chic che avessi mai visto. La società voleva stare lontana da occhi indiscreti fino alla firma del contratto. Io che a Parigi non ci ero mai stato, rimango abbagliato. Mi daranno anche una cravatta all'ingresso del ristorante, non ero proprio preparato a quel lusso! Davanti a me Adolfo Bogoncelli, fondatore dell'Olimpia Milano. Un mito che nonostante i miei cinque anni in Italia, non avevo mai avuto il piacere di incontrare.

Persona di una classe innata che non si impara. Uomo d'affari del cacao, aveva un impero. Figlio di quella generazione di imprenditori italiani che avevano in Gianni Agnelli la punta di diamante. Bogoncelli assomigliava tantissimo all'Avvocato, nei modi di fare, nelle movenze. Non ha figli ed è attaccato ai giocatori come un padre, non si può definire diversamente. Parlare con lui non era affatto come parlare con gli altri presidenti che avevo incontrato fino a quel momento. Con lui si discuteva di tutto, con grande spessore e gentilezza. Si informava sulla famiglia, sulla salute, sugli interessi al di fuori del basket. Era un piacere. Superstizioso. Zoppicava, era stato colpito da poliomielite il 4 aprile del 1944. Aveva bandito il 4 da tutto ciò che lo circondava, magliette dei giocatori comprese.

Ero un po' stanco, un po' preoccupato. Chissà perché Parigi? Mi dovrà fare un colloquio? Mi vorrà far incontrare altre persone? Nulla di tutto ciò. Bogoncelli quella sera mi parla di tutto tranne che di basket. A un certo punto quasi infastidito che non parliamo di basket, gli chiedo: «Perché ha voluto proprio me ad allenare l'Olimpia?». Io già pensavo a una riposta del tipo: «Be'... per via del buon lavoro fatto a Bologna, lo scudetto, le finali...», ma lui ragionava in un altro modo. Muove la testa come a dire no, poi alza leggermente il mento e mi dice: «No. Io voglio lei perché è un uomo che ispira fiducia». Io spiazzato. Nessuno me lo aveva mai detto prima. Nella mia filosofia era il massimo a cui potevo aspirare.

Voglio ricordare un aneddoto che inquadra perfettamente il personaggio Bogoncelli. Eravamo al rinnovo del secondo anno, mi chiamano da Tel Aviv, il Maccabi Electra per farmi una super offerta. Torno dal viaggio a Tel Aviv e vado direttamente dal presidente. «Presidente, per rimanere all'Olimpia l'anno prossimo e rifiutare l'offerta di Maccabi, voglio 65mila dollari.» Botta. L'anno prima me ne davano 35mila, un bel salto anche per un imprenditore del suo calibro. «Gliene do 60mila, prendere o partire. Subito», tono molto duro e seccato. Io non volevo mettermi contro Bogoncelli, era una persona che ammiravo e stare a Milano mi piaceva. Mi prendo una notte per riflettere. Il giorno dopo mi presento di nuovo nel suo ufficio. «Presidente, ho deciso di accettare la sua offerta. Io faccio già un salto enorme da 35mila a 60mila, non mi serve il resto e così siamo contenti in due», «Perfetto Peterson, ci vediamo fra due giorni per la firma del contratto, ma si fermi un po', mi dica di lei». Ancora una volta si interessava a me, mi tiene un'ora a parlare della mia famiglia, dei miei figli, di mia moglie, vuole addirittura sapere la sua data di nascita. «9 maggio 1940, toro!», e si va avanti a scherzare sui rapporti uomo e donna, non do nemmeno troppo peso alla conversazione. Mi presento alla firma del contratto e tra le carte spunta un cofanetto di velluto blu, una scatola 20×20cm circa, in oro un marchio «FARAONE, Milano» – che per la cronaca è uno dei gioiellieri più rinomati e antichi della città –. «Un presente per la sua signora», le uniche parole del presidente. Apro. Rimango sbalordito. Una catena lunga d'oro massiccio, e alla base un ciondolo d'oro puro con raffigurato un toro. Costo stimato, sono sicuro molto più dei cinquemila dollari che non mi aveva dato nel contratto. Aveva le sue ragioni, non lo aveva fatto per spavalderia, lo si percepiva chiaramente. Ero già in rotta con mia moglie da tempo, ma alla prima occasione negli Stati Uniti glielo porto. Credo che non l'abbia nemmeno mai messo per la paura di perderlo. La signorilità dell'uomo Bogoncelli non aveva confini.

Nella Milano da bere (ma io non bevo)

Milano non mi accoglie a braccia aperte, ma oramai ci sono abituato. La *Gazzetta dello Sport*, Marco Cassani, con il mio ingaggio già firmato scrive: «Non vogliamo Peterson a Milano. Allenatore perdente!». Lavorerà contro di me e la squadra per tutto l'anno. «Milano fa un basket sporco», un altro dei suoi titoli. Io con sei juniores faccio più falli e do più botte degli altri come Meneghin & co.? Era chiaramente fango buttato per colpire me. Ma devo dire che anche con Cassani sapevo come fare, era comunque un uomo di coraggio, si presenterà sempre a tutte le mie conferenze stampa. L'ho sempre rispettato.

«Devo lavorare e convincere la gente con i fatti», questo era il mio mantra. Arrivo nella grande Milano, nella prestigiosa Olimpia, ma la situazione non è per niente rosea. Prima di tutto lascio una Virtus in condizioni splendide con Driscoll, Caglieris, Villalta, Bertolotti, Bonamico e compagnia, e mi ritrovo con una squadra pronosticata per la retrocessione, con sei juniores e altezza media dieci centimetri in meno rispetto alle altre squadre. Nel 1978 il campionato inizia a novembre perché ci sono i campionati mondiali a Manila, con l'Italia di Ferracini che finirà al quarto posto.

E poi Milano non è Bologna, è una città grande, si sente il profumo degli affari, in quegli anni tutti la chiamano «la Milano da bere». Io inizialmente credevo che si bevesse tanto di più delle altre città come dire fumi come un turco, poi ho capito che era un modo di dire per raccontare una città dinamica e che sapeva divertirsi. Al bere non sono mai stato legato, sono astemio, forse a causa di qualche bicchiere di troppo visto bere ai miei zii di ritorno dalla guerra quando ero piccolo. Forse anche perché a me è sempre piaciuto avere tutto sotto controllo e l'alcool in realtà va nella direzione opposta. Insomma, Milano era affascinante, io so divertirmi anche senza bere, ma soprattutto devo far divertire i tifosi dell'Olimpia, questo è il mio vero obiettivo.

Inizio subito a lavorare con gli stessi metodi utilizzati a Bologna e piano piano conquisto la fiducia del gruppo, soprattutto dei ragazzi che avevano tanta voglia di emergere. Per un attimo mi ritrovo di nuovo in Cile, poco «talento puro», tanta buona volontà. Mi stavano dando il cento per cento, non potevo chiedere di più e questo mi tranquillizzava. Ho fatto allenare tutti e dieci e in un anno cresceranno tantissimo.

I bassotti mordono le caviglie ai giganti di Varese

Prima partita contro Varese al Palalido Milano. Siamo sotto 44 a 33 all'intervallo, un massacro. Oscar Eleni, giornalista de *Il Giornale*, nel vedere Cappellari gli dice: «Cappellari, da oggi si capisce quale sarà una delle due squadre che retrocede a fine anno!». Secondo tempo, rimonta spaventosa. Non ci credo nemmeno io, ma vinciamo 77-68. Grande colpo, stampa in delirio. Ed è sempre Eleni che ci dà quella che sarà la nostra nuova identità: «La Banda Bassotti attaccata ferocemente alle caviglie dei giganti di Varese la spunta al mitico Palalido. Grandissima prova!». In quel momento Eleni pensa di scrivere solo un articolo e un titolo, ma mi fa il regalo che tutti gli allenatori vorrebbero ricevere su un piatto d'argento. Ogni coach vuole dare un'identità alla squadra e io non avrei potuto inventare nulla di meglio. Eravamo noi, piccoli, ma cattivi, coriacei, presenti e con nessuna intenzione di farci mettere i piedi in testa: la Banda Bassotti.

La mia squadra è un mix di quattro senior e sei junior. I senior: Vittorio Ferracini ventisette anni, due metri e 05 da Pordenone, grande fisico e grande cuore, era il mio capitano. Mike Sylvester, ventisette anni, un metro e 97, oriundo di Cincinnati Ohio con origini di Brindisi, picchiatore rissosissimo. Mike D'Antoni, ventisette anni, un metro e

90, da Mullens, nel West Virginia, figlio del mitico coach Luigi D'Antoni, che vinse il titolo dello Stato nel 1955. Anche lui poi sarà naturalizzato italiano per le sue origini di Norcia. C.J. Kupec, venticinque anni, due metri e 03, da Oak Lawn vicino a Chicago, dalle mie parti. Fisico, tiro e cattiveria.

I sei «bambini»: Vittorio Gallinari, due metri e 05, vent'anni da Lodi. Inizia a giocare a quindici anni, super atleta, super lavoratore, super intelligente, si laureerà alla mitica Università Bocconi sapendo coniugare allenamenti ed esami. Soprannominato il Tedesco della squadra, votato il più grande difensore del basket italiano. Paolo Friz, due metri e 01, ventuno anni da Bolzano, non riusciva a esprimersi in campo, ma aveva degli esploit pazzeschi, saltatore da NBA, come nemmeno Dottor J. Dino e Franco Boselli, gemelli di vent'anni, un metro e 90. Facevano prima nuoto, dove avevano vinto anche dei titoli a livello nazionale, ma poi scelgono il basket. Dino più playmaker, Franco più guardia. Francesco Anchisi, un metro e 90, il Cabrini della squadra, il più bello, talento e personalità. Valentino Battisti, due metri e 02 da Milano, detto il Boscaiolo, uno di sfondamento. Con loro riparto da zero. Una nuova grande sfida sulla mia strada.

Il mio metodo è oramai consolidato. Venti minuti di scivolamento per allenare la difesa. Parto da otto minuti, poi dieci, dodici e così via fino a fare venti minuti in scioltezza. Per migliorare il tiro, facciamo allenamenti extra. Un'ora ogni mattina, delle partite amichevoli. «Un'ora di tiro?!?», Sylvester è sempre incazzoso. E tanto altro lavoro sui fondamentali. Metodico esattamente come a Bologna.

Conto su di te

Mike era arrivato a Milano l'anno prima, nel 1977. Grande talento americano. Aveva giocato per due anni nei Kansas City Kings (dal 1973 al 1975), poi qualche difficoltà, una parentesi nell'American Basketball Association (ABA) con lo Spirit of St. Louis e quindi il rientro in NBA con i San Antonio Spurs dove però nel 1976 gioca solo due partite. Nella stagione successiva era tornato in NBA, disputando due partite con i San Antonio Spurs. Lo conoscevo bene già ai tempi dell'high school in West Virginia. Quando allenavo a Delaware gli avevo scritto una lettera per sapere se avrebbe voluto giocare per me. Era un ottimo studente, aveva le credenziali per la nostra università, ma scelse la Marshall University dove c'era anche il fratello. È un ottimo giocatore che però nei primi anni della sua carriera ha tanta sfortuna e qualche infortunio di troppo. Avevamo già giocato contro nel 1977, e ricordo che grazie a una sua bella partita l'Olimpia riesce a batterci in casa, a Bologna. Io lo vedo giocare e sono impressionato, grande tecnica ed eleganza. Appena firmo per Bogoncelli lo chiamo: «Ehi Mike, Dan Peterson», «Ehi Dan! How are you?», «Mike, I have just signed for the Olimpia». «Oh, Hi Coach!», cambia subito registro. Era molto rispettoso. «I just wanted to say that I'll be counting on you»: tutto vero, sarebbe stata la mia punta di diamante in quella squadra che però in quel momento vedo non molto forte. E Mike non si smentisce, anche con me inizia con un infortunio. Frattura da stress al piede sinistro nella prima gara contro Varese, fuori per le successive cinque gare, un'assenza che in campo si sente.

Faccio fare allenamenti extra al mattino, prima delle amichevoli. Quando giochiamo a Milano, ci ritroviamo al Palalido, tiri e corse, salti e di nuovo tiri, palleggi veloci e così via. I giocatori hanno fiducia in me, ma mi odiano per la mole di lavoro che sto imponendo loro. Tutti scontenti, si lamentano fra i denti. Le amichevoli sono importantissime, vincere aiuta a vincere. Ho bisogno di cambiare la mentalità di questi ragazzi. Vinciamo sei, sette, otto partite, anche a Bologna il trofeo Battilani. In pre-stagione già non sembriamo una squadra destinata a retrocedere. Una di quelle mattine di allenamento pre-amichevole si avvicina D'Antoni, si abbassa e quasi sottovoce mi dice: «Coach, don't tell anybody I said this. But this is the reason why we are winning all these games», «Coach, non dirlo a nessuno che ti sto dicendo questo. Ma questo è il motivo per cui stiamo vincendo tutte queste partite amichevoli». Era entrato nella mia testa. È stato il primo e si è portato dietro tutta la squadra. Penso: «Ci possiamo togliere delle belle soddisfazioni».

1-3-1

La difesa 1-3-1. In Italia qualcuno dice che l'ho inventata io. Niente di più falso. L'inventore è Clair Bee, nel 1934, ancora prima che io nascessi! Si presenta così: nella metà campo un uomo in punta, due sull'ala, uno centrale e uno in coda. Questo tipo di difesa genera una forte cortina sul perimetro, mentre tutte le penetrazioni in area sono fermate dall'uomo centrale. Ma chi l'ha sviluppata più di tutti è stato Jack Ramsay alla St. Joseph's University di Philadelphia, per rimediare alla mancanza di grandi talenti. Un anno viene a Michigan State, a fare un clinic per noi nell'autunno del 1963. E Forddy Anderson decide di provare questo schema. I motivi sono semplici, serve a: marcare i grandi talenti avversari creando una sorta di gabbia, marcare il pivot se molto forte, nascondere i giocatori caricati di falli. Poi andrò alla US Navy, con Ben Carnevale che, dovendo giocare contro una squadra famosa per la 1-3-1 con pressing a metà campo, mi chiede qualche esercizio di preparazione: «Dan, prendi le tue matricole e insegna loro la 1-3-1, così poi li fai giocare con i miei ragazzi e mi aiuti ad allenarli contro questo schema». Perfetto, eseguo, preparo i miei. Arriva il giorno della partitella e anche quello di una magistrale lezione di basket che mi sono portato a casa da Carnevale. Iniziamo a difendere noi con la 1-3-1, ma loro fanno dieci azioni e segnano dieci canestri. Vero che c'era anche il fattore «timore reverenziale» dei miei per la prima squadra, in più erano molto più giovani ma forse c'era qualcos'altro da sistemare. Dopo il decimo canestro Carnevale, con la solita flemma che lo caratterizzava, attraversa il campo dal lato corto e mi viene incontro e, quasi se stesse parlando fra sé e sé, mi dice: «Dan, make some adjustments», «Fai qualche aggiustamento». Non si ferma nemmeno e rientra dalla sua parte del campo. Capisco al volo. Chiamo il time-out. «Ok ragazzi, anziché l'1-3-1 facciamo la difesa 3-2» e così ritorniamo in campo. Recuperiamo dieci palloni di fila e stavolta è Carnevale a dover chiamare il time-out! Capita la lezione non mi faccio cogliere impreparato. «Ok ragazzi, adesso torniamo alla 1-3-1». Avevamo trovato l'equilibrio in campo. Mi adeguo, osservo e non mi impunto su uno schema se non funziona. Ho riutilizzato questa strategia più volte nella mia carriera. Magari mi presentavo in campo con la 1-3-1 e gli avversari segnavano, sentendosi forti si rilassavano, pensavano: «Abbiamo battuto la 1-3-1!». Bene allora cambiavamo ancora e così li spiazzavamo. Aspettavo e poi la rigiocavo a cinque minuti dalla fine.

La 1-3-1 sembrava nata per quella squadra. Non avevo a disposizione molto talento e in totale anche pochi centimetri: dovevo dare alla squadra un asso nella manica per caricarli emotivamente. Ho D'Antoni, perfetto uomo di punta e grande difensore in pressing. Sylvester e Kupec ai lati, due ex giocatori di football, due fisici incredibili, entrambi sopra i cento kg di muscoli, in pratica due muri. Ferracini in mezzo, picchiatore, e Gallinari sulla linea di fondo a difendere, intelligentissimo, con grande visione. Il primo anno l'abbiamo usato anche con buoni risultati durante la regular season. Nei play-off però l'attenzione aumenta, la musica cambia.

È un sabato di Pasqua, primi di aprile 1978. Andiamo a Roma per la prima partita dei play-off, bruttissima, rimaniamo sotto di 10 punti praticamente per tutta la durata. Loro sono una squadra fortissima, noi facciamo la 1-3-1 e loro continuano ad attaccare. La 1-3-1 è più un fattore psicologico che tecnico. A un certo punto qualcosa salta per Roma. Siamo a un minuto e 43 secondi dalla fine, sotto di 7. Palla loro, rimessa laterale. Mike D'Antoni con la 1-3-1 ruba sei palloni in sei azioni. È distrutto, il quinto pallone letteralmente in ginocchio sul campo lo passa ad Anchisi e andiamo 92 a 92. Poi altro recupero, Franco Boselli tira, fallo non fischiato, Kupec prende il rimbalzo cerca di tirare da sotto, altro fallo non fischiato. Tutti si fermano a vedere l'arbitro perché non fischia. Kupec riprende il rimbalzo perché è l'unico che rimane lucido e la mette dentro, con il tiro più facile della storia del basket. Vinciamo di due, senza supplementari. La 1-3-1 ci aveva sfiancato, ma avevamo vinto e Roma era finita nel pallone. I play-off sono tutte partite decisive e da quel momento si parla della 1-3-1 anche sui giornali.

Altra partita mitica contro Varese, la bestia nera, stagione 1978-79. A sei minuti dalla fine questa è la situazione: ho tre giocatori con quattro falli e due giocatori con tre falli, il tabellone del PalaIgnis sembra un albero di Natale, tutto acceso a indicare i falli a carico della mia squadra. Non ho fatto nemmeno un cambio, il quintetto base è in campo da trentasei minuti e regge bene grazie allo scivolamento. Pur essendo in testa, chiamo l'1-3-1 per nascondere chi è carico di falli, cioè, tutti. Così possiamo rimanere aggressivi senza dover subire attacchi uno contro uno, perché cominciamo a essere stanchi e il rischio dei cinque falli è imminente. Passano i minuti e tutti e cinque i miei ragazzi hanno quattro falli a carico. Finiamo la partita e vinciamo. La 1-3-1 è buona per recuperare ma anche per gestire il vantaggio.

Per fare bene la 1-3-1 è però necessario che i giocatori ci credano. Lo scoprirò due anni dopo con l'arrivo di John Gianelli che non fa mistero: «Coach, I don't like the zone», è la sua risposta quando gli chiedo perché non si impegna nella 1-3-1. Provo a spiegargli più volte che non è la zona classica, ma niente da fare. Avevo maturato già abbastanza esperienza per sapere che forzarlo era inutile, che l'autorità di un coach non potrà mai servire per far piacere qualcosa a un giocatore. Occorre trovare qualcosa di diverso, occorre avere tranquillità e fortunatamente si presenta l'occasione giusta. Milano contro Mestre, prima gara dei quarti di finale al Palalido. Loro hanno passato gli ottavi, noi invece li abbiamo saltati perché siamo arrivati secondi in campionato. Siamo a –10 a dieci minuti dalla fine. John Gianelli esce per cinque falli. Al suo posto entra Franco Boselli, quindi ho D'Antoni e Ferracini in mezzo, i due Boselli ai lati e Gallinari sotto canestro. Tutti e cinque con me già da tre anni, tutti e cinque che credono ciecamente nella 1-3-1. Vinciamo alla fine di 3 punti, 86 a 83. Gianelli a fine partita si avvicina e mi dice: «Coach, the zone worked». E io, ancora una volta gli ripeto: «John, I told you, it is not a zone, it is zone press! It works if you believe in it». John dice: «Now, I believe». Ma tant'è, da allora si impegnerà di più a giocarla al meglio. Mi ero adeguato con pazienza alle esigenze del mio giocatore ed ero stato premiato. Ho danzato intorno al problema, senza creare molte tensioni senza usare il mio potere.

Non tira il migliore

La squadra è fatta di dieci giocatori. Non avevo molta scelta, rimango fedele alla mia filosofia di sempre. Mi serve una squadra di dieci giocatori, non un quintetto base, che tra l'altro in questo caso sarebbe stato solo di quattro senior e di un quinto molto inesperto. Responsabilizzo tutti, ho paura anche della differenza di età tra i giocatori. Come a Bologna organizzo le famose cene di Peterson, a spese mie, al ristorante Torchietto stavolta, e siamo in dieci tutti insieme. Certe volte serve fare cene dei cinque titolari e delle cinque riserve, stavolta la situazione suggerisce di partire direttamente con cene da dieci. Non esiste una regola fissa, ma il messaggio è subito chiaro: non ci sono titolari. Credo molto in loro, e non sbaglio. Riesco a creare un gruppo coeso in grado di sopperire la mancanza di talento con la grinta e la forza dell'unità.

Il sistema è semplice. Otto-ventiquattro-otto. I primi otto minuti gioca il quintetto base, dall'ottavo al trentaduesimo entrano a turno gli juniores con questa formula tre titolari e due juniores, oppure due titolari – D'Antoni e Kupec – e tre juniores: l'americano e il playmaker, così gli altri tre non fanno mai brutta figura. Ma in cambio pretendo sacrificio e impegno durante tutto l'anno. Gli otto minuti finali di nuovo il quintetto base. È importante partire con il piede giusto. All'ottavo minuto, o al sesto o al decimo – non sono mai stato rigido su questo –, comincio a far ruotare i bambini. A otto minuti dalla fine rientra il quintetto base al completo, per rimediare alla situazione o semplicemente per chiudere in bellezza. E sorprendentemente tutti gli juniores si rivelano determinanti almeno una volta durante il campionato.

In questo modo porto a casa più obiettivi allo stesso tempo. Primo, impegno massimo di tutti durante gli allenamenti, sapere di dover giocare li tiene in tensione e concentrati. Secondo, avere sempre qualcuno pronto nel caso un senior si fosse infortunato. Terzo, responsabilizzare e far crescere più in fretta questi giovani che si meritano tutta la mia fiducia. Quarto, siamo abituati a giocare molto in pressing e così posso dare tempo ai titolari di riposarsi senza però mollare il ritmo della partita. Quinto, gli juniores sono supportati in campo sempre dai titolari senior, non vengono mai abbandonati. Strategia vincente, tutti gli obiettivi erano stati centrati, anche grazie all'ottimo lavoro dei miei vice, Franco Casalini e Guglielmo Roggiani. Nessuno vuole fare brutta figura davanti a un pubblico, che molto spesso comprende anche parenti e fidanzate! «Se non mi alleno faccio la figura dell'imbecille», questo è un po' il pensiero condiviso. E sono coerente anche in allenamento, non c'è mai il quintetto base contro i secondi cinque. Faccio partitelle con squadre equilibrate, è indispensabile che tutti sappiano giocare con tutti e anche contro tutti.

È il febbraio 1979. Partita contro Rieti. Primo tempo siamo a –16. Alla fine vinciamo con un tiro di Franco Boselli allo scadere del primo supplementare. Tiro che nessuno si aspettava, ma aveva funzionato il nostro credo: non tira il migliore, tira chi è nella posizione migliore.

Il simbolo della banda

Gallinari, Gallo per molti, è il simbolo della riuscita del mio metodo. Vittorio Gallinari, miglior difensore di tutto il basket italiano. Non è un attaccante, non ha la propensione naturale al tiro, ma ha una dote innata per la posizione in campo, interpreta alla grande la difesa 1-3-1, è sempre super allenato, resistente, corridore infaticabile, mani e testa velocissime, ma soprattutto visione perfetta del campo e del gioco. Per intenderci, se avessi dovuto lasciare la panchina a qualcuno per qualsiasi motivo, non avrei avuto dubbi. Lui poteva sostituirmi in ogni momento. «Gallo, io devo farti diventare un attaccante!», questo era il mio pensiero fisso. Gli mancava solo fiducia, solo quella. Allora invento qualcosa.

Le partite di allenamento che facevamo contro le altre squadre di Milano duravano quattro tempi da quindici minuti. «Ok ragazzi, Gallinari deve diventare anche attaccante, quindi l'unico giocatore che può tirare per i prossimi quindici minuti è lui». Gli altri un po' brontolano.

L'ho fatto una volta sola. Abbiamo perso quel tempo 27 a 22, me lo ricordo come se fosse oggi. Dovevo adeguarmi alla realtà, non era un attaccante, ma l'importante era stato aver aumentato la sua consapevolezza.

Contro Varese in semifinale. Loro mettono in campo la zona. Mike D'Antoni dopo quel tempo perso mentre tirava solo Gallo, ha capito come e in che situazioni Gallo è a suo agio per segnare. Così, sotto la pressione della difesa di Varese, passa due palle a Gallinari, che fa due su due! Incredibile. Varese chiama subito il time-out e cambia la zona con il gioco a uomo. Li avevamo spiazzati. Non si sarebbero mai aspettati due palle giocate su Gallo.

È stato così che Gallo, un vero bambino, ha trovato sempre più fiducia in se stesso e ha fatto grandi cose. Era soprannominato la Sentinella di Peterson a Milano, infatti non ha vinto per caso il premio come miglior difensore di tutti i tempi del campionato italiano. Sempre a proposito di Gallo, durante il mio ultimo anno (1986-87) andiamo a Varese dove vinciamo di 20 punti. Non faccio giocare Gallo al primo tempo per risparmiarlo, entra solo per un minuto. Lui è arrabbiatissimo con me. Nel secondo tempo lo metto in campo. Varese ha un grandissimo giocatore, Corny Thompson. Gallo, con la carica che ha in corpo, entra e lo cancella dal campo: fine, senza repliche. Thompson riesce a fare solo 2 punti. Usciamo dal campo e io mi avvio tranquillo verso gli spogliatoi. Gallo mi strattona un braccio e mi obbliga non solo a fermarmi, ma proprio a girarmi su me stesso. «Quanti punti ha fatto Thompson nel secondo tempo?!», chiede da cattivo, quasi ringhiando, con gli occhi puntati nei miei e la testa abbassata come un toro che sta per caricare. Io davvero non lo so, lo guardo e non posso dirgli altro. «Non lo so, Gallo». Mi si para davanti con una fierezza che ho visto in pochi uomini, alza la mano destra all'altezza del mio naso e indica un due con le dita. «2 punti ha fatto Thompson. Solo 2 punti!», deciso a farmi capire il suo peso e la sua grinta. Non potevo non amarlo. Sapevo il suo valore, ma ancora una volta mi aveva dimostrato anche quanto cuore c'era in tutto quello che faceva. «Gallo, my mistake», e gli sorrido. Era solo un piacere dimostrare che avevo torto in queste occasioni.

Aveva una tecnica infallibile. Marcava un uomo, ma se doveva andare in aiuto di un compagno per un'azione vicina, non faceva altro che abbracciare il suo uomo, come in una specie di danza. Incredibile, lo avvicinava all'azione che doveva supportare, e nel tempo che lui tornava indietro, Gallo era di nuovo lì con il fiato sul collo. E non era fallo! Un genio. È il giocatore più intelligente che abbia mai avuto in campo.

È così che partendo da decimo è arrivato a giocare nel quintetto base. Con il cuore e con il cervello.

Tutti ricordano quell'anno ancora oggi con grande affetto ed entusiasmo. Anche se non abbiamo vinto nulla. Abbiamo conquistato la fiducia e il rispetto di tutte le squadre sul campo. È stato un anno di grande costruzione, senza quell'anno non sarebbero mai arrivate le vittorie successive. Tutti i giocatori sapevano di aver fatto qualcosa di eccezionale, avevano superato i loro limiti e questo aveva aumentato motivazione e capacità.

Una stagione strana

1979-80. Abbiamo vinto la regular season, 22 vittorie e 4 sconfitte. Abbiamo una squadra corta, con Dino Boselli infortunato al ginocchio in pre-stagione. Quindi, una squadra in sostanza fatta di soli sei giocatori. Nei play-off ci prendiamo un super spavento, perdiamo in casa contro Forlì 87 a 91. Nella partita di ritorno, in casa loro, dopo dieci minuti siamo già in svantaggio di 20 punti, non sembravamo più una squadra. Il punteggio era inesorabile, 30 a 10 per loro. Metto in campo la 1-3-1 e alla fine vinciamo di 2 punti. Torniamo a Milano e vinciamo facilmente la terza. Passiamo il turno, ma abbiamo anche speso un patrimonio di energie, fisiche e mentali, per questo recupero. La squadra è emotivamente fiacca, proprio a terra. Vita facile per Cantù che in semi-finale vince sia a Milano che in casa. Usciamo con l'amaro in bocca, avevamo vinto tanto (22-4 in regular season) ma alla fine non vinciamo nulla. È stato un anno di grande sofferenza, con l'ulteriore conferma che la squadra deve avere dieci giocatori e tutti validi. Lo dico con fermezza a Cappellari. Non si possono fare tutti gli anni i miracoli.

Cambio di proprietà

Estate 1980, la mia strada si incrocia con quella di Giovanni Gabetti. In realtà lo avevo conosciuto già nel 1979, quando mi aveva contattato per allenare Cantù, dove lui era sponsor. Ma avevo rinunciato, ero ancora legato a Milano. Nel 1980 Gabetti esce come sponsor da Cantù. Nello stesso anno, Adolfo Bogoncelli decide di lasciare l'Olimpia. Io, ricordandomi di che tipo fosse Gabetti, mi precipito nei suoi uffici, corso Venezia 5, quinto piano. «Cavaliere, lei un anno fa è venuto a chiedermi se volevo allenare la sua squadra, io oggi sono qui per chiederle se vuole comprare la mia società», «Peterson, può aspettare un secondo?», «Certo». Chiama la segretaria: «Mi può mandare qui subito Alessandri?». L'avvocato in un minuto è lì. «Peterson, cortesemente, potrebbe ripetere all'avvocato Alessandri quello che mi ha appena detto?». Ripeto. Era già deciso ad acquistare.

«Peterson cosa facciamo adesso?», «Cavaliere io non credo che sia bello che un allenatore faccia da tramite per la vendita della sua squadra, mi lasci tornare in ufficio e la faccio chiamare dal mio general manager, Toni Cappellari». Da quel momento si è creato un rapporto incredibile.

La mia squadra sta crescendo, ma siamo sempre in sei. Arriva Mauro Cerioni, uno dei mitici giocatori della Simmenthal Milano di Rubini, le famosissime scarpette rosse, un metro e 95 grandissimo tiratore, ex stella dell'Italia nell'Olimpiade del 1972. Ma quando arriva da noi ha già trentatré anni, non è più giovanissimo. E i nostri allenamenti per lui sono molto duri. Lo scivolamento: lunedì quattro minuti, martedì otto minuti. «Forza ragazzi, siamo al terzo giorno ci toccano dodici minuti oggi!», e li sprono a fare meglio. «Ok stop!», sono io che tengo il tempo e li fermo nel momento giusto. Cerioni si sdraia per terra, allarga le braccia e sottovoce con la poca forza che gli resta. «Nooo... domani sedici minuti». Sapevano che cosa voleva dire soffrire. Quell'anno sono arrivati lui e John Gianelli, ma erano andati via Bonamico, Kupec e anche Sylvester, difficile dire se avevamo guadagnato nel complesso.

John Gianelli, arrivato cinque giorni prima dell'inizio del campionato, era partito lentamente ma aveva subito dimostrato il suo carattere e la sua professionalità, campione NBA con i New York Knicks nel 1973. Arriva la partita a Forlì e quel giorno io sto malissimo, febbre, vomito, imbottito di medicine. Rimango in panchina, ma è Casalini, il mio vice, che fa tutto. Durante la partita, Tony Francescato, ex Milano e grande atleta, passa la serata a picchiare Mike D'Antoni. Siamo sopra di soli 3 punti. Gli arbitri non fischiano. Casalini: «Coach, dobbiamo chiamare time-out e far qualcosa per Mike, si sta arrabbiando e se lui reagisce lo sbattono fuori, sai cosa vuol dire, vero? partita finita per noi». «Franco, ho dentro di me solo l'energia per dire due parole», ero frastornato. Inizio a parlare a Mike: «Mike listen, you can't react and get thrown out of the game, forget the...», «Mike, ascolta. Non puoi reagire e farti buttare fuori dalla partita, dimentica le...», biascico. Sto buttando via i sessanta secondi di time-out, senza dare nessuna carica ai miei ragazzi. «Coach, I'll take care of it», «Coach, me la vedo io», la voce profonda di Gianelli aveva espresso la sua condanna. Tempo un paio di minuti e scena esattamente uguale a quella vista con Driscoll contro Gira Bologna nel 1977-78. Tutti stiamo guardando al canestro avversario, quando un arbitro fischia apparentemente senza motivo. A terra in un lago di sangue, Francescato. Il killer Gianelli aveva colpito. E, come un vero professionista, non aveva lasciato tracce, nessun fallo fischiato.

Quella stagione perdiamo di un punto in semifinale a Milano in gara tre dopo due tempi supplementari contro Cantù. Punteggio finale: 85-84. Quando ci penso vengo invaso dalla tristezza. Partita incredibile, ma la mia squadra stava crescendo. La colpa per la sconfitta in gara tre, la bella, è mia. Abbiamo un punto di vantaggio, dieci secondi dalla fine della partita, tempo regolamentare. Dino Boselli subisce un fallo. Come coach, potevo scegliere: battere i tiri liberi o rimettere la palla. Temevo ingiustizie dagli arbitri, con un mio giocatore trattenuto e loro a intercettare la palla e segnare per la vittoria. Opto per lasciare tirare Boselli i tiri liberi. Sbaglia il primo, centra il secondo. Siamo a +2. Giorgio Cattini fa un canestro dall'angolo destro per loro allo scadere del tempo. Supplementare. Anzi, due. Loro sono più forti di noi. Hanno dieci validi giocatori e noi solo sei. Alla fine vincono loro.

Dopo la nostra eliminazione da parte di Cantù, alla fine del primo anno di Gabetti proprietario, ho pensato che forse non mi avrebbero più voluto come allenatore. Invece il Cav. Giovanni mi prende da parte e mi dice: «Coach, ho un progetto. Voglio che lei ne faccia parte. Le voglio far firmare un contratto per tre anni». La mattina, con non poca emozione, firmo per tre anni. È la prima volta che firmo un contratto così lungo, io abituato al contratto annuale, libero di andare, contento di dimostrare a tutti e a me stesso che solo con i risultati posso meritare la fiducia di un rinnovo. Ma quella volta ho firmato volentieri, ho firmato per lui, il Cav. Giovanni, un vero gigante del basket.

Schemi di gioco. Fiducia e identità

Lavorare con gli altri è faticoso

Lavorare in team è conveniente, ma lavorare con gli altri è al tempo stesso faticoso, soprattutto dal punto di vista emotivo. Il concetto di team va oltre quello di gruppo. Le squadre o i team sono gruppi con un *obiettivo comune*, spesso – ma non sempre – coordinati da un *team leader* che lavora per far coincidere l'obiettivo comune con le preferenze individuali, valorizzando le competenze e le risorse che i membri possiedono, seguendo un modo di lavoro condiviso e accettato da tutti al fine di distribuire le responsabilità che ogni membro possiede e le relative interdipendenze, con l'intento di creare una rete di scambio e confronto tra tutti in modo paritetico. La costruzione e la gestione dei team sono tra gli argomenti maggiormente trattati dalla letteratura manageriale e tra le priorità di ogni manager, eppure diverse e costanti sono le difficoltà che ogni persona ritrova nel lavorare con gli altri o nel guidare un team.

Il concetto di team è applicabile in qualsiasi contesto, in quanto legato al concetto di interdipendenza. Non è necessaria una formalizzazione dell'organizzazione in gruppi per dire di far parte di un team o di guidarlo. Ognuno partecipa *inevitabilmente* e *contemporaneamente* a uno o più team, all'interno o all'esterno dei propri confini organizzativi. Occorre saper individuarne gli ingredienti e interpretare il proprio ruolo in modo coerente, rendendo partecipe ogni collega dell'obiettivo comune, sapendo coordinare i reciproci interessi, trasferendo un atteggiamento collaborativo che trova le basi in un'emotività positiva fatta di *empatia* (mettersi nei panni dell'interlocutore) e *capacità sociali* (costruire relazioni amichevoli con una finalità professionale).

Dan Peterson ha allenato squadre sin dall'età di quindici anni, ma riesce a costruire un team unico e formidabile in ogni suo aspetto nel suo primo anno a Milano. Aveva già vinto sfide importanti e trofei, ma l'anno della cosiddetta Banda Bassotti è ricordato da tutti come una stagione entusiasmante, per i momenti vissuti e i risultati raggiunti. Arriveranno secondi in campionato, perdendo la finale contro la Virtus Bologna dell'ex Peterson, ma in realtà erano pronosticati per la retrocessione in lega due. I modi per misurare l'efficacia di un team sono diversi, sicuramente non si basano solo sulle vittorie. Occorre considerare i risultati rispetto agli obiettivi, i processi di apprendimento attivati, la qualità dei metodi di lavoro eseguiti, le relazioni interpersonali tra i membri del team. La Banda Bassotti ha fatto bene in tutte queste quattro dimensioni del lavoro di squadra.

Costruire e gestire un team si può considerare una metacompetenza, articolata e costituita da altre competenze. Peterson è riuscito a mettere ogni tassello al punto giusto, anche in virtù di quanto aveva imparato nelle sue precedenti esperienze. Al suo arrivo si trova ad avere una squadra debole, che ha l'obiettivo di salvarsi e non retrocedere. Ripercorrendo quanto aveva appreso e consolidato nel suo bagaglio, nel primo anno a Milano si trova a vivere con grande motivazione la sfida di essere l'allenatore di una squadra con una storia prestigiosa, con un progetto ambizioso (attitudini e passioni professionali), riconosce il valore che ogni giocatore può dare alla squadra (talenti), pensa out of the box applicando la difesa 1-3-1 ideale per il tipo di

Gestire un team è una meta-competenza

giocatori che ha a disposizione (strategic thinking), si ambienta rapidamente al contesto della città (cultural agility), comprende e sostiene le logiche societarie al di là dei giocatori, lavorando a stretto contatto con Bogoncelli, Cappellari e poi favorendo l'arrivo di Gabetti, raccogliendo favorevolmente le critiche dei media, anzi strumentalizzandole a suo proprio vantaggio come con l'epiteto della Banda Bassotti (relazioni e conflitti), costruisce un sistema di gioco che valorizza tutti e dieci i giocatori (distributed leadership). Lavorando con i giocatori applica tutto ciò che già sa sulla gestione del team: metodo di lavoro condiviso, valorizzazione dei singoli sugli aspetti tecnici, attribuzione chiara di ruoli e responsabilità rispetto al disegno complessivo della squadra. Che cosa manca allora per un team di successo?

Le percezioni che trasferiamo generano fiducia

Ancora una volta Peterson riesce a evolvere, a dare qualcosa in più alla squadra, stimolato dalle nuove situazioni che si trova a vivere. L'ambizione sempre auspicata di costruire un team la cui risultante fosse di gran lunga superiore alla qualità degli individui si sostanzia grazie a due dimensioni, a due stimoli che riceve rispettivamente dal neo presidente Aldolfo Bogoncelli e dal giornalista Oscar Eleni: il tema del saper ispirare *fiducia* e l'*identità* di una squadra che viene appunto definita Banda Bassotti.

Per poter ispirare fiducia occorre possedere due dimensioni: le *competenze*, testimoniate dai risultati, e il *carattere*[1]. Se uno dei due elementi viene a mancare è difficile poter generare fiducia. Peterson è ormai adulto, sicuro dei suoi metodi, consacrati anche dai successi di Bologna, ma soprattutto nella sua mente ripete costantemente la frase del presidente Bogoncelli: «Io voglio lei perché è un uomo che ispira fiducia». Peterson diviene consapevole di qualcosa che stava ricercando da tempo e questo gli consente di porsi nei confronti della nuova squadra con maggiore sicurezza. Si può dire che Peterson ispira maggiormente fiducia anche perché ha fiducia nei propri mezzi, e questo è sempre il primo passo per fidarsi degli altri.

Non si può decidere di trasmettere fiducia solo volendo, né si può richiederla in virtù dell'autorità. Ottenere e dare fiducia è qualcosa che si può generare principalmente quando una persona è emotivamente strutturata, sicura di sé, conosce la propria persona – pregi e difetti – e si manifesta agli altri in modo trasparente, comunicando i propri valori nelle parole che usa e nelle azioni che adotta. Ci sono diversi contributi che spiegano come ispirare fiducia. Un modo originale può essere di chiedere a persone vicine che cosa non permette agli altri di fidarsi di noi, quali sono i filtri che in modo inconsapevole attiviamo inibendo la fiducia negli altri. Le risposte possono essere le più diverse: percezione di poco interesse negli altri in quanto persone, eccessivo individualismo, poca umanità o trasparenza, limitata comunicazione, esagerato utilizzo della gerarchia e così via. Sono le percezioni che trasferiamo che potranno ispirare, più o meno, fiducia.

Fiducia cognitiva e affettiva

Si possono identificare due tipi di fiducia: la fiducia cognitiva (*cognition-based trust*) – la fiducia che uno possiede nelle competenze altrui – e la fiducia affettiva (*affective-based trust*) – il legame emotivo che esprime quanto una persona è interessata al benessere altrui –[2]. In quella stagione, ogni giocatore affida il proprio destino a Peterson. Ancor di più: ognuno si affida agli altri compagni, tralasciando pregiudizi o individualismi che caratterizzano la dimensione professionale sia di un giocatore sia di un manager. Questo accade in una squadra composta da quattro senior e sei junior, quando tipicamente la differenza di età può generare diffidenza nel contributo che ognuno può dare alla squadra. Le due dimensioni (cognitiva e affettiva) sono alimentate da Peterson, valorizzando le individualità e creando situazioni di conoscenza reciproca, soprattutto tra senior e junior. Peterson trasferisce a parole e a pelle che ogni giocatore può rendere al massimo, migliorare allenandosi bene, contribuire a far parte di una squadra di campioni. Questo è facile a dirsi, ma il giocatore percepirà l'insegnamento come vero solo se il team leader è in grado di trasferire il concetto emotivamente, se lui in primis ci crede, vale a dire se ha fiducia nei suoi giocatori. Una frase simbolo è: «Yes, you can and I believe in you!», «Sì, ce la puoi fare e credo in te!».

Già da tempo Peterson è consapevole dell'importanza di giocare in dieci, allenandosi in dieci, in un sistema dove tutti si possono esprimere. Eppure l'abitudine di avere cinque titolari e cinque sostituti lo aveva sempre portato a questa distinzione, anche nelle cene che organizzava. A Milano invece è diverso, Peterson decide che non ci sono titolari. Le cene sono fatte in dieci, occorre costruire relazioni di fiducia tra i giocatori, trascorrere del tempo insieme, fuori dalla palestra, tutti comprendono che hanno bisogno della squadra. È una squadra di pochi centimetri, ma molto coriacea, cattiva e determinata. Tira chi è nella posizione migliore, non il migliore: è la frase che meglio sintetizza il concetto di squadra, del fatto che tutti devono fidarsi. La letteratura manageriale spiega che in presenza di fiducia è possibile valutare un miglioramento di altre dimensioni quali: comportamenti di cittadinanza organizzativa (collaborazione e aiuto reciproco), impegno e soddisfazione, condivisione di conoscenza e consigli, innovazione. E la Banda Bassotti ha beneficiato di tutto ciò.

La forza dell'identità

Peterson, oltre al tema della fiducia, trasforma un potenziale limite (l'altezza dei giocatori) in un punto distintivo che dà identità alla squadra, ne suggerisce uno stile di gioco (aggressivo e determinato) ben sintetizzato nel nome Banda Bassotti. Una banda è sicuramente una squadra, in aggiunta l'appellativo disneyano determina una chiara percezione di come il team fosse visto dagli altri, contribuendo a costruire un maggiore senso di identità e quindi a motivare l'azione collettiva. Peterson e i suoi hanno subito adottato il soprannome perché fotografava in modo semplice la realtà: la squadra si raccoglie intorno all'idea di essere meno talentuosa degli avversari, ma di avere tutto ciò che serve per realizzare un'impresa, vincere e dimostrare di essere ben più di una somma di individui. Ognuno si riconosce in essa e nel concetto di Banda Bassotti.

Identità organizzativa significa proprio questo: è la misura in cui un individuo definisce la propria dimensione rispetto all'appartenenza all'organizzazione o alla squadra per la quale lavora[3]. Negli sport di squadra, nei casi in cui la distanza tra dimensione del sé e dimensione di squadra sia per molti dei membri elevata, lo scarso senso di appartenenza pregiudica le logiche che caratterizzano un team, su tutte lo spirito di squadra, appunto, e il valore del bene comune.

Non è importante il nome che un giocatore ha scritto sulle spalle (il proprio nome), quanto quello che ha sul petto (il nome della squadra). Ma spesso il nome sul petto determina un *legame transazionale*, di scambio, in virtù di un contratto. Quando invece il legame è *affettivo*, e non transazionale (ne sono un esempio l'impegno e la motivazione dei giocatori per le proprie squadre Nazionali) il senso di identità con la squadra è maggiore. Quando un attore esterno nomina o soprannomina una squadra o un'organizzazione con un appellativo – positivo o negativo che sia – sta consacrando le caratteristiche della squadra. Spesso questo processo tocca le corde della motivazione, dell'orgoglio, del senso di appartenenza appunto, che rende le relazioni tra i membri più coese, più armoniose. Un bravo leader sa individuare il minimo comun denominatore di un team, ciò che tutti condividono, così che ognuno riesce a riconoscersi nel team al quale appartiene.

Esperienza ed emotività

Fiducia e identità sono due ingredienti imprescindibili di un team, due elementi affettivi che leader e membri del team contribuiscono a generare e alimentare. Sintetizzando le principali ricerche sul tema, un team si può definire tale quando presenta: *ruoli* di leadership distribuita (condivisa), un *metodo* di lavoro condiviso, *responsabilità* individuali e reciproche, un *obiettivo* comune che il team stesso accetta o determina, un *lavoro* collettivo basato sulla fiducia tra i membri, *stimoli* al confronto, *misure* di prestazioni collettive, decisioni, discussioni e fatti di lavoro comune dove ognuno trova la propria identità, la propria motivazione a partecipare e contribuire[4]. Tra questi elementi sono inclusi aspetti della gestione di squadra che coinvolgono maggiormente la dimensione cognitiva (competenze e azioni), altri, come fiducia e identità, che hanno a che fare con la dimensione emotiva-affettiva. Saper instillare in un team queste dimensioni non è facile. Le competenze manageriali che intaccano la dimensione emotiva di solito si sviluppano nel corso della vita adulta di un team leader, grazie alle esperienze, alla formazione, permettendo alla persona di radicare e scoprire il proprio stile di leadership. Quando ciò avviene, anche la dimensione cognitiva (competenze e azioni) si esprime al meglio. E così capita anche a Peterson che con la Banda Bassotti, all'età di 42 anni, riesce a costruire quel concetto di squadra che nello sport è difficile raggiungere.

Scheda di allenamento

- Il gruppo di lavoro che gestite quanto si può definire una vera e propria squadra (o team)?
- Che cosa osservate per dire se un gruppo è una squadra?
- Quali metodi utilizzate per misurare i risultati di un team, in base ai seguenti criteri: i risultati rispetto agli obiettivi, i processi di apprendimento attivati, la qualità dei metodi di lavoro impiegati, le relazioni interpersonali tra i membri del team?
- Che cosa fate per allineare gli interessi individuali con l'obiettivo collettivo della squadra?
- Quanto vi sentite in grado di ispirare fiducia negli altri? Date fiducia agli altri?
- Pensate di avere fiducia in voi stessi, nelle vostre capacità?
- Quali azioni adottate per aumentare il livello di fiducia reciproco in un team?
- Quanto vi identificate nei gruppi di lavoro nei quali lavorate?
- Come misurate e definite l'identità del vostro team?

Letture

[1] L.A. Hill, K. Lineback, «Being the boss: the 3 imperatives for becoming a great leader», *Harvard Business Review Press*, Boston, 2011.

[2] D.J. McAllister, «Affect- and cognition-based trust as foundations for interpersonal cooperation in organizations», *Academy of Management Journal*, 1995, 38, pp. 24-59.

[3] B.E. Ashforth, F. Mael, «Social identity theory and the organization», *Academy of Management Review*, 1989, 14, pp. 20-40.

[4] J.R. Katzenbach, D.K. Smith, «The disciplines of teams», *Harvard Business Review*, July-August 2005; M. Mankins, A. Bird, J. Root, «Making star teams out of star players», *Harvard Business Review*, January-February 2013.

9 Il dolore delle sconfitte (1981-1984)

Calendario

1981-84 Allenatore dell'Olimpia Milano, Italia.

Risultati

1981-82. Regular season: 21 vittorie e 11 sconfitte (21-11), terzo posto. Play-off: eliminiamo Brescia ai quarti (2-1), Torino in semifinale (2-0) e battiamo Scavolini Pesaro in finale (2-0), siamo Campioni d'Italia dopo dieci anni.
La Coppa Italia è ancora sospesa e la società ha scelto di non partecipare ala Coppa Korac per concentrarsi sul campionato.
1982-83. Regular season: 22-8, primo posto pari merito con Roma, primi loro per differenza canestri. Play-off: eliminiamo Varese ai quarti (2-0), Pesaro in semifinale (2-1) e perdiamo la finale con Roma (1-2). Coppa dei Campioni: 11-4, perdiamo la finale contro Cantù a Grenoble (Francia), per un punto.
1983-84. Regular season: 25-5, primo posto. Play-off: eliminiamo Caserta ai quarti (2-0), Cantù in semi-finale (2-0), perdiamo in finale contro Virtus Bologna (1-2), ultima partita con Meneghin squalificato. Non aggiungo altro. Coppa Italia: 5 vinte, 1 persa, eliminati in semi-finale da Caserta. Coppa delle Coppe: 7-4, perdiamo in finale di un punto contro Real Madrid a Ostende (Belgio), di 1 punto.
Ho perso quattro finali in due anni, contro quattro squadre diverse: Roma, Cantù, Virtus Bologna e Real Madrid. Se ci penso sto male tuttora. Un dolore che mi accompagna ancora adesso.

Il mercato per vincere

Estate 1981. Dovevo rafforzare la squadra. Prima di tutto per coprire i buchi, ma poi c'è un motivo ancora più semplice, la peste nera: Antonello Riva di Cantù, il tiratore che tutto il campionato teme. Non a caso sarà l'uomo squadra per l'oro dell'Italia negli Europei del 1983 in Francia. E per marcarlo non basta un bravo giocatore, ce ne vuole uno con la stazza adeguata. Mi ero fatto una semplice domanda: «Chi devo marcare per vincere il titolo?». Riva era la risposta, Premier l'antidoto. Non bastava uno qualunque per fermarlo e così scelgo Roberto Premier, classe 1958, giocatore di Gorizia. Riva un metro e 95 per 90 kg,

Premier un metro e 97 per 100 kg. Il perfetto alter ego. Riva lo chiamavano Nembo Kid, un concentrato di muscoli.

Voglio arrivare in Coppa dei Campioni, quindi mi serve anche un attaccante forte. Meneghin era l'uomo giusto. Classe 1950, da quindici anni già a Varese. Il più grande giocatore italiano di ogni tempo, con un bagaglio di esperienza infinita, giocatore di squadra, non accentratore. L'uomo che non dovrebbe mai mancare in nessuna squadra. A Dino non interessano i titoli dei giornali, le statistiche. Non credo abbia mai letto un giornale sportivo in vita sua, almeno mentre è stato giocatore. Gli interessa la squadra, e vincere. Full stop. Finalmente arrivano tutti e due: Premier e Meneghin, sono soddisfatto del mercato. La mia squadra ha guadagnato in tecnica e spirito combattivo.

Convivere con gli imprevisti

Devi essere preparato. Non solo per gli imprevisti, devi essere preparato al peggio. È come uscire la mattina che c'è il sole, poi all'improvviso viene un temporale e io voglio avere l'ombrello in tasca. Abito in via Hajech 33, mi basta attraversare la strada per trovarmi in via Caltanissetta, salire le scale e trovarmi nella sede dell'Olimpia. 240 secondi dal girare la chiave nella toppa di casa mia, al sedermi dietro la mia scrivania. Davanti al mio ufficio quello del general manager, Toni Cappellari. Di routine come prima tappa della giornata passo da lui, un po' per salutare, un po' per capire che aria tira. «Buongiorno Toni, come va? Novità?», voglio sapere subito se sono sorti problemi. Non mi piace l'idea di farmi travolgere dagli imprevisti. «No, Coach, tutto tranquillo!»: questa era per la maggior parte delle volte la risposta. Se sei preparato alla battaglia e poi non arriva, tanto meglio. Non sprechi energie. Ma se arriva il guaio, il disastro, la cosa che proprio non ti aspettavi, meglio essere pronti.

«Menisco da rifare per Meneghin», sentenza di Cappellari durante uno dei miei saluti mattutini a fine agosto 1981. Colpo devastante, sembra una condanna a morte. Il mio focus va diretto alla soluzione, non al problema, in un millesimo di secondo metto in moto un meccanismo autoimmune per risolvere al meglio la situazione. Faccio una serie di domande a raffica. Fare così mi serve a elaborare la migliore strategia per poterne uscire con il minimo dispendio di energie fisiche e mentali. Sono rimasto calmo, ero pronto al peggio, ed è arrivato. La famiglia Gabetti aveva fatto un grande sforzo per avere Meneghin. Ci credevamo così tanto che avevamo dovuto cedere a Varese – come parte della contropartita – anche il prestito di un anno di Dino Boselli.

D'altro canto, l'arrivo di Premier non è semplice. Mi accorgo che c'è tanto da lavorare. Non è un giocatore pronto, va formato. Innanzitutto non è una guardia, devo sistemare più aspetti. La stagione non inizia bene, sarà un triennio all'insegna degli imprevisti e delle sfide. Ho visto Premier la prima volta nel 1978. Alla fine del mio primo anno a Milano c'è stato un quadrangolare a Reggio Emilia, quattro squadre di A2: Virtus Roma, Gorizia, Udine e Brescia. Due partite a sera per tre sere, senza ritorno, secche. Vado per visionare i giocatori, senza uno scopo preciso. Sto assistendo a Udine contro Gorizia, bisogna dire che la rivalità tra queste due squadre è fortissima, giocano una battaglia, partita difficilissima da arbitrare. A un certo punto il coach di Udine, prof. Dido Guerrieri, ha l'idea di provocare l'americano di Gorizia. Manda in campo un bambino, decimo giocatore, per fare lo sgambetto a Roscoe Pondexter due metri di muscoli neri, una locomotiva umana. Ai tempi se c'era uno scambio di pugni fra due giocatori, tutti e due uscivano. Cioè, mi spiego meglio: se io sono in campo, mani in tasca e arriva uno che mi dà un cartone, ci sbattono fuori tutti e due, è la regola. La tattica era evidente. Guerrieri deve aver pensato: «Se io faccio fare un fallo dal mio decimo uomo, me lo espellono, ma allo stesso tempo loro perdono il giocatore più forte». Gioco sporco, ma non fa una piega. Questo bambino fa uno sgambetto, gamba tesa fa precipitare a terra Pondexter. Succede davanti ai miei occhi e ho visto chiaramente l'intenzionalità del fallo, tra l'altro non fischiato. L'americano si alza e io vedendo la faccia che aveva ho pensato: «Adesso sarò testimone di un omicidio», sembrava gli uscisse davvero il fumo dal naso come nei cartoni animati. Non aveva più i connotati, gli si erano contorti tutti i lineamenti per come era infuriato. Inclinato in avanti punta questo bambino come un toro il drappo rosso, «È pronto a incornarlo», penso io. Ma prima che gli arrivi davanti, Premier, suo compagno, gli si para davanti e lo spinge via con tutte le forze. Ma Pondexter non ha intenzione di farsi dire da nessuno che cosa deve fare, indietreggia di un solo passo e riparte ancora più determinato. Io sono a non più di due metri di distanza e vedo perfettamente la faccia di Premier. Nessuna paura. È l'uomo senza paura, posso leggergli chiaramente dentro il cuore, non si è spostato di un centimetro e rispinge Pondexter ancora una volta. Senza timore reverenziale nei confronti del suo compagno americano, più grande di lui. Dopo intervengono anche gli arbitri e si calmano tutti gli animi. Mi è bastato questo episodio per capire il coraggio che questo ragazzo aveva in corpo, un leone. Era quello che mi serviva in squadra.

Da istinto a cervello

Per la prima volta nel 1979 dichiaro la mia volontà di volere Premier in squadra. Cappellari: «Ma Coach, lascia perdere Premier, giocava due anni fa pivot in serie C. Come puoi pensare che sia valido come guardia in serie A? È una follia». Non mi sorprende che non capiscano il mio punto di vista, io avevo visto qualcosa di speciale in quel ragazzo, come mi aveva insegnato coach Blaze. In ogni caso per quell'anno rinuncio. 1980: «Coach, chi vuoi sul mercato?» e io come un registratore rotto: «Voglio Premier». «Tre anni fa giocava pivot in serie C!», mi ripete Cappellari. Insomma ero l'unico convinto che Premier sarebbe stato determinante per noi. Rinuncio anche nel 1980, ma nel 1981 finalmente mi impongo. Toni si prende questo rischio: Premier (suo conterraneo trevigiano, tra l'altro) costa alla famiglia Gabetti 360 milioni di lire. Meneghin una cifra ancora più alta. Annata importante in termini di budget, ma ero sicuro di quello che stavo facendo.

Premier deve imparare a fare la guardia in attacco, perfezionare il tiro da fuori, difendere contro giocatori più piccoli di lui, quindi più scattanti. Inoltre – tema centrale – deve passare da giocatore d'istinto a giocatore di cervello. Sono state delle vere sfide per lui, ma alla fine la storia testimonia che è stato un percorso di successo. Meneghin è già un giocatore di esperienza, ma con Premier so che devo lavorare sodo.

Inizio del campionato a Mestre. Siamo sopra di un punto, dieci secondi alla fine, 71 a 70 per noi, punteggio che rimarrà così fino alla fine della partita. Rimessa laterale e D'Antoni rimette la palla in mano a Premier. Non serve far altro che trattenere la palla, il tempo utile per il suono della sirena, non è difficile. Invece lui, istintivo, si ritrova libero, tira e sbaglia. Loro prendono il rimbalzo attraversano il campo, mancano otto secondi e fanno in tempo a tirare. Fuori. Ma se non li avessi fermati io credo che Gianelli e D'Antoni avrebbero volentieri fatto fuori Premier. Ovviamente ce l'avevano anche con me: «Coach, ma che facciamo con uno così in campo che non capisce nemmeno quando la partita l'abbiamo già vinta!?», avranno pensato che fossi un pazzo. Lo incontro e gli dico: «Roberto, non sei più a Gorizia. Là non si giocava per lo scudetto, vincere o perdere una partita non vi cambiava la vita,

QUI SÌ! Non posso tollerare errori di calcolo di questo tipo, tu dovevi tenere la palla, non devi giocare solo con il tuo talento e con il tuo vigore agonistico, ma anche con il tuo cervello. L'istinto non basta». Non batte ciglio, ha capito perfettamente il mio messaggio.

In più non brilla come impegno in difesa. Siamo a fine novembre pressappoco e ancora non riesco a far cambiare atteggiamento in difesa a Premier. «Roberto, nuova politica. Io ti metto in campo e tu rimarrai in campo finché il tuo uomo non segna un canestro. Se l'uomo che devi marcare segna, tu esci. Chiaro?», «Perfetto, Coach, ho capito». La partita successiva, in casa a San Siro contro la Fortitudo Bologna, Premier va dentro e abbiamo la palla in attacco e lui segna. Poi torna in difesa e il suo uomo segna, ma non essendoci state interruzioni, non posso tirarlo fuori subito. Andiamo di nuovo in attacco e lui segna ancora. Due palloni, due canestri. Break e io lo tolgo. Come da patti. Lui, che forse si era già dimenticato, esce ma ha un grosso punto interrogativo sul volto: avrà pensato: «Come mai mi ha tolto?» (censuro quello che sicuramente avrà pensato di me). «Roberto, so a cosa stai pensando. Come mai Peterson mi toglie dal campo se ho fatto due canestri in due azioni!?!? No Roberto! Fra i due canestri l'uomo che avresti dovuto marcare ha segnato a sua volta! Avevamo un patto ricordi?»: da lì in avanti ci metterà un impegno incredibile a difendere. Aveva imparato ad avere fiducia in me.

Roberto Premier è un ragazzo solare, simpatico, amichevole, sorridente. Positivo, allegro, l'incarnazione della gioia di vivere. L'amore per il basket usciva da tutti i suoi pori. Il mio lavoro con lui è stato quello di completamento: aveva già tante tecniche perfette, dovevo solo raffinarne altre e ne è uscito alla grande. Non si è mai lamentato. Mai un muso lungo, mai un atteggiamento negativo, mai una critica, mai un no senza una giustificazione. Era una spugna e aveva voglia ed energia per imparare.

Si può perdere di un punto, ma anche di 45

25 novembre 1981, stagione appena iniziata. Noi ovviamente non siamo pronti, Meneghin è infortunato. John Gianelli squalificato per rissa in una partita precedente. E per finire in bellezza Gallinari non aveva ancora firmato il contratto. L'Olimpia senza tre giocatori di questo calibro era praticamente fuori da tutti i giochi. 110 a 65, questo il punteggio a Pesaro. Potrei descrivere ogni punto subìto come una pun-

tura dolorosa. Asfaltati, ma di più, con i tacchi ci hanno schiacciato dentro il pavimento. Mike D'Antoni si sente responsabile dell'accaduto, è molto abbattuto. La squadra è entrata in confusione. Addirittura anche Mike ha sbagliato da solo un terzo tempo. Io non sono uomo di tante parole, saliamo sul pullman direzione Milano e stiamo tutti in silenzio, gli sguardi persi nel vuoto. Io generalmente mi sedevo a metà del pullman, con davanti il tavolino in direzione verso la coda, volevo stare in mezzo ai ragazzi. Quel giorno Mike si siede molto più avanti, posto finestrino. Senza dire niente mi avvicino e mi siedo, non mi serviva il permesso. Mi sono messo in ascolto. «Se ha bisogno di parlarmi, io sono qui». Siamo rimasti un attimo in silenzio, quei due minuti che sembravano mille. «Coach... noi non siamo questa squadra», «Mike, no. Non siamo questa squadra. Ma stai tranquillo. Gianelli sarà in campo per la prossima partita, e io e te portiamo fuori a cena Gallo e lo convinciamo a firmare. Poi a gennaio c'è Meneghin. Io sono convinto che possiamo farcela». Aveva bisogno di un'iniezione di fiducia.

Pesaro quella volta ha vinto, ma ha anche firmato una sorta di condanna a morte. Peter Skansi, il loro allenatore, ha voluto umiliarci, non ha fatto i conti con la rabbia che ha generato nei miei campioni. «Il Billy si arrende senza lottare», titolo de *La Gazzetta dello Sport*. Nove colonne. Prendo più copie del giornale e ritaglio il titolo. Tappezzo lo spogliatoio. Non volevo che si dimenticassero, volevo che tutti si dicessero: «Noi non siamo questa squadra, noi non siamo quelli che si arrendono». Questa è la realtà, affrontiamola. Le sconfitte in certi momenti sono più utili delle vittorie.

Da quel momento e per i sei anni successivi quando giochiamo contro Pesaro non faccio fatica a caricare la squadra. Semmai al contrario devo tenerli calmi perché un sentimento di rivalsa fortissimo scorre loro direttamente nelle vene, sono assetati di rivincita. Non perderemo più una sola delle partite contro Pesaro dopo quei brucianti 45 punti.

La forza di non mollare

Dopo sedici partite siamo a 7 vinte e 9 perse. La proprietà non batte ciglio, ma io sono sicuro che c'è scontento, anzi sono proprio io il primo a non essere soddisfatto della situazione e a sentire il peso della responsabilità. Anche Cappellari è impassibile, tutti sono concordi nel dare ancora tempo a Dino Meneghin per rimettersi pienamente in forma. La prima parte della stagione è stata dura, ma nessuno è triste, nessuno è negativo. Rimane comunque una grande fiducia nel team e nel lavoro che stiamo facendo insieme. A nessuno piace perdere ovvio. Ma i veri campioni non si concentrano solo sulle singole battaglie, tengono invece lo sguardo ben fermo sulla vittoria alla fine della guerra.

Meneghin è pronto per la seconda parte della stagione. Ho l'intuizione vincente: Meneghin deve rientrare nel suo ruolo naturale, pivot. Ma non è banale. Ferracini e Gianelli che avevano giocato in quella posizione prima dovevano giocare fuori dall'area, lontano dal canestro. Ferracini ala grande e Gianelli, pur essendo due metri e 11, ala piccola. Non è una squadra veloce, ma ho cinque difensori in campo. Posso contare su una difesa rocciosa, tremenda.

«Ehi ragazzi, Meneghin rientra oggi, che facciamo? Prendiamo la sedia tutti e guardiamo Dino giocare, ci pensa lui perché è forte e può vincere la partita, oppure ognuno porta il suo bel mattoncino per creare delle fondamenta solide?»: il messaggio era chiaro, non pensate che Dino possa fare tutto da solo, se è così non giochiamola nemmeno la partita. Non è ancora venuto il momento per rilassarsi. «Dobbiamo arrivare alla fine del campionato con la stessa grinta che ci abbiamo messo senza Meneghin, solo così lui sarà in grado di fare la differenza, senza di voi, non può riuscirci».

Meneghin non è solo determinante per la squadra, ma anche e soprattutto per Premier. Rientrando in campo Dino, Premier comincia a crearsi una sua identità e così tutta la squadra. Vinceremo poi 14 delle altre 16 partite.

Fosforo e riscossa

2 maggio 1982. Gara 1: Scavolini Pesaro 86-Billy Milano 89. Il giorno dopo distribuisco il mio solito «Fosforo», un foglietto con annotata una serie di punti-chiave che riassumono i momenti cardine della partita. Alcuni giocatori hanno conservato questi Fosforo per tutto il campionato, altri li leggevano velocemente e poi appallottolavano il foglio. Non importa, ero convinto che tutti riuscissero a cogliere i dettagli e l'analisi che io facevo della partita e della situazione. Il Fosforo di gara 1 dice più o meno questo:

Perché abbiamo vinto a Pesaro?

- Difesa: non perfetta, ma hanno fatto fatica per fare 86 punti.
- Rimbalzi: non abbiamo dominato, ma abbiamo preso quelli decisivi.

- Attacco: non perfetto, ma abbiamo lavorato molto la palla.
- Ritmo: abbiamo retto lo stress nel primo tempo del loro ritmo.
- Chiamatelo come volete: grinta, temperamento, carattere. In quattro anni di play-off siamo 8-3 in trasferta. Questo va al di là di un discorso tecnico. Questo è un discorso di uomini, quello che ci occorrerà anche in gara 2.

Perché abbiamo rischiato di perdere?

- Deconcentrazione, falli, presunzione, marcatura? Presunzione? Forse a +12 eravamo convinti di farcela e invece è stata più dura.

5 maggio 1982. Gara 2: Billy Milano 73-Scavolini Pesaro 72. Serie sul 2-0 e vinciamo lo scudetto, ma è stata molto dura. L'ultimo Fosforo è dedicato allo scudetto.

Perché abbiamo vinto lo scudetto?

- Squadra: l'ultima azione del Billy è stata di squadra, di cinque uomini, e ha permesso a Mike di tirare in tranquillità; l'ultima azione della Scavolini era un'iniziativa individuale.
- Difesa: le ultime tre azioni della Scavolini sono state difficili: raddoppio su Kicanovic e Mike ruba la palla; tiro forzato da Kicanovic e rimbalzo a noi; entrata di Sulvester e stoppata di Gianelli. La difesa ci ha salvato quando contava.
- Equilibrio: per tutto l'arco dei play-off il Billy ha sei uomini con una media per gara di almeno 10 punti a partita, nessuno con più di 16 punti a partita, nessuno con meno di 10 punti a partita.
- Rimbalzi: Roberto Premier è partito dall'angolo sinistro per prendere un rimbalzo in attacco in angolo destro nel secondo tempo. Quel rimbalzo rimetteva in piedi il nostro gioco, la nostra rimonta. Il rimbalzo preso è il lavoro di tutti che vanno a rimbalzo. Con una volontà, con una grinta, con una determinazione incredibile, come un missile, sbattendo per terra chiunque avesse sulla sua strada, va a recuperare questa palla. Mai visto un altro recupero del genere in tutta la mia vita.
- Esperienza: Meneghin aveva tre falli nel primo tempo, quattro all'inizio del secondo ma ha resistito fino all'ultimo momento per fare il quinto. Uno fa questo solamente con esperienza, cervello, concentrazione.
- Identità: il Billy è difesa, rimbalzi, schemi e sofferenza. Abbiamo saputo vincere soffrendo, quando i tiri non andavano ben in attacco. Meglio così.
- Leadership: i quattro veterani. La voce di Meneghin, la calma di Gianelli, la grinta di Ferracini, la regia di D'Antoni.

- Carattere: quante partite abbiamo vinto per un punto quest'anno? Non ricordo. Due con Jesus, due con Sinudyne (più un supplementare), una con Benetton, una con Berloni, la finale con Scavolini. Forse altre. Si vincono così, solo con carattere.
- Uomini: c'è un proverbio in America che si applica allo sport: «Si vince con buona gente più che con buon talento». Forse questo si applica a noi. Ho avuto solo due squadre così: la *suicide six* a Delaware, la Selecciòn Chilena.
- Unità: la cena al Torchietto dopo lo scudetto è una cosa facile. Il difficile è unirsi a cena quando le cose non vanno bene, come nel girone d'andata. Siete rimasti uniti in quel momento ed è per quello che siete arrivati a chiamarvi Campioni d'Italia.

Di quella partita ricordo un momento in particolare a pochi minuti dalla fine. 67 a 72 per loro, chiamo il time-out. Parlo con Mike in inglese. «Mike, do you wanna use the 1-3-1?», «Vuoi usare la 1-3-1?». E D'Antoni, con la voce del campione: «How much time?», «Quanto tempo manca?». Il vero campione vuole sapere se ha tempo, non quanto è il punteggio, con il tempo si può fare tutto. «Mike», e punto l'orologio, «three minutes». Anche lui si gira verso il tabellone. «No. We can stop them, man a man», «Giocando a uomo». E lui deve marcare Dragan Kikanovic, serbo, un metro e 95, un fenomeno, votato quell'anno il migliore giocatore d'Europa. Lo ascolto, facciamo come dice lui. E Mike si sente addosso la responsabilità delle sua scelta, si mette a difendere come un pazzo. Tre minuti, 6-0 per noi, finiamo a +1. Partita vinta. Ultimo canestro proprio il suo.

A proposito di tempo e sport, sono famose le parole di Bear Paul Bryant allenatore dell'Alabama, squadra NCAA di football. Alla domanda: «Come mai avete perso una partita così importante?» risponde: «You are wrong. Non abbiamo perso. È scaduto il tempo, time ran out». Avevo una fiducia cieca in questi miei giocatori. Loro erano in campo, avevano una visione più chiara di quella che potevo avere io da fuori. E poi rispettavo la loro grandissima intelligenza cestistica. Meneghin, Gianelli e D'Antoni sono tre enciclopedie del basket. In tre avevano vinto tutto quello che si poteva vincere.

Se Mike fosse stato indeciso lo avrei instradato io sull'1-3-1, ma era sicuro di quello che stava facendo, non potevo sbagliarmi seguendo il suo consiglio. È lì che vinciamo il campionato, in quel time-out. Nello spogliatoio, subito dopo la vittoria, per la prima volta mando via tutti e rimango con i miei giocatori: «Voglio dirvi tre cose! Primo, non abbiamo giocato una grande partita ma abbiamo vinto da grande squadra, facendo quello che occorreva nel momento più difficile. Secondo, questa è la più grande squadra che io abbia mai allenato. Terzo, voglio stringere la mano a una squadra di campioni». Convoco tutti il giorno dopo in società. Gallo mi chiede: «Coach, cos'è questa cosa che dobbiamo fare domani?». Risposta: «È una cosa mia. Una fotografia di squadra come la voglio io, fatta in studio, per una cartolina che farò e spedirò a mezzo mondo». Torna il mio pallino di far sapere ciò che ho fatto a tutti quelli che mi conoscono, dagli Stati Uniti al Cile, con un certo stile estetico che mi è sempre piaciuto.

Prima sconfitta

24 marzo 1983. Finale di Coppa dei Campioni contro Cantù. Prima di tutto va descritta la situazione «politica» se possiamo definirla così. Cantù aveva molto più potere, credibilità e simpatie presso la FIBA di quanto non avessimo noi. Perché il loro ex allenatore, Boris Stankovic, aveva allenato Cantù dal 1966 al 1969, e poi è diventato segretario generale della FIBA. Non è un alibi, è una constatazione. Cantù è in ogni caso una squadra formidabile.

Dunque, siamo in finale. Fino a quindici minuti prima della fine subiamo un arbitraggio indegno. Le mie previsioni si erano avverate in campo. Gli arbitri avevano puntato soprattutto Meneghin che tipicamente è portato a protestare. Riescono a fischiargli il quinto fallo. Non potevo farlo uscire prima perché eravamo sotto di 15 in quel momento. Nonostante la mancanza di Meneghin facciamo una grande rimonta. Mancano una manciata di secondi e siamo sotto di un solo punto, ci stavamo mettendo tutta l'anima. Boselli libero fa un tiro dal lato destro che non va dentro. Gallo prende il rimbalzo, sedici (numero approssimativo per dire che erano tanti) falli contro di lui, non un solo fischio. Finisce la partita, vincono la finale. La Coppa dei Campioni è loro. Non potevo fiatare sugli arbitri, ma quella partita non mi va giù ancora oggi. Rimangono ancora tutti i play-off e siamo in corsa per lo scudetto.

Seconda sconfitta

1983. Finale scudetto, andiamo Roma. Io sono convinto che la nostra squadra sia la più forte. Valerio Bianchini coach di Roma è più bravo di me mediaticamente, la gente voleva vedere Roma capitale vincere, tutta la stampa è dalla loro parte e lui dice: «Roma deve vincere». Ancora una volta, anche dopo tanti anni trascorsi, posso dire che l'arbitraggio non è stato giusto. Ma non sono abituato a piangere. La verità è che eravamo anche stanchi morti. Siamo l'unica squadra italiana ad aver lottato fino in fondo su due fronti. Campionato italiano e Coppa dei Campioni. E aver perso la prima finale ci ha tolto anche un bel po' di energie mentali. Roma eliminata dalla Coppa Korac ha in mente solo di vincere il Campionato, sono molto più freschi di noi.

Anche la fortuna non è dalla nostra. Poco prima dell'inizio dei playoff, il loro americano Kim Hughes, due metri e 11, si fa male e lo sostituiscono con un ragazzo di colore, Clarence Kea, un metro e 98. Però 120 kg di muscoli, un toro. Con una freschezza atletica spaventosa, appena arrivato dagli Stati Uniti, pieno di energie. Lui fa davvero la differenza, probabilmente senza l'infortunio sarebbe stata un'altra finale. Alla fine perdiamo 2-1.

Terza sconfitta

Stagione 1983-84. Earl Cureton, due metri e 03, giocatore NBA, ragazzo di colore, saltatore spaventoso, fisico perfetto, difensore, corridore. È arrivato durante la pre-stagione per allenarsi con Pesaro, ma è un soggetto difficile, indisciplinato, piantagrane, non proprio un tipo raccomandabile. Etichettato come «giocatore ingestibile». Me ne rendo conto, gran parte degli americani che ho avuto li ho definiti difficili da gestire. Ma i grandi talenti sono grandi in tutto, spesso anche nei capricci. Ecco perché non è facile gestirli. Nel momento in cui ci arriva la notizia dell'esclusione di Cureton da Pesaro noi siamo in Sud America per la Coppa Intercontinentale. Allora chiamo i miei tre senatori in camera per discutere sul da farsi. Arrivano Meneghin, Mike e Bariviera. «Voi siete la colonna vertebrale della squadra. C'è la possibilità di prendere Cureton. Ma la squadra è vostra, toccherà a voi poi giocare con lui, quindi chiedo a voi di decidere se prenderlo o meno. Sappiamo che non è un elemento facile, ma se tutti insieme riusciamo a gestirlo, credo che potremmo avere una squadra imbattibile. È un rischio, ve la sentite?», non ci hanno nemmeno dovuto pensare su, hanno sorpreso anche me, non credevo che fossero così decisi e così unanimi. «Sì, Coach, prendiamolo, i rischi fanno parte del gioco, noi ci siamo.» Con loro ancora presenti chiamo anche Cappellari che era nello stesso albergo, ovviamente. Non è stato facile chiedere loro una sorta di permesso, ho capito che non è stato importante ciò che ho fatto ma come l'ho fatto, ciò che ho trasmesso loro. Non ho comunicato insicurezza o mancanza di mia responsabilità, anzi il contrario. Ho trasferito con la pelle la stima e il rispetto che avevo per loro, ero pronto a un sì o a un no, non sono stato retorico. Quando si chiede qualcosa a un collaboratore, come ho fatto io con i miei senatori, occorre sentirsi pronti.

«Toni, torna immediatamente in Italia e ferma Cureton», detto fatto. Dopo qualche giorno rientriamo anche noi e Cureton firma il contratto. Giocatore incredibile. Lui spaccava le partite, era inarrivabile. Sylvester, che da qualche anno ormai giocava a Pesaro, un giorno incrociandomi mi dice: «Voi non siete più una squadra italiana, voi siete una squadra da NBA», talmente vero che una notte Cureton scappa, proprio per andare a giocare a Detroit dove lo hanno richiamato facendogli un'offerta che sapevano non avrebbe rifiutato, anche perché era la sua città natale. Mossa altamente sleale. Giusto per ricambiare la scortesia io prendo una loro prima scelta che non aveva ancora firmato, Antoine Carr. Grande talento anche se giovane. Ma il problema era che avevamo già accreditato il tesseramento di Cureton, quindi Antoine non potrà giocare nella Coppa delle Coppe, quindi nemmeno la finale contro Real Madrid.

Partiamo così già svantaggiati e anche in questo caso l'arbitraggio è davvero infame, si tranquillizzano solo quando riescono a buttar fuori Meneghin per quinto fallo. A quel punto siamo sotto di 11, ma iniziamo a rimontare con la 1-3-1. D'Antoni fa un canestro da due e li sorpassiamo, da −1 a +1, a dieci secondi dalla fine. Loro disperati danno la palla a Corbalan che tira da venti metri, venti metri! Prende il tabellone in pieno, quindi rimbalzo calcolabile, il loro americano la prende facile, ma Premier lo atterra e gli arbitri fischiano il fallo. Quel rimbalzo con palla sul tabellone e tiro da venti metri sarebbe potuto finire ovunque, ma è finito proprio nelle mani di un loro giocatore. Difficile pensare a fortuna, sfortuna, caso o altro. Jackson, micidiale ai tiri liberi, segna e finisce con la loro vittoria di un punto. Per la prima volta ho visto i miei, D'Antoni soprattutto, piangere negli spogliatoi seduti per terra. Per la terza volta arriviamo secondi nel giro di pochi mesi.

Quarta sconfitta

La squadra è sotto pressione, scarica perché arriviamo vicini ai trofei ma non riusciamo a concretizzare. La finale scudetto 1983-84 è contro la mia Virtus Bologna. Perdiamo in casa gara 1, Mike fa il canestro della vittoria, glielo annullano per sfondamento, inutile dire che non c'era. A distanza di anni penso che sia stata una chiamata ridicola. Gara 2, a Bologna. Siamo sotto, arbitro Giancarlo Vitolo. Meneghin quinto fallo. Torna in panchina, ma stranamente l'arbitro viene a rincarare la dose e provoca Dino che – nemmeno a dirlo – reagisce. Espulso dal campo, deve rientrare negli spogliatoi, quindi fallo tecnico. Nonostante questo, rimontiamo e vinciamo di 4 punti. La Federazione, in virtù del referto arbitrale di Vitolo, squalifica Meneghin per tre giornate, il che significa che non si può fare appello e non si può neppure pagare una penale. Fossero state due giornate, con una multa saremmo riusciti a farlo giocare, così non c'è speranza. Io penso che hanno fatto scientificamente tutta questa messa in scena per eliminare Dino dalla finalissima. È un messaggio chiaro: «Cara Milano, devi giocare senza il tuo campione». *No doubt.* Perdiamo la terza e ultima sfida di 3 punti. Anche per colpa mia, perché eravamo sotto di dieci con la 1-3-1 e riusciamo a rimontare. Bariviera intercetta una palla, a ventinove secondi dalla fine, Villalta gli fa fallo, siamo a –1 ma abbiamo due liberi da giocarci. Io potevo scegliere il possesso e rimettere la palla, avrei dovuto fare così. Invece opto per i tiri, pensando in un sorpasso che avrebbe messo loro sotto pressione. Ma Renzo sbaglia tutti e due i liberi. Rimbalzo loro, finisce la partita. Rimango come di pietra. Mi sento le vene svuotate, devo essere rimasto immobile un'eternità. L'opzione migliore sarebbe stata rinunciare ai liberi, lasciare la palla a D'Antoni, fare il gioco «Elle» con Antoine Carr e vedere cosa succedeva. Invece la scelta che mi è esplosa in faccia è stata di dare tutta la responsabilità a Renzo che ha passato tutta la vita con il cruccio di questi due liberi sbagliati. Invece è stata colpa mia, non sua.

Finita la partita Renzo è evidentemente distrutto. Tutti vanno al ristorante, al Torchietto, lui è l'ultimo a uscire dallo spogliatoio. So che non vuole venire. Io mi fermo e dopo essermi assicurato che eravamo rimasti solamente noi due gli dico: «Renzo, sono rimasto da solo e ho bisogno di un passaggio al ristorante», ovviamente non avrebbe mai osato dirmi di no. Abbiamo parlato di tutto durante il tragitto, tranne che di quei due maledetti canestri. Davanti all'ingresso mi fermo un secondo. «Renzo, sei ok adesso?», «Coach, lei è stato eccezionale».

Rabbia e dolore

Sono appena arrivato quattro volte di fila secondo, ho appena perso quattro finali in due anni, contro quattro squadre diverse. Nello sport vincere conta, arrivare secondo ti porta dolore, arrivare secondo quattro volte di fila ti crea qualche squilibrio anche a distanza di anni. Eravamo forti, non i più forti, ma sicuramente complessivamente giocavamo un basket migliore delle nostre avversarie. Per un motivo o per un altro, ho trovato arbitri che ci hanno attaccato, ai quali, diciamo così, non eravamo simpatici. È una recriminazione che può sembrare di un perdente, che dà la colpa agli arbitri, ma vi posso assicurare che rivedendo più volte quelle partite si può notare come ci fosse qualcosa di anomalo, magari quella sudditanza psicologica che contro Cantù, Roma, Real Madrid e Bologna ci aveva visti sempre sfavoriti.

Finito il momento di trovare la causa o il colpevole, rimane quello sconforto interiore, un vuoto cosmico che cresce di sconfitta in sconfitta. L'estate del 1984 è stata difficile. Le sconfitte mi hanno fatto male ma non mi hanno fatto cambiare opinione nei confronti della mia squadra. Loro hanno capito: io credevo in loro. Volevo dimostrare a me e al mondo intero che Dan Peterson non è un perdente. Non è facile far convivere la testa determinata e positiva con il mio stato d'animo devastato dal dolore, dalla rabbia. Tutto ciò che non ammazza fortifica e così ho pensato che dopo una sconfitta occorre rialzarsi. Solo chi non perde non vince. Questa è la regola della vita. Non si può guardare solo un punto, occorre vedere l'intera linea per capire la vita di una persona.

In realtà, la stampa si concentra sui punti, sulle quattro finali perse e non è clemente. «Dan Peterson, il John Wooden dei secondi posti», scrive Claudio Pea, un mio amico, su *Il Giorno*. Mi faceva piacere essere paragonato a John Wooden, il più grande allenatore del basket universitario americano, dieci titoli vinti con UCLA (University of California, Los Angeles). Mi faceva un po' meno piacere questa etichetta dei secondi posti. Avrei voluto mollare tutto, ma non potevo uscire di scena così. Il Cav. Giovanni Gabetti e il presidente suo figlio, Giammario, persone straordinarie che ho avuto la fortuna di avere sulla mia strada, mi prendono da parte e mettendomi una mano sulla spalla mi dicono le parole che avevo bisogno di sentirmi dire: «Coach, l'anno prossimo torneremo più forti che mai».

Schemi di gioco. Sconfitte ed emozioni

Se non perdi, non puoi vincere. Questa è la regola dello sport e della vita. Tutti, prima o poi, subiamo una sconfitta, commettiamo un errore, viviamo una difficoltà. Essere leader non vuol dire essere invincibili, vuol dire invece saper perdere e saper fare di tutto per tornare a vincere. La differenza la fa come si vivono le sconfitte dal punto di vista emotivo, come si trasformano emozioni negative in energia e motivazione. Spesso le teorie della leadership sottintendono un modello positivo, per attivare comportamenti utili a generare stati emotivi e risultati altrettanto positivi. Nella realtà ognuno di noi convive quotidianamente con emozioni negative, quali la rabbia, il dolore, il disgusto, la paura. Le emozioni possono essere divise in quattro coppie: rabbia-paura, tristezza-gioia, sorpresa-attesa, disgusto-accettazione[1]. Dalla combinazione delle emozioni primarie derivano le altre (secondarie o complesse) come la vergogna, la nostalgia, il rimorso, la delusione.

Trasformare sconfitte in vittorie

Dan Peterson, in questi tre anni, vive una serie di emozioni con grande intensità: l'infortunio del neo arrivato Dino Meneghin, la sconfitta di 45 punti a Pesaro, il primo scudetto con l'Olimpia (1981-82, riconquista dopo dieci anni), le quattro sconfitte nelle finali di coppa e di scudetto (anni 1982-83 e 1983-84). Purtroppo le sconfitte prevalgono sulle vittorie e nello sport arrivare quattro volte consecutivamente secondi non è un buon risultato, anche se è sicuramente un dato della forza e della qualità della squadra. Peterson sintetizzerà questi anni con i termini di dolore e rabbia. Dolore perché perdere genera sempre sofferenza interiore, un senso di vuoto, di delusione. Rabbia perché ci sono sempre stati episodi, casuali e non, a detta di Peterson, che hanno compromesso il risultato finale. Di certo la prima fonte di rabbia sono gli infortuni, la seconda le decisioni arbitrali, quasi come se gli arbitri fossero una sorta di nemico, reale o figurato, contro il quale dover giocare. La rabbia, se ben orientata, in certe situazioni ha una funzione positiva, vitale: può aiutarci a far valere i nostri diritti, a trasmettere con forza un messaggio educativo, a impartire istruzioni per fronteggiare prontamente un'emergenza. Questo è ciò che è avvenuto a Peterson e a tutta la squadra dopo la cocente sconfitta contro Pesaro, di 45 punti, forse una sconfitta che ha costruito le basi per il successo dello scudetto (1981-82). Anche l'idea di Peterson di attaccare nello spogliatoio il titolo del giornale («Il Billy si arrende senza lottare») è un modo per toccare emotivamente la squadra, l'orgoglio dei giocatori, il senso di una rivincita che prima o poi sarebbe arrivata.

L'*emozione* è uno stato affettivo intenso, di breve durata, reattivo con una causa precisa, esterna o interna, spesso non controllata.

Emozioni, stati d'animo, sentimenti e passioni

Essendo direttamente collegate al sistema percettivo e quindi ai sensi, le emozioni servono a conoscere l'ambiente, a riconoscere i pericoli o le situazioni minacciose. L'emozione si differenzia dai sentimenti, dallo stato d'animo e dalla passione in base alle dimensioni di intensità e durata. I sentimenti sono più durevoli delle emozioni, si possono considerare un riflesso cognitivo delle emozioni, in quanto c'è un investimento mentale maggiore. Esempi di sentimenti sono: egoismo, avarizia, orgoglio, gelosia, invidia, ambizione, superbia, frustrazione, solitudine, nostalgia, depressione, malinconia, indifferenza, umorismo, felicità, timidezza, pudore, colpa, imbarazzo, vergogna, tenerezza, fiducia, amore, amicizia, pietà, indignazione, odio, fanatismo, cattiveria, crudeltà, collera, disprezzo, simpatia, ansia, e così via. Gli stati d'animo (o umore) sono sentimenti o emozioni d'intensità relativamente bassa e durata relativamente lunga, più complessi e ricchi di aspetti cognitivi e valutativi, spesso senza la presenza di elementi esterni o interni che stimolano emozioni. La passione è invece un'emozione ad alta intensità e lunga durata, caratteristiche che contraddistinguono la forte e persistente motivazione di un individuo a fare qualcosa, con passione appunto.

Leadership e intelligenza emotiva

Lo studio delle emozioni è un tema piuttosto recente con riferimento alla leadership. Le organizzazioni non possono essere luoghi aridi, fatti solo di norme, attività e processi. Al contrario, sono modellate su come i suoi membri vivono, controllano e gestiscono i propri sentimenti. L'*intelligenza emotiva* è formata da cinque componenti: auto-consapevolezza, auto-regolazione, motivazione, empatia e capacità sociali[2]. Gli studi sulla dimensione emotiva della leadership hanno dimostrato come comprendere quando e come una persona vive un'emozione può portare a una maggiore capacità di auto-regolazione, aumentando le possibilità di prestazioni positive[3]. In particolare, la conoscenza di sé e la capacità di autoregolarsi sono alla base del riconoscimento e della gestione della propria emotività, la quale viene messa alla prova di fronte a eventi esterni quali: ricevere violenze fisiche o verbali, esser traditi, delusi, isolati, sminuiti, offesi, esser costretti a fare qualcosa contro la propria volontà, esser manipolati, strumentalizzati, raggirati, non esser ben voluti, un feedback negativo, un imprevisto, in generale ricevere un'informazione che può destabilizzare il nostro stato emotivo.

Non tutti reagiscono allo stesso modo di fronte alla medesima situazione. Ogni struttura della personalità può essere più «roccia» o più «spugna» di fronte e specifici accadimenti. Eventi negativi, soprattutto se perdurano nel tempo, possono essere fonte di stress, intesa come una condizione fisica o psicologica che insorge in una persona quando si trova ad affrontare situazioni che richiedono risorse interne o esterne superiori a quelle che ritiene di avere.

Emotività e stress

Un leader deve saper convivere con la propria emotività, senza che questa degeneri in situazioni di stress. Se ciò non accade, inevitabilmente il suo stato emotivo compromesso inficerà la capacità di riconoscere le proprie emozioni, generare emozioni negli altri, influenzare le proprie e quelle degli altri, generando un distacco dalla propria emotività e quindi, inevitabilmente, dagli altri.

Una sconfitta o un fallimento rappresentano una causa del sorgere di emozioni negative. La strategia per superare questi momenti si basa sulla capacità di non farsi sovrastare dalle emozioni, su tutte la paura di ciò che può accadere. Spesso nelle organizzazioni le persone vivono con il costante senso della paura. Paura delle reazioni del proprio capo, paura di perdere il posto di lavoro, paura di subire un torto, paura di subire un'iniquità, di sbagliare e così via. Un'organizzazione che punta ad avere una *cultura dell'apprendimento* attiva meccanismi organizzativi e comportamenti che non generano emozioni negative nelle persone. I fallimenti devono far parte del vivere organizzativo. È utile saper identificare le possibili cause (o con-cause) che hanno potuto determinare il risultato negativo. In questo modo si può ripartire, attivando azioni e imparando dalla propria esperienza[4].

Dopo quattro sconfitte in quattro finali molto probabilmente un allenatore sarebbe stato esonerato, Peterson invece ha ricevuto ulteriori conferme da parte della proprietà. La società lo ha aiutato a vivere meglio quel momento, lo ha immediatamente responsabilizzato verso il futuro, aiutandolo a lavorare per la stagione successiva. Chi è più coinvolto, responsabilizzato e deve prendere decisioni è in grado di far prevalere la dimensione razionale su quella emotiva, riuscendo a tralasciare gli aspetti della rabbia[5]. E così è accaduto per l'Olimpia.

Responsabilità e fiducia aiutano

Un altro aspetto da considerare in questa situazione è legato a come Peterson sia riuscito a ricompattare il gruppo dopo le quattro sconfitte. Molto probabilmente avrebbe potuto perdere in credibilità, non potendo più contare sulla dedizione e sull'impegno che i giocatori avevano dimostrato fino ad allora. Non cambia giocatori e – aspetto ancora più interessante – si ritrova un gruppo coeso, che crede ancora nei suoi metodi, come dimostreranno i risultati. In seguito a risultati negativi o fallimenti, leader con un alto livello di fiducia da parte dei membri di un team sono valutati meglio di leader con un basso livello di fiducia[6]. La letteratura, quindi, spiega questa capacità di gestione della squadra da parte di Peterson in virtù dell'alto livello di fiducia di cui gode da parte dei suoi giocatori e della società, lo stesso elemento che aveva contraddistinto il precedente periodo all'Olimpia (1978-81) e che si era ormai consolidato.

Occorre, in ogni caso, convivere con lo stato emotivo d'insuccesso che non sempre va d'accordo con ciò che la dimensione cognitiva (la testa) vuole fare. Le emozioni negative consumano energia, conducono a uno stato passivo e inerte, quasi di disinteressamento nei confronti della situazione e degli altri. Uscire da questa condizione vuol dire attivare una strategia per focalizzare lo stato emotivo negativo che si sta vivendo, prendendo tempo per metabolizzare, sfogandosi, scaricandosi del peso dell'insuccesso, in ultimo sapendo selezionare ciò che più piace e rigenerare corpo e mente. C'è chi si ricarica dormendo, chi dipinge, chi fa estenuanti esercizi fisici. Ognuno deve conoscere il proprio sé (*auto-consapevolezza*) e sapere come trasformare emozioni negative in energie e motivazioni (*auto-regolazione*). Non esiste un metodo unico e valido, ognuno può trovare la propria ricetta. Peterson utilizzava anche i «fosforo» (foglietti con annotate serie di punti-chiave a riassumere i momenti cardine della partita) per trasferire emozioni positive e negative della partita, per tenere alta la tensione.

Dopo aver smaltito dolore e rabbia delle quattro sconfitte, Peterson tornerà a lavorare per dimostrare a se stesso e agli altri il suo valore, il valore dei suoi metodi e della sua squadra. Nessuno perde fiducia in lui e lui a sua volta non perde fiducia nei suoi uomini. Inizia a vedere che non ha perso quattro finali ma, come dirà ai suoi più volte, «siamo arrivati quattro volte secondi contro quattro squadre diverse in due anni, quindi siamo i più forti di tutti». Peterson riemerge da questo periodo più forte, come se avesse allenato la sua capacità di essere resiliente, di non lasciarsi sconfiggere dall'accaduto. La *resilienza* è una proprietà dei materiali che viene studiata in fisica: applicata alla dimensione umana riconduce al concetto che «tutto ciò che non uccide fortifica». Permette alla persona di adeguarsi, modificarsi e rafforzarsi emotivamente, riuscendo a strutturare il proprio carattere per vivere le nuove situazioni, esattamente come fa un materiale di fronte a eventi esterni, come il forte caldo o freddo[7].

Emozioni e sentimenti accompagnano la nostra vita

Le emozioni e i sentimenti accompagnano la nostra vita, sono la forma più vera del nostro vivere, influenzano i nostri comportamenti, nonché la percezione che gli altri hanno di noi, rappresentano le radici della nostra socialità. Comprendere emozioni e sentimenti, saperli riconoscere, guidarli e indirizzarli ci rende migliori, generando benessere per noi e per gli altri.

Peterson ha vissuto quelle quattro sconfitte in modo molto intenso, anche a distanza di vent'anni quando ne parla il suo viso si incupisce. Il corpo ricorda la rabbia e il dolore di quel periodo, ma ancora una volta stava evolvendo, stava provando la dura regola dello sport: solo chi non perde, non vince.

Scheda di allenamento

- Quali episodi della vostra vita vi hanno fatto crescere dal punto di vista emotivo?
- Qual è il vostro livello di emotività, siete più «roccia» o «spugna»?
- Quali sono le cinque sconfitte e i cinque successi più importanti della vostra carriera?
- Come vivete i momenti di sconfitta o fallimento?
- Quanto la paura è un sentimento che accompagna le vostre decisioni?
- Che cosa fate nel vostro contesto per costruire una cultura dell'apprendimento?
- In termini di auto-consapevolezza, come il vostro corpo vive le emozioni negative (per esempio rabbia, dolore)? In termini di auto-regolazione, come le metabolizza?
- Quali strategie adottate per generare emozioni negli altri (collaboratori, superiori o colleghi), influenzare le proprie emozioni e quelle degli altri?
- Prima di un incontro o di una riunione, quale strategia adottate per alzare il livello emotivo positivo tra voi e gli altri?
- Come scaricate il vostro corpo dalle emozioni negative per ritrovare energia e motivazioni? Quali sono le vostre strategie per ricaricarvi?
- Come vivete le emozioni positive?
- Quali momenti di difficoltà avete vissuto nella vostra carriera? Che cosa avete imparato in questi frangenti dal punto di vista emotivo? Vi sentite resilienti?

Letture

[1] R. Plutchik, *Emotion: Theory, research, and experience*, Vol. 1. *Theories of emotion 1*, New York, Academic Press, 1980.

[2] D. Goleman, «What makes a leader?», *Harvard Business Review*, November-Dicember 1998.

[3] D.E. Gibson, R. Callister, «Anger in Organization: Review and Integration», *Journal of Management*, 2010, 36, p. 66.

[4] A.C. Edmondson, «Strategies for learning from failure», *Harvard Business Review*, April 2011.

[5] J.L. Lerner, K. Shonk. «How anger poisons decision making», *Harvard Business Review*, September, 2010.

[6] S.R. Giessner, D. Knippenberg, E. Sleebos, «License to fail? How leader group prototypicality moderates the effects of leader performance on perceptions of leadership effectiveness», *The Leadership Quarterly*, 2009, 20, pp. 434-451.

[7] K. Reivich, A. Shatte, *The Resilience Factor: 7 Keys to Finding Your Inner-Strengh and Overcoming Life's Hurdles*, New York, Broadway Books, 2002.

10 L'era degli invincibili (1984-1987)

Calendario

1984-87 Allenatore dell'Olimpia Milano, Italia.

Risultati

1984-85. Regular season: 23-7, primo posto, pari merito con Roma. Play-off: eliminiamo Virtus Bologna ai quarti (2-0), Torino in semi-finale (2-0) e battiamo Pesaro in finale (2-0). Prima squadra imbattuta nei play-off. Abbiamo fatto piazza pulita. Coppa Italia: eliminati ai quarti da Pesaro. Coppa Korac: imbattuti 9-0, campioni, battiamo Varese in finale a 91 a 78 a Bruxelles (Belgio).
1985-86. Regular season. 26-4, primo posto. Play-off: eliminiamo Udine agli ottavi (2-0), Rimini ai quarti (2-0), Torino in semi-finale (2-1), Caserta in finale (2-1). Vinciamo la Coppa Italia, in finale battiamo Scavolini Pesaro. Coppa dei Campioni: 10-4, terzo posto.
1986-87. L'anno del Grand Slam (triplete). Regular season: 20-10, terzo posto. Play-off: 7-1, eliminiamo Pesaro ai quarti (2-1), Varese in semi-finale (2-0). La prima volta che la finale va al meglio delle cinque: battiamo Caserta 3 a 0. Coppa Italia: 5-0, campioni, battiamo in finale Scavolini Pesaro come l'anno prima. Coppa dei Campioni: 10-5, finale a Losanna (Svizzera), contro Maccabi Tel Aviv vittoria di 2 punti, 71-69.

Perché me lo chiede, Coach?

Arrivare quattro volte secondo ti forma. Quell'estate mi concentro su come preparare la squadra per la stagione successiva, devo recuperare le energie mentali dei ragazzi. Io sono di nuovo carico, sono consapevole e sicuro che ce la possiamo fare. Devo occuparmi del mercato per sistemare qualche tassello. Nel frattempo D'Antoni diventa italiano, quindi ho la possibilità di scegliere un altro «americano» e non me la faccio sfuggire. La prima scelta va su Rush Schoene, due metri e 11, ventiquattro anni, e Wally Walker, due metri e 00, trent'anni. Il primo ala piccola, il secondo ala grande. Mi servono due tiratori. Avevo in mente una squadra molto tecnica e veloce. Bariviera, Boselli, Gallinari formavano una panchina lunga che avrei sempre potuto usare, senza perdere in qualità.

Iniziamo l'anno con due sconfitte. Perdiamo l'apertura in casa, il morale va subito a terra. La terza partita la giochiamo a Fabriano. All'intervallo siamo sotto di 22 punti. Metto in campo l'1-3-1, rimontiamo e vinciamo a fine partita, 82-79. Avremmo potuto cominciare l'anno con tutte e tre vinte, ma la squadra non era in forma. Schoene aveva subito due brutte operazioni alla schiena, ernia al disco. Walker non stava tirando bene. Dopo dieci partite eravamo in equilibrio, chiudiamo con 7 vinte e 3 perse, al secondo posto dietro Banco di Roma.

Durante queste dieci partite vengo a sapere dall'America che si è liberato Joe Barry Carroll due metri e 16, tra le prime scelte NBA quattro anni prima a ventidue anni. 20 punti di media a partita. So per certo che se riesco a prenderlo saremo imbattibili, anche se dovrei gestire qualche scompenso tecnico, ma gestire campioni non mi spaventa. Ovviamente devo tagliare un americano. Decido di tenere Schoene, più giovane, più fresco, più adatto e con più margine di miglioramento. È un rischio puntare su di lui, Walker sarebbe stato più malleabile, ma sono convinto della mia scelta.

Un altro aspetto da gestire è spiegare a Meneghin che il suo ruolo deve cambiare. Non avrebbe più dovuto marcare il pivot (il lungo), ma un'ala. «Dino, abbiamo la possibilità di prendere Joe Barry Carroll. Tu stai facendo un campionato fantastico, 21 punti a partita, sei inarrestabile, ma se prendiamo lui tu dovrai giocare in post alto o come ala, in attacco, vale a dire lontano da canestro. Poi, in difesa, non dovrai giocare più in area bensì fuori, con la fatica di dover correre da un lato all'altro, una cosa che tu non fai mai». E vado avanti a illustrargli tutti i cambiamenti che avrebbe dovuto fare nel suo ruolo in campo. Mi interrompe: «Coach, perché mi sta dicendo tutto questo? A me non interessano tutti questi aspetti, a me interessa solamente vincere. Prendiamo Joe Barry Carroll e io mi adeguo». Avevo sprecato tutto quel fiato, lui voleva quello che volevamo tutti: la vittoria. Da lì in poi la sua media punti a partita scenderà a 11, mentre Carroll arriverà a 27, ma mai una recriminazione di Meneghin, anzi era felice per il suo compagno e per la squadra. Tutti hanno accettato il sacrificio per un obiettivo comune. C'era grande intesa. Meneghin e Carroll creano subito una coppia formidabile in allenamento. Vogliono sempre stare uno contro l'altro. Sanno che possono imparare l'uno dall'altro, migliorandosi. «As you practice you play». Tutti si aiutano e dimostrano grande maturità.

Tagliare un campione

Tagliare – gergo sportivo per dire licenziare – Wally Walker è stato difficile e doloroso per un campione come lui. Abita un piano sopra di me e lo chiamo, ho bisogno di un momento privato per parlargli. «Wally, sono Coach. Stanno avvenendo dei cambiamenti e tu sei coinvolto. Puoi scendere per favore?» Arriva in un minuto ovviamente, il tempo di fare due rampe di scale. «Wally, succede questo, abbiamo la possibilità di prendere Joe Barry Carroll e devo tagliare uno dei due americani. Purtroppo sei tu quello che non posso tenere». Mi fermo per dare il tempo a entrambi di mandar giù quel momento che non faceva piacere a nessuno dei due, ma sicuramente a lui ancor meno perché la decisione l'ho presa io. «Wally, ovviamente rispetteremo le scadenze dei pagamenti del contratto». Bocca aperta, sguardo sgranato, Wally mi fissa come se non stesse capendo la situazione, di certo è disorientato. Sapevo che non sarebbe stato facile, ma ci tenevo a dirglielo di persona. Mi sono sempre sentito responsabile dei miei ragazzi, se avessero avuto delle perplessità o dei problemi volevo esserci per dare loro una mano. Lui è stato splendido, non poteva nascondere la sorpresa, ma ha accettato la mia decisione, ero riuscito a ottenere la sua fiducia. È rimasto quella settimana, si è allenato con noi con grandissimo impegno e ha anche giocato la partita contro Torino. Grande prova di correttezza e integrità.

È stato il suo ultimo anno da giocatore. Poi è diventato commentatore televisivo a Seattle, la sua città di origine, dove aveva già giocato. Wally era stato per otto anni in NBA nei Seattle SuperSonic, Portland Trailblazers e Houston Rockets. La società di Seattle vedendolo così preparato gli chiede di diventare general manager e la sua carriera va avanti fino a quando non è diventato presidente dei SuperSonic nel 1993 (fino al 2008). Un grande successo che nessuno più di lui si meritava. È proprio il caso di dire che non tutti i mali vengono per nuocere. Saper prendere decisioni anche in questo senso è una prerogativa di un leader, non c'è dubbio. Molti pensano che sia più importante trovare il giocatore giusto, ma vi posso assicurare che è altrettanto importante tagliare il giocatore giusto. Io ho preferito tagliare il più esperto, perché avevo in mente la squadra in un certo modo. Una volta presa la decisione tecnica, c'era il fattore umano. Mi sono sentito molto male per aver dovuto tagliare Wally, «Ma chi sono io per decidere delle sue sorti?», mi ripetevo questa frase in testa, ma non potevo scappare dalle mie responsabilità. Il focus è sul bene della squadra e non certo sul far del male a un ragazzo del genere. Ancora adesso Wally mi dice: «Coach, mi hai tagliato!» e io simpaticamente rispondo: «Wally, ti ho lanciato come manager!».

Non si finisce mai di imparare

Siamo nella stagione 84-85. Marco Lamperti classe 1962 ha ventuno anni, un metro e 90. Atleta spaventoso, quasi tutti i record di prestazione atletica che abbiamo in squadra: salto in lungo da fermo, salto triplo da fermo, salto quintuplo da fermo, li detiene tutti lui. Tranne il salto decuplo che invece è di Sergio Biagi, suo compagno di squadra. Il suo personale per la scalata dei gradoni al Palalido è di 2'37", come per D'Antoni e Boselli. Era ai livelli dei grandi. Non è un playmaker ma non può fare altro, vista l'altezza. L'anno precedente in finale di Coppa delle Coppe contro il Real Madrid ha fatto la partita della vita. 22 punti, stella incontrastata della partita. Quest'episodio gli monta un po' la testa, pretende di essere titolare al posto di Mike D'Antoni, ma ovviamente questo non esiste. Tra l'altro ho notato – e non solo io – che da allora tendeva a essere duro in allenamento con D'Antoni, falli inutili fatti di proposito. Mike si arrabbiava ovviamente, ho dovuto separarli diverse volte.

In quell'anno viene a mancare la madre di Marco, episodio che naturalmente lo ferisce, ma è molto orgoglioso e non fa trasparire niente. E questo mi disorienta. È sabato mattina, si presenta agli allenamenti e Casalini chiede notizie della madre, sapevamo che stava male. «Marco, come sta?», «È morta ieri sera». E senza aggiungere altro fa l'allenamento esattamente come tutte le altre volte. Io stupidamente ho preso questa freddezza come segno di durezza e maturità e non ne ho tenuto conto, ma avrei dovuto. Qualche settimana dopo, in allenamento, Marco sta davvero dando molto fastidio a D'Antoni, che è l'elemento chiave della squadra, ero ultraprotettivo nei suoi confronti. A un certo punto perdo la pazienza, inizio ad alzare la voce, molto infastidito: «Marco! Fai una cosa, siediti lì in panchina. Anzi fai una cosa, vai nello spogliatoio. Anzi vai proprio a casa!». Non ha nemmeno risposto. È uscito e non è mai più tornato.

Avevo davvero esagerato, avevo completamente perso le staffe. Ma non avrei dovuto umiliarlo davanti a tutti. A quarantanove anni avrei potuto gestire l'episodio con più intelligenza e meno istinto. Avevo le capacità per farlo, ma mi sono lasciato trasportare dalla rabbia, che in quel caso era la supponenza di sapere che cosa avesse in testa quel ragazzo. In quell'occasione non ho saputo guardargli dentro. Ci ho impiegato qualche anno per recuperare il rapporto con lui, ci tenevo moltissimo perché avevo davvero sbagliato. Ha continuato come professionista, prima nella stagione 1985-86 a Verona in serie B, poi 1986-87 con Forlì e gli altri sei anni a Reggio Emilia. L'ho rivisto per la prima volta a Reggio Emilia. Mi avvicino e dico: «Marco, mi spiace molto per quella volta. Tutto ciò che è successo è stata colpa mia», «Tutto ok, Coach». E ci siamo abbracciati.

Siamo la ventiquattresima squadra NBA

Stiamo per diventare vincenti, stiamo imparando a non mollare mai. Semifinale Coppa Korac a Belgrado, è il 7 marzo 1985. Avevamo vinto la partita a Milano di 23 punti (109-86). La Stella Rossa non ha alcuna possibilità di eliminarci, possiamo anche perdere di 22 punti, stiamo comunque giocando bene e siamo in partita. Non voglio che i miei si siedano, al contrario li sprono. Chiudiamo il primo tempo sotto di almeno 10 punti. «Ok ragazzi, non facciamoci sfuggire questa occasione, non abbiamo nulla da perdere, giochiamoci tutto. Battiamo la mitica Stella Rossa a casa loro, nel famoso Pionir, e portiamoci a casa 2 punti! Facciamo vedere al mondo che siamo imbattibili». Nel secondo tempo comincia la risalita. Meno sette, meno sei, meno cinque, meno quattro e così via. Pochi secondi dalla fine e la palla arriva nelle mani di Joe Barry Carroll che con un gancio elegantissimo la butta nel canestro mentre suona la sirena e finisce la partita. 100 a 99, sbanchiamo Pionir. Grande professionalità dei miei ragazzi.

Conferenza stampa. «Peterson, qual è il segreto di questa squadra?», «Siamo la ventiquattresima squadra NBA». Mi viene spontaneo, non era preparata, ma sicuramente avevo appena fatto un'affermazione forte per quei tempi. L'NBA aveva ventitré squadre ed è il campionato più importante al mondo, dire di essere la ventiquattresima squadra voleva dire che facevamo parte di un altro campionato, del campionato più importante al mondo. Per me era veramente così, il nostro livello non aveva niente da invidiare a nessuna squadra americana. Non si contano i commenti e i giudizi negativi soprattutto degli altri coach, il più carino diceva che ero un pallone gonfiato, un povero illuso e via dicendo. Ma io sapevo che cosa avevo fra le mani, non ho ritrattato una sola parola e poi ai ragazzi è piaciuta molto. Anche se non era necessario vincere contro la Stella Rossa ce l'abbiamo messa tutta e abbiamo meritato di vincere. Si inizia a vedere una chiara mentalità vincente. Abbiamo avuto professionalità, rispetto per l'impegno, per l'avversario, per la partita e per il basket.

Non serve un'impresa da titani per dimostrare di avere una mentalità vincente: io chiedo semplicità e concentrazione.

Semplicità. Anche una cosa piccola e fatta bene può essere sufficiente. Occorre partire dal gioco semplice, vale a dire niente grandi schemi super complicati, ma poche regole e pochi passaggi che i giocatori possono interiorizzare completamente. Questo ha fatto di noi una squadra da NBA. Non riesco a capire quegli allenatori che a trenta secondi dalla fine si inventano uno schema. I giocatori a quel punto della partita sono spompati, non hanno più ossigeno, vanno avanti con i nervi, non possono spendere energie per «imparare» una cosa nuova. Lo schema va provato in allenamento, sperimentato, fatto diventare un automatismo. Per i giocatori non deve essere un pensiero! Devono saperlo fare come sanno allacciarsi le scarpe. Io ripeterò spesso: «Niente di nuovo, niente di diverso, niente di più. Forza ragazzi facciamo bene ciò che sappiamo fare!». L'obiettivo è di mettere i ragazzi in condizione di non fare brutta figura, ma anzi di dar loro tutti gli strumenti per poter avere successo. Così facendo non ci si affida solo ai campioni, ma a tutta la squadra perché tutti saranno pronti, al posto giusto e al momento giusto.

Un altro concetto da tenere presente è la concentrazione. Per essere vincente il giocatore non deve pensare al tabellone, cioè al tempo o al punteggio. Ma deve focalizzarsi sulla prossima azione. Dimostrando rispetto per il gioco, per l'azione e per i compagni. Se resto concentrato sono presente nell'azione, che non significa toccare per forza la palla, ma essere disponibile a intervenire: occhi e mente sul «qui» e «ora». Tutti i grandi campioni mentre giocano sono talmente concentrati che non sentono nemmeno il rumore del pubblico. Concentrazione significa far sentire la propria presenza agli altri, il *sense of urgency* che si traduce in una grande intensità nella partita e nella singola azione.

Semplicità e concentrazione generano energia che si traduce in mentalità vincente, ciò che hanno le squadra NBA. Leo Durocher, grandissimo manager a New York, Chicago, Houston e uno dei miei grandi ispiratori, diceva sempre: «Don't tell me "We'll get them tomorrow". You win today or you'll be gone tomorrow!», «Non dirmi mai "Abbiamo perso oggi", vinceremo domani. Vincete oggi, o domani non ci sarete più». Domani non sai che cosa succederà, rimani concentrato sul presente. Ho sempre amato chi si dedica al cento per cento a quello che sta facendo in quel momento, non pensando ad altro, cogliendo l'attimo e vivendolo appieno fino in fondo.

Quell'anno, 1984-85, vinciamo lo scudetto battendo Pesaro in finale (2-0) e vinciamo la Coppa Korac, imbattuti 9-0, battendo Varese in finale.

Una sola mela marcia non trova coppia

Cedric Henderson, due metri e 03, ha vent'anni nel 1985 quando arriva a Milano. Un bel tipino, tre università cambiate in un anno, sempre per voti non buoni. Le potenzialità ci sono, anche se ha una storia travagliata: padre ammazzato durante un furto quando lui ha solo sedici anni. «Mio padre è morto in Vietnam», questa è la sua versione, che la dice lunga anche sul male che doveva avergli fatto quell'episodio.

«Cedric, non ci siamo. Oggi si gioca e ieri sera hai fatto baldoria fino al mattino alla discoteca Nepenta, come posso contare su di te?» Lui mi guarda sbalordito, «How do you know, Coach?», «Come fai a saperlo, Coach?». «Cedric ma secondo te, quanti ragazzi di colore alti due metri e 03 ci sono in giro a Milano?!?! Hai idea di quanti tifosi ha l'Olimpia? Stamattina il mio telefono ha cominciato a squillare alle 7! Non ero ancora sveglio che già sapevo il casino che avevi fatto qualche ora prima. Così non va bene. Da ora contratto tagliato». Eravamo in pre-stagione e l'ho lasciato a casa. Era un ragazzo che come si dice negli Stati Uniti era «programmed to fail», programmato per non fare bene. Cerchiamo un'alternativa, ma in quel momento sul mercato non c'è una soluzione migliore.

«Toni, riprendiamo Henderson». Ho sempre rischiato un po' in tutta la mia carriera. Era il momento per farlo di nuovo. «Ok ma io non gli do i 125mila dollari che avevamo concordato all'inizio», «Ok Toni, fagli l'offerta che ritieni giusta. Ci penso io poi». «Cedric questa è l'offerta: 75mila dollari. Hai dieci secondi per decidere». Senza neanche pensarci un attimo dice: «Accetto, Coach». «Perfetto, queste sono le regole» e lascio la parola a Cappellari che è bravissimo, gli fa un discorso molto chiaro e preciso, partendo dalla storia della nostra squadra per trasmettergli la fierezza di farne parte. Cedric sembra capire.

Avevo con me anche tutti gli altri nove giocatori che sapevano benissimo che cosa volesse dire lavorare duro, impegnarsi, fare squadra. Sono consapevole che Cedric è un po' una mela marcia e sto rischiando, ma non esiste il pericolo delle due mele marce! È solo, molto giovane e immaturo, ma sapevo che con un team alle spalle sarebbe cresciuto. Qualche difficoltà all'inizio dell'anno, ma poi è diventato un giocatore spaventoso. Tutti i compagni lo hanno aiutato, sostenuto, valorizzato, in termini sportivi lo hanno amato e lui ha ricambiato, soprattutto sul campo.

Quando quell'anno vinceremo lo scudetto contro Caserta per me sarà il miglior giocatore della partita e sarà protagonista di una scena emozionante. Siamo al ristorante Il Torchietto, dopo la vittoria-scudetto. Cedric sembra un fotomodello: pantaloni bianchi, polo rosa. Chiede di poter parlare con me e Toni Cappellari. «Volevo solo ringraziarvi per tutta questa meravigliosa esperienza.» Punto. È una grande soddisfazione per tutti.

L'anno successivo tornerà a giocare in NBA, ad Atlanta, la sua città natale, dove purtroppo lo aspettano ancora i suoi amici. Lo mettono di nuovo sulla cattiva strada, ha problemi di droga, cambierà squadra ma non riuscirà più a decollare, fino a non giocare più. La stagione a Milano è stata l'unica stagione da campione della sua vita.

Voglio sentire la tua voce

1985-86. Semifinali scudetto. Torino viene a Milano e fa la partita della vita, vincono 94 a 91. Seconda partita in casa loro, sono un po' preoccupato. È una delle rare volte in cui sono io a parlare alla squadra in preparazione della partita del giorno dopo, di solito lo lasciavo fare a Casalini, il mio vice. «Franco, siamo a un momento importate della stagione, voglio fare io il discorso ai ragazzi, voglio fargli capire che ci sono, che credo in loro, voglio usare tutto il mio carisma.» Devo premettere che Premier aveva soprannominato Dino Meneghin Testa, per le dimensioni della sua testa e anche perché Dino sapeva sempre che cosa fare, insomma usava bene la sua testa. Arrivo alle marcature: «Ok, D'Antoni prenderà Della Valle, Premier prenderà Savio, Meneghin tu marchi Croce». Premier mi interrompe, era la prima volta che succedeva. «Coach!» Penso: «Stavolta ho davvero usato la mia leadership per motivare anche Premier che di solito è così silenzioso!», «Roberto, dimmi pure», «Coach, sarà la prima volta nella storia del basket, che Testa marca Croce!» e tutti a ridere come matti. «Ok, stop alla riunione, andiamo ad allenarci!» Il segnale per me è chiaro: non sono tesi, non hanno paura. Vinciamo quella partita 87-79, non è stato per niente facile, ma avevamo il giusto approccio, la giusta mentalità.

Episodio emblematico di gara 2 con Torino. Mancano dodici minuti e 43 secondi alla fine, quinto fallo per D'Antoni che quindi è costretto a lasciare il campo. Siamo 4 punti sopra. Metto dentro Franco Boselli, detto il Barone per via della sua eleganza dentro e soprattutto fuori dal campo. D'Antoni era quello che dirigeva il gioco, che coordinava gli altri, senza di lui per tutto quel tempo sarebbe stato davvero molto rischioso. Avevo bisogno di un leader in campo. Non c'è time-out, ma Meneghin si avvicina alla panchina per asciugarsi e colgo l'occasione: «Dino, ho bisogno di sentire la tua voce». Da quel momento è stato il direttore d'orchestra, non avevo mai sentito così tanto le sue parole in campo. È stato lui il vero allenatore di quegli ultimi minuti. Ha saputo prendere in mano la situazione, ha fatto tutto lui. Questa è la vera leadership. Lui sapeva qual era il suo ruolo, non l'aveva mai fatto prima perché c'era D'Antoni a farlo, ma era pronto ed è stato magistrale.

Rinnovare il rapporto quotidiano

È ancora la stagione 1985-86, da otto anni ormai alleno D'Antoni, Boselli e Gallinari. Meneghin da cinque e Premier da sei. È un gruppo coeso ma la quotidianità non è sempre facile da gestire. Ho affinato una mia personale tecnica per fare in modo che il mio rapporto con i ragazzi non perdesse di intensità ed energia, seguendo tre regole.

Prima regola: contatto verbale. Ogni volta che sto con loro, a ogni allenamento, a ogni partita, a ogni cena, li saluto e scambio due parole con tutti, nessuno escluso. Serve per rinnovare il rapporto con loro ogni giorno, in questo modo posso guardarli negli occhi, e a loro volta possono decifrare la mia faccia, vedere il mio sorriso e la mia calma. Può sembrare una banalità, ma aiuta anche a trasmettere la sensazione di «protezione» che io ho nei loro confronti e il rispetto che provo verso chi mi dà tante soddisfazioni in campo. «Mi ha salutato ieri, mi ha salutato oggi, so che mi saluterà domani», volevo generare questo tipo di pensieri. È per me importante guadagnare la fiducia degli altri e anche nelle piccole cose si vede la differenza fra quelli di cui ti puoi fidare e quelli che invece non ti convincono fino in fondo. Non voglio dire che lo facevo come un attore, ma credo fermamente che occorra esprimere le proprie emozioni, le proprie sensazioni nei confronti degli altri se vuoi tenere vivo il rapporto.

Seconda regola: il tono di voce. Scambiando anche solo due parole io posso percepire la differenza nei loro toni di voce. «Dino, come va?», «Bene, Coach, grazie!», bello squillante: Dino è a posto. «Buongiorno Roby, stai bene?», «Sì, Coach, benissimo!», tono alto: anche Premier sta bene. «Barone buongiorno, come andiamo oggi?», «Coach, bene grazie», tono basso, sguardo altrove: scatta il campanello d'allarme. Non è il contenuto delle parole che fa la differenza, ma l'atteggiamento del corpo che non mente, il timbro della voce triste o preoccupato. In questo caso allora approfondisco e cerco di capire dov'è il problema. «Barone, c'è qualcosa che non va!» e non è una domanda. «No no, Coach, tutto bene tranquillo», «Ok», non ho bisogno di insistere, adesso lui sa che ho percepito qualcosa e che se ha bisogno di me io ci sono. «Barone, se hai bisogno, lo sai, sono sempre a tua disposizione». La porta è veramente aperta, non solo a parole. Chi ho davanti sa che mi interesso a lui anche nei dettagli. Molte volte diciamo alcune parole, mentre emotivamente trasferiamo altro.

Terza regola: il decimo uomo. Non mi sono mai curato solo delle stelle del gruppo, ma di tutti e dieci i ragazzi. Sarà forse perché sono stato anche io a mia volta il decimo uomo o anche l'undicesimo, ma non ho mai fatto sentire ultimo nessuno. Una volta al mese, una volta ogni tanto dedico la mia attenzione a Mario (detto Marione) Governa, all'epoca era lui il decimo uomo: «Mario, voglio dirti quanto apprezzo quello che fai per la squadra». Senza aspettarmi repliche o ringraziamenti. Era importante che lui sapesse. Lui era davvero indispensabile, prendeva botte quotidianamente da Meneghin in allenamento, era perennemente coperto di lividi, ma quell'anno per esempio su 58 partite ne gioca solo 5. Lavorava come tutti, ma non giocava come tutti. E non si lamentava mai. Prima di lui Tullio Piccoli, prima di lui Rinaldo Innocenti, prima ancora Tony Dalla Monica, tutte persone assolutamente indispensabili per la squadra che però non sono considerate né dai media né dai tifosi. Tocca a me gratificarli e far sentire quanto sono indispensabili per me e per la squadra.

Ho rincontrato Marione Governa durante una partita dei New York Knicks, allenata da Mike D'Antoni, contro l'Olimpia qui a Milano. Erano anni che non ci trovavamo, ero molto felice di rivederlo e mi è venuto spontaneo, dal cuore: «Ehi Mario, voglio dirti una cosa...». E lui, cogliendomi sul tempo: «Lo so, Coach, lo so» e gli sorridono anche gli occhi.

Più punti, meno trofei

La mentalità vincente si può ottenere con semplicità e concentrazione degli obiettivi, ma anche con un terzo ingrediente: giocare ogni azione come se fosse quella determinante.

Nella finale 1985-86 contro Caserta, Gentile ruba palla per ben due volte su D'Antoni e in entrambi i casi Henderson con vere e proprie falcate da triplista lo raggiunge, lo stoppa e recupera il pallone. Se Gentile avesse segnato in una delle due azioni, probabilmente avremmo perso il contatto in termini di punteggio con Caserta perdendo la partita e quindi lo scudetto.

Le partite durano quaranta minuti, ma in questi quaranta minuti sono solo due o tre i momenti che la determinano, e si possono vivere solo sul campo, non sono prevedibili. Spesso non sono azioni strabilianti, tiri da tre all'ultimo secondo, o altro. Sono momenti critici della partita nei quali i campioni sono presenti e sanno che ogni metro, ogni palla, ogni azione è decisiva, per il punteggio, per il morale, per lo spirito della squadra. Ogni azione merita rispetto, sapremo solo dopo se è stata quella che ha segnato il corso della partita. Siamo tutti generali dopo la guerra. Non va sprecata nemmeno una singola occasione, pensando che tanto non è quella che fa la differenza, va dato sempre tutto, ogni piccola energia, ogni piccolo centimetro – come direbbe Al Pacino in *Ogni maledetta domenica* –. Perché è impossibile sapere quale momento avrà deciso la partita fino a quando la sirena di fine partita non suona.

«Tira chi è nella posizione migliore, NON il giocatore migliore!» è un concetto che ho martellato nelle loro teste talmente tante volte che di certo se lo ricorderanno fino alla fine dei loro giorni. Durante quella partita con Caserta particolarmente. Gli altri erano più prevedibili di noi, «Cosa farà Caserta? Lo sappiamo già, è semplice, daranno sempre la palla a Oscar Schmidt, uno che tira sempre e che segna quasi sempre, spesso una media oltre 35 punti per l'intero campionato! Noi siamo tutti e cinque forti, non siamo prevedibili, chi è libero tira, chiunque, spiazzando gli avversari. Chiaro?». Chi gioca per se stesso forse farà più canestri in senso assoluto, ma di certo non aiuterà a rendere la squadra imprevedibile. Di solito i grandi realizzatori non hanno mai vinto molto e Oscar Smith ne è un esempio. Quell'anno, vinciamo contro Caserta la terza partita in casa di 9 punti (93-84) e vinciamo lo scudetto.

Gli italiani vogliono i tuoi minuti

1986-87. Anno del triplete e ultimo anno di questo racconto. «Cosa caspiterina leggi la pagina dell'NBA, tu non ci giocherai mai! Stai facendo schifo, giochi malissimo. Gli italiani vogliono i tuoi minuti!», quindici secondi duri e crudi. A pronunciare queste parole, Bob McAdoo – il più grande giocatore di basket che a mio avviso abbia mai giocato in Italia –, rivolgendosi a Ken Barlow, altro giocatore americano che gioca con noi. Siamo sul pullman che ci sta portando a Pesaro, mentre McAdoo strappa di forza la copia di *USA Today* dalle mani di Barlow. Il messaggio è per me soprattutto, come se mi stesse dicendo: «Peterson, se vuole sbattere questo americano in panchina perché gioca male, faccia pure. Io che sono americano e nero come lui non dirò una parola!». Rimangono tutti scioccati.

Chi è Bob McAdoo? Americano del North Carolina, due metri e 06 per 95 kg, cinque volte All Star, aveva già giocato in NBA: New York Knicks, Boston Celtics, Detroit Pistons e New Jersey Nets. Aveva vinto due titoli con i Los Angeles Lakers, miglior giocatore (MVP) NBA nel 1975, primo realizzatore NBA nel 1974, 1975, 1976. Insomma un colosso, con un'esperienza che nessun mio altro giocatore aveva mai avuto.

Chi è Ken Barlow? Ragazzo di ventidue anni, due metri e 08 per 100 kg, appena uscito da Notre Dame. Viene da una famiglia di militari, molto educato, prima scelta dei Lakers. Aveva cominciato malino, ma Bob gli ha dato una scossa. Da quel giorno Barlow è cambiato e si è concentrato sulla sua avventura in Italia, sui suoi compagni.

Rispetto reciproco e concentrazione alta

Una squadra vincente non è una squadra che si può sedere, mai. A volte, vincere tanto porta ad atteggiamenti di rilassamento che non fanno bene. Io sono dell'Illinois e mi era capitato di vedere durante un torneo scolastico negli anni Cinquanta il mitico Duster Thomas, allenatore della Pinckneyville High School, nella parte più a sud del mio Stato dell'Illinois. Durante una partita nella Sweet 16, ultimissima fase del torneo dello Stato, alla leggendaria George Huff Gymnasium dell'University of Illinois, davanti alla tv che trasmette nell'intero Stato, coach Thomas si rivolge a un suo giocatore, Eugene Place: «Eugene, tu devi marcare meglio Brown». Risposta secca: «Coach, se lei pensa di saperlo marcare meglio di me, vada pure in campo al posto mio!». Thomas non si scompone: «Eugene, vai negli spogliatoi la tua partita è finita, andremo avanti senza di te». Aveva eliminato il suo miglior giocatore e perso la partita. Io rimango molto impressionato da questa scena, ma penso che Duster Thomas non è un pazzo. Ha perso una partita ma non ha perso la squadra, cosa che sarebbe invece accaduta se avesse ammesso che un suo giocatore si rivolgesse a lui in quel modo.

Siamo nella stagione 1986-87, contro Brescia, quarta partita dell'anno. Stiamo giocando malissimo, rimaniamo per tutto il tempo sotto. La mia politica è che se sostituisco un giocatore non voglio vedere alcun gesto di stizza, lanci di asciugamano o di tute da parte di un compagno, o sentire parole fuori luogo. Il giocatore va diretto sul fondo della panchina e si può sfogare con il massaggiatore, a fine partita se ne riparla. Io non ho mai fermato nessun mio giocatore in quell'istante del cambio, come magari fanno altri allenatori che in quei pochi secondi, mentre la partita scorre, parlano al proprio giocatore facendo una lezione di basket davanti a tutti. Caro allenatore, tu non fai commenti in quel momento! Tutti sapevano che era così. Rispetto reciproco.

Al decimo minuto tolgo Premier, che ovviamente vuole vincere. McAdoo sta giocando malissimo, non riesce a tenere a bada il suo uomo. Erano le prime partite ed era appena arrivato, io sapevo che dovevo farlo giocare. «Dica piuttosto a lui di difendere!», Premier urla che lo sentono dalla tribuna mentre esce, riferendosi naturalmente a McAdoo. «Roberto, tu qui hai finito, vai negli spogliatoi», senza scompormi. Cappellari lo segue, io arrivo nell'intervallo, Premier in lacrime e Toni mi prega di farlo rientrare. «Benissimo, ti rimetto in campo, ma fai attenzione, ti sei giocato l'unico chip che avevi a disposizione, un'altra reazione del genere e con me hai chiuso». Non serviva essere più duri, Roberto Premier era un ragazzo solare e intelligente, si era fatto prendere dai nervi, succede a tutti. Ma così facendo ho mantenuto il comando della squadra. Perdiamo quella partita, ma non perderò la squadra, quello è stato l'aspetto importante, la lezione di coach Thomas.

Sempre nella stagione 1986-87, Meneghin si infortuna negli ultimi due minuti durante la finale di Coppa dei Campioni vinta contro Tel Aviv. Un duro colpo per la squadra che deve giocare i play-off senza Meneghin. «Dino, devi stare in panchina perché prima o poi, e non so quando, avrò bisogno di te». Al sedicesimo eravamo già sotto di 19 punti, 28-47, poi la squadra fa una grandissima rimonta e ci portiamo in vantaggio di 2 punti, 84 a 82, dopo tre tiri liberi per un fallo di Nando Gentile. Però loro hanno l'ultima azione, Oscar Schmidt è fuori per cinque falli; è il turno di Gentile, grande talento, atleta, mancino. In campo il bulgaro Giorgi Glouckhov, un armadio di uomo. «Dino, ho bisogno di te». Era venuto il momento di giocarsi tutto, nonostante lo strappo muscolare dietro la coscia. Tolto Bargna, entra Meneghin a marcare questa montagna umana: tira fuori tutta la forza che ha in corpo, anche se quasi zoppica. Mancano quattordici secondi dalla fine. Glouckhov viene fuori e piazza un blocco contro D'Antoni che si stampa contro di lui, quindi Gentile è libero. Se Meneghin non cambia su Gentile, che è un ottimo tiratore da tre, perdiamo la partita. Dino sembrava un ventenne, con uno scatto laterale che nelle sue condizioni era impossibile, scivola a granchio addosso all'avversario che prova lo stesso a tirare, ma è sbilanciato e sbaglia. Sirena di fine gara, ventitreesimo scudetto all'Olimpia. Grandissima prova di forza e coraggio ancora una volta, i campioni sanno tenere alta la concentrazione anche nei momenti difficili.

Non avere fretta, un punto a minuto

Ai tempi la Coppa dei Campioni (l'Eurolega di oggi) funzionava in questo modo. C'erano ventiquattro squadre, ogni Nazione mandava solamente la squadra campione. La FIBA le divideva in dodici accoppiamenti di andata e ritorno, il primo tool di qualificazione. A noi tocca l'Edimburgo, che eliminiamo in entrambe le partite. Rimangono dodici squadre, si fanno altri sei accoppiamenti, le sei squadre che escono da questa qualificazione faranno il girone finale. Arrivare nel girone finale voleva dire fare incassi in una sola partita che non si facevano in tutta la stagione del campionato italiano, sufficienti a pagare gli stipendi di tutti. Il livello delle squadre è talmente alto che l'attenzione per l'evento è ai massimi. Si capisce che c'è una grande motivazione di tutti ad arrivarci. Il secondo turno è contro ARIS Salonicco.

Siamo nel 1986, ottobre, non ci sono computer, DVD, Internet, niente! Pare impensabile vedendo la situazione ai giorni nostri, ma in quel momento siamo tagliati fuori da tutto, non abbiamo nessun genere di informazione sulle squadre meno conosciute. Quando arrivano gli accoppiamenti dalla FIBA mi sento già sicuro: «La Grecia, figuriamoci se può batterci!», ho pensato bello tranquillo. E infatti, nella partita di andata a casa loro non ci hanno battuti, ci hanno A-S-F-A-L-T-A-T-I, letteralmente! 98 a 67. Per passare il turno dobbiamo batterli di 32 punti. Non sapevo nemmeno il nome del loro allenatore, Yoannis Yoannidis (adesso lo so, mi si è stampato in fronte).

«Adesso la società mi licenzia. Sarà così, esco dagli spogliatoi e mi dicono: "Coach, così non va, grazie di tutto, arrivederci"», me la immaginavo così la scena, non poteva andare diversamente. Non avrei potuto difendermi, avevo sbagliato tutto, a cominciare dall'ambiente. Non eravamo assolutamente preparati ad affrontare un'atmosfera del genere: sputi, monete, accendini, quattromila persone in un palazzetto che ne teneva tremila e via dicendo. Rientro in albergo, mi faccio una doccia, mi sdraio sul letto e spengo la luce. Non chiudo occhio. Il mattino seguente non mi licenziano. Vado all'allenamento del pomeriggio come uno zombie, un po' per l'umore un po' per la notte insonne e per la prima volta non parlo con nessuno. «Franco, fai tu l'allenamento, cinque minuti di verticale, dieci minuti di stretching, quindici minuti di tiro, trenta minuti di serie di situazioni in contropiede (2-contro-1, 3-contro-2, 4-contro-3, 5-contro-3), quindici minuti di metà campo, quindici minuti a tutto campo e poi i tiri liberi». Era lo stesso allenamento da nove anni, lo sapeva anche lui a memoria. Quelle sono le uniche parole che pronuncio. La domenica c'è la partita di campionato e sono talmente assente che non mi ricordo nemmeno con chi abbiamo giocato. Non parlo prima della partita, non parlo durante, non chiamo nessun time-out, so solo che abbiamo vinto, ma non riesco a mettere a fuoco nient'altro. Sono stanco morto, sia fisicamente sia mentalmente. Continuo a vedere gli ultimi nove anni della mia vita andare in fumo. Sono terrorizzato, una sensazione di vuoto, mai provata in vita mia.

Arriva la partita del giovedì sera al PalaTrussardi. Negli spogliatoi finalmente mi escono le prime parole, praticamente di tutta la settimana. «Voglio vincere questa partita, anche di un solo punto». «Seconda cosa. Se avete intenzione di recuperare lo svantaggio», e appositamente non parlo di numeri, «vi do un consiglio. Non abbiate fretta. Basta recuperare un punto ogni minuto». Ogni minuto doveva esser giocato come se fosse quello decisivo. Avremmo dovuto vincere di 32 punti per portarci a casa il turno, ma se avessi detto loro così si sarebbero trovati davanti a un obiettivo grande come una montagna da scalare, li avrei demoralizzati, e non volevo giocatori concentrati sul tabellone.

All'intervallo avevamo recuperato solo 14 punti, l'ideale sarebbe stato 16, ci serviva uno scarto di 32 punti. Ai ragazzi non faccio nessun accenno, sanno benissimo contare da soli. Il secondo tempo l'abbiamo vinto – guarda caso! – esattamente di 20 punti; 20 punti in venti minuti, proprio un punto per minuto. Passiamo il turno.

Mi alzo dalla panchina, con quella pochissima forza che ho in corpo, in campo il pandemonio, invasione, tutti per terra, uno sull'altro. Faccio tre passi, non mi si muovono nemmeno le gambe, da dietro Bob McAdoo con una botta fortissima alla schiena vuole congratularsi: «Dan, we did it!», ma si può ben immaginare, due metri e 11 di uomo, praticamente mi lussa la spalla sinistra. «Bob, I know. È un miracolo», e lui sembra sorpreso, sbalordito! «Miracolo?!?! Cosa stai dicendo? Eravamo tutti convinti!», «Voi eravate convinti? Come mai?!?» e lui «Abbiamo visto il nostro allenatore così tranquillo tutta la settimana...!». Pazzesco. Era l'esatto contrario, ma anche la fortuna ha il suo peso in certe occasioni. Vinceremo tutto dopo quella partita, Coppa Italia contro Scavolini di 2 punti, Coppa dei Campioni contro Maccabi Tel Aviv, ancora 2 punti, finale contro il Caserta a Milano. Sempre 2 punti.

Tutto merito delle sedie

Al termine di quella stagione – incredibile per emozioni e risultati – decido di lasciare la carriera da allenatore, troppi impegni, troppo stress. Sento che devo iniziare a seguire altre mie passioni come la televisione, i media in generale e gli speech aziendali che avevo già iniziato a fare qualche anno prima, sull'onda delle vittorie di Milano.

Stagione 1987-88 l'allenatore dell'Olimpia è Franco Casalini, mio vice. Mike D'Antoni e Bob McAdoo ancora in squadra. E Milano perde in finale contro Pesaro, quell'anno allenata da Valerio Bianchini, mio eterno rivale anni prima a Roma. Bob McAdoo, Mike D'Antoni e le loro mogli mi invitano a cena con mia moglie, Laura. Iniziano a parlare del più e del meno, sono un po' giù di morale, forse erano arrivati troppo stanchi in finale.

Faccio una piccola parentesi. L'ultimo anno, stagione 1986-87, a ridosso del periodo decisivo delle finali, avevo impostato un lavoro atletico molto duro. Prima della Coppa Italia, nei giorni di pausa, avevamo fatto per sette giorni consecutivi allenamenti di atletica, quarantacinque minuti, roba da ammazzare un cavallo. E vinciamo. Poi prima di Maccabi per la Coppa Campioni, altri sette giorni di stop, quattro giorni di allenamento di atletica, sempre durissimi. I miei ragazzi lo chiamavano le sedie (*the chairs*), perché io mettevo quattro sedie, una in ogni angolo del campo. Prima jogging semplice dieci giri. Poi progressione, dieci giri del campo intorno alle sedie, alternando il jogging alla corsa velocissima. Poi dieci giri di sprint, quindi partenza veloce fino a metà campo finendo a passo jogging. E, infine, dieci giri di intervallo, che significa lo scatto a ogni linea del campo. Questo era il riscaldamento. Poi c'era il famoso 66. Tutti e dieci schierati sulla linea di fondo, faccia puntata verso la fine del campo dal lato opposto. Corsa in avanti e corsa all'indietro, sempre guardando dalla stessa parte del campo. La cosa difficile era che andava fatto in meno di novanta secondi, provare per credere, non è una passeggiata. Nemmeno tutti i miei ragazzi ci riuscivano. Dopo si faceva il 17. Tutti sul bordo laterale, quindici metri è la larghezza del campo. Andata e ritorno, andata e ritorno, per diciassette volte il tutto in sessanta secondi. Ancora, altro esercizio, l'apnea. Tutti sulla linea di fondo, inspirazione a pieni polmoni e trattenendo il respiro correre fino a linea del tiro libero. Poi espirazione e si ritornava indietro. Poi finiva tutto con un suicidio. Quarantacinque minuti di pura follia. I ragazzi alla fine non camminavano più! Questo non cambiava loro solo il fisico ma anche la testa. Li preparavo al peggio, erano pronti a tutto.

Quella sera a cena con D'Antoni e McAdoo si parla della cocente e recente sconfitta in finale che hanno appena subìto. Io sono un po' dispiaciuto per loro, ma anche un po' orgoglioso perché l'anno prima avevano vinto con me. «Dan, sai perché abbiamo perso lo scudetto quest'anno?», «No, Bob, dimmi«, «We didn't do the chairs!». Perché non abbiamo fatto le sedie! Rimango di sasso, potevo pensare a qualcos'altro, ma non a quello. «Ma Bob, tu odiavi le sedie!», «Lo so che odiavo la sedia, ma quello era il motivo delle nostre vittorie!!».

Non so se nella vita è bello esser ricordati come l'allenatore delle sedie, ma di certo in quei quarantacinque minuti avevo concentrato molto della mia filosofia del basket e del mio intendere lo sport. Io credo che ogni uomo imposti la sua vita in base a dei principi, a dei valori che apprende nel corso degli anni. Io sono felice di aver conosciuto persone straordinarie nel mio percorso, persone che mi hanno insegnato qualcosa, che mi hanno trasferito il valore della vita. Ci sono frasi che ho ascoltato e che ho tenuto scolpite nella mia mente, che mi hanno fatto arrivare alla grande stagione 1986-87, ma soprattutto che mi hanno fatto diventare quello che sono ora.

Queste le frasi, le persone, i valori che custodirò sempre nel mio cuore.

Umanità. «Tu puoi guardare dentro, è il tuo lavoro. Tu puoi guardare dentro gli uomini e devi farlo! Devi prestare attenzione ai dettagli, alle piccole cose, devi leggere in faccia le persone, devi saper leggere cos'hanno dentro», coach Danny Blaze, Evanston Township High School 1954.

Gratitudine. «Prima di tutto, fai amicizia con il custode della palestra. A Natale, se fuma sigarette regalagli una stecca di sigarette, se fuma sigari una bella scatola di sigari», coach Danny Blaze, Evanston Township High School, 1959.

Fiducia. «C'è una sola di tutte le teorie che conosci per cui saresti disposto a giocarti tutto? Hai una filosofia solo tua, il Tuo credo?», coach Barney Oldfield, McKendree College, 1962.

Semplicità. «Tu hai un grande potenziale, perché osservi tanto, studi, analizzi e poi soprattutto semplifichi. You are a slave to simplicity!», coach Barney Oldfield, McKendree College, 1962.

Passione. «Non voglio uno che ha il segno del dollaro al posto del cuore», coach Forddy Anderson, Michigan State University, 1964.

Determinazione. «Penso che prima o poi uno di questi undici uomini debba cominciare a giocare a football!», Dave Nelson, athletic director University of Delaware, 1966.

Flessibilità. «Hei Gringo, noi qui siamo abituati ad andare a 10 all'ora. Tu sei abituato ad andare a 100 all'ora. Adesso stiamo andando a 50 e nessuno è contento», Dr. Guillermo Rodriguez, presidente della Federazione di Basket Cilena, 1971.

Comunicazione. «Hai sbagliato tutto! Devi fargli delle domande, devi costringerlo a reagire!«, Gianluigi Porelli, presidente Virtus Bologna, 1973.

Coraggio. «I'll take care of it«, Terry Driscoll, giocatore killer Virtus Bologna, 1975.

Visione. «Coach perché mi sta dicendo tutto questo? A me non interessano tutti questi aspetti, a me interessa solamente vincere. Prendiamo Joe Barry Carroll e io mi adeguo», Dino Meneghin, giocatore campione Olimpia Milano, 1986.

Schemi di gioco. Mentalità vincente e motivazioni

Le corde della motivazione

Chi vuole comprendere come Dan Peterson sia riuscito a vincere il Grand Slam segnando così l'era degli invincibili non può limitarsi a leggere solo questo capitolo. Il segreto di Peterson sta proprio nel fatto che egli è sempre riuscito a evolvere, aggiungendo un tassello al suo stile di leadership. In questi ultimi tre anni della sua carriera si trova ad allenare grandi campioni, lavora per gestire le relazioni tra i giocatori, dovendo redarguire quando è necessario, come nel caso di Premier che si lamenta del neoarrivato campione Mc Adoo. Vengono fuori il suo coraggio e la sua umanità quando deve tagliare Wally Walker, anche se più esperto di Rush Schoene. Commette un errore nella gestione di Marco Lamperti, la sua determinazione ha forse valicato il sottile confine della presunzione, quando non si accorge che Lamperti sta vivendo un momento difficile e non si allena con il giusto atteggiamento. È impegnato a tenere tese le corde della motivazione anche con atleti che conosce bene, forse proprio per evitare che la familiarità possa compromettere la prestazione, adottando le regole del saluto, del tono di voce e del decimo uomo.

La capacità di motivare è il cuore pulsante della leadership. Tutto ciò che Peterson ha fatto nel corso della sua carriera da allenatore è legato alla motivazione e alle competenze dei suoi giocatori, due ingredienti indispensabili di ogni prestazione individuale. Nel corso degli anni, soprattutto dovendo gestire campioni del calibro di Meneghin, D'Antoni, McAdoo, realizza che il metodo migliore per motivare è «saper guardar dentro», come aveva insegnato coach Blaze. Non esistono tecniche o metodi validi per uno, per alcuni o per tutti. Ognuno di noi, in ogni fase della sua vita, è motivato da qualcosa di diverso. Ci si può allenare e imparare a instaurare una relazione con ogni giocatore, ascoltando, dialogando, cogliendo movimenti e atteggiamenti, diventando in generale più sensibili a leggere lo stato emotivo e motivazionale altrui. Ogni persona ha una storia a sé e ognuno ha chiavi diverse per motivarsi. Spesso non occorre sforzarsi a immaginare che cosa motiva gli altri, basta saperlo chiedere. La prestazione individuale dipende da competenze e motivazioni, ma in quest'ultima fase della sua carriera Peterson comprende che esiste un ulteriore elemento rappresentato dalla mentalità di ogni giocatore.

Tutto ciò che Peterson fa in questi anni è lavorare quotidianamente sulla *mentalità vincente*. È un tema che si legge spesso negli approfondimenti sportivi, riferiti ad atleti e squadra come segreto del loro successo, e che in ambito manageriale viene tradotto con i termini di mentalità (*mindset*) o *cultura della prestazione*. Il mindset è il modo con il quale una persona vede e legge la realtà, in parte è legato alla personalità, in parte può essere modificato dalle circostanze. Abbiamo già definito la cultura come il modo attraverso il quale prendiamo decisioni, vale a dire scegliamo e ci comportiamo. Lavorare su mindset e cultura è una delle priorità del management, in particolare di chi si occupa di gestione delle persone in chiave strategica[1]. Innestare competenze e stimolare comportamenti in persone che non hanno un mindset o una cultura allineate a quella d'impresa rischia di generare divergenze di azione tra le persone. I sistemi di gestione del personale hanno un impatto in primis in termini di *valori* che vengono trasferiti. Vale a dire le motivazioni sottostanti a certe scelte. I valori insiti nelle decisioni organizzative influenzano i comportamenti delle persone e il loro atteggiamento nei confronti dei colleghi, dell'organizzazione e del lavoro in generale.

Le decisioni trasferiscono valori

I valori sono simboli, cerimonie, storie, slogan, artefatti, comportamenti, abbigliamento, contesto fisico ecc. sui quali basiamo le nostre priorità, le decisioni che prendiamo e le azioni che conduciamo. I valori sono le fondamenta delle motivazioni individuali e della cultura organizzativa. Tra l'inizio e la conclusione dell'agire per valori può esserci di tutto, perché il valore copre di sé, legittimandola, qualsiasi azione che sia motivata dal fine di farlo valere. I valori possono essere diversi, spesso si lavora su quelli della meritocrazia e prestazione, ma ve ne sono altri che i sistemi di gestione possono evocare: redditività, etica, eccellenza, senso di appartenenza, cura dell'ambiente di lavoro, famiglia, equità, divertimento, semplicità, impegno, altruismo, sincerità, chiarezza, passione, ispirazione ecc. I valori sottintendono una *cultura organizzativa*.

E la cultura mangia la strategia a colazione: è un modo semplice ma efficace per dire che la capacità di eseguire, cioè come le persone lavorano, è più importante dei piani strategici pensati ma non eseguiti. È a tutti gli effetti una fonte di vantaggio competitivo[2]. Una cultura della prestazione, insieme a una strategia focalizzata, a una struttura organizzativa flessibile e a una capacità di esecuzione, può determinare l'unicità di un'organizzazione, la fonte di distintività dagli altri concorrenti[3]. Il personale è chiamato ad agire con gli stessi valori dei proprietari, di coloro che hanno interesse alla crescita e sostenibilità d'impresa.

La cultura è la capacità di eseguire

Peterson traduce il concetto di *cultura della prestazione* con la mentalità vincente che vuole infondere alla sua squadra, attraverso tre principi, molto concreti, che permeano l'azione sua e dei suoi giocatori in campo: *semplicità*, fare bene ciò che uno sa fare e che la squadra già ha automatizzato in allenamento; *concen-*

trazione, essere sempre presenti fisicamente ed emotivamente nell'azione di squadra; *determinazione*, giocare ogni azione come se fosse quella decisiva, sempre. Quando un giocatore adotta questi tre principi in campo per Peterson è allineato alla mentalità vincente della sua squadra. Queste sono le caratteristiche che lui ritrova nelle squadre NBA e per questo motivo, quando riesce a vincere a Belgrado, contro Stella Rossa, si definisce la ventiquattresima squadra NBA, vale a dire meritevole di giocare negli Stati Uniti, patria mondiale del basket. Anche a questa squadra Peterson assegna un'identità, evidentemente diversa da quella che aveva contraddistinto la Banda Bassotti, un'identità che ne sottolinea la qualità indiscussa. La rimonta in casa contro Aris Salonicco è un altro esempio della mentalità vincente della squadra. Fortunatamente, il suo stato emotivo era arrivato ai giocatori come un messaggio di serenità. Le sue indicazioni – «Vi do un consiglio. Non abbiate fretta. Basta recuperare un punto ogni minuto» – richiamano alla semplicità, concentrazione e determinazione, ingredienti di quella storica rimonta.

Un altro modo per comprende che cosa sia la mentalità vincente può essere quello di descrivere pensieri e azioni di chi invece non la possiede: chi dà la colpa agli altri o a fattori esterni in caso di sconfitta, chi pensa che la sua carriera sia stata determinata da un solo episodio sfortunato, chi pensa di essere bersaglio degli allenatori o dei propri capi, o chi si sente perseguitato da un sistema che non riconosce i propri valori. Un leader che ha una mentalità vincente non pensa a tutto ciò, è convinto fermamente di essere artefice e protagonista del proprio destino, della riuscita dei propri progetti, dei propri desideri, adottando un atteggiamento «can-do», «posso-faccio»[4].

Fortemente voglio

Chi vuole fortemente qualcosa, la ottiene. La mente, con la sua forza di volontà, è in grado di catalizzare energie positive e far sì che certi accadimenti si verifichino. Ogni tanto siamo portati a pensare di esser fortunati, di aver vissuto incredibili coincidenze. Se pensiamo invece che siamo noi a essere riusciti a far accadere certe cose, o semplicemente a vedere ciò che gli altri non colgono, allora possiamo prenderci i meriti di quello che facciamo e di quello che abbiamo realizzato nella nostra vita. Vi sono atleti che pensano di dover cambiare squadra per potersi esprimere al meglio. Molte volte è proprio una questione di mentalità, di come vedono il mondo, di come si costruiscono la realtà e quindi di quanta energia riescono a focalizzare nel gesto tecnico.

Dino Meneghin è l'emblema della mentalità vincente. Giocatore che non si lascia influenzare dai giornali, né in positivo né in negativo. Apprezza l'arrivo di Carroll perché permetterà alla squadra e a lui stesso di vincere, incurante che farà meno punti a partita. Si allena bene e duramente senza alibi, senza rivalità con i compagni, essendo orientato a vincere. È pronto anche dopo un infortunio, per giocare gli ultimi 14 secondi che daranno la vittoria alla squadra. Si allena non sapendo di giocare, non sapendo di dover essere utile alla squadra. Così come prende in mano la squadra – pari a un direttore d'orchestra – quando Mike D'Antoni esce per cinque falli e Peterson gli chiede di farsi sentire in campo dai compagni: «Dino, voglio sentire la tua voce». Sono tutti episodi di chi è programmato per voler vincere, di chi si mette nelle condizioni di fare sempre del proprio meglio, ma soprattutto di chi si allena senza influenze, senza motivi che possano ridurre l'intensità e la qualità del proprio allenamento.

Filtri e antidoti

Sebbene voler vincere sia un esercizio cognitivo, della mente, spesso viene compromesso da stati emotivi negativi che agiscono da filtro. Tali filtri ci allontanano dalla mentalità vincente, ci fanno perdere energia, ci fanno perdere contatto con i nostri compagni di squadra, ci fanno percepire emotivamente distaccati dalla situazione. Sono filtri che la nostra mente pone all'azione. Si possono distinguere: *a*) *filtri alla dimensione individuale*: avere paura degli errori e del fallimento, avere la fobia del controllo assoluto di tutto, dare agli altri il potere di determinare la propria immagine, essere esclusi e sentirsi abbandonati, convivere con il senso di colpa e l'angoscia del dovere, pensare troppo ai talenti degli altri, generare alibi, avere fretta di cambiare per accontentare, avere un'errata consapevolezza dei propri talenti, pensare al passato e alle sconfitte; *b*) *filtri alla dimensione relazionale*: essere anti-dipendenti (della gerarchia), mostrare i propri talenti con eccessiva esuberanza, non credere nei propri talenti, dare per primi e aspettarsi la reciprocità, ricevere prima di dare come segnale del rispetto, non rispettare i propri confini, sostituirsi agli altri nel ruolo che ricoprono, non avere fiducia negli altri, non riuscire a dire di no, dare un feedback criticando gli altri o addirittura ferendo, non credere nei talenti altrui, non affrontare per non avere conflitti. Chi convive con questi meccanismi, inevitabilmente dedicherà parte, o gran parte, delle proprie energie fisiche e mentali, del proprio tempo, a pensare a questi filtri. In senso figurato, pensate a un torrente di acqua limpida che viene frenato da una serie di filtri, ostacoli che possono addirittura rischiare di bloccarne il percorso.

Divertitevi e allenatevi

Due allenatori – tra i più grandi di sempre e tra i più citati in letteratura – si sono espressi in tema di mentalità vincente in questo modo: Vince Lombardi: «Vincere non è tutto, voler vincere sì»; Sir Alex Ferguson ai suoi ragazzi prima di scendere in campo: «Divertitevi, è un gioco». Due citazioni che comunicano ai giocatori che occorre prendere lo sport, così come anche la vita, con il giusto approccio, mettendocela tutta, con leggerezza, sapendo che è un gioco, dove si può vincere e perdere, ma che occorre vivere il gusto del momento, qui e ora. Soprattutto nello sport.

Peterson in questi anni allena se stesso e i suoi giocatori a giocare con una mentalità vincente. L'anno successivo al suo ritiro, verrà ricordato dai suoi giocatori come l'allenatore delle sedie (*the chairs*) in virtù di un allenamento molto duro che faceva fare ai suoi, forse la chiave del suo successo. Rileggendone l'intera vita cestistica, Peterson si può definire l'«allenatore degli allenamenti», quel leader che è riuscito a vincere il Grand Slam allenandosi per tutto il corso della sua vita, sin da quando a nove anni fa il suo primo canestro. Un messaggio chiaro per tutti i leader.

Scheda di allenamento

- Qual è la vostra strategia per leggere lo stato emotivo e motivazionale degli altri?
- Avete delle tecniche motivazionali che hanno sempre funzionato nella vostra esperienza? Quali invece hanno sempre fallito? Riuscite a individuare i perché di successi e fallimenti?
- Avete mai provato a chiedere alle persone da che cosa sono motivate?
- Siete d'accordo con l'affermazione che motivare le persone – campioni e non – significa essere in grado di conoscerle bene, instaurare una relazione, «saper leggere dentro» ognuno di loro?
- Quanto vi sentite di avere una mentalità vincente?
- Semplicità, concentrazione e determinazione: possono sintetizzare insieme il vostro modo per declinare la mentalità vincente? Se no, che cosa modifichereste?
- Quali valori trasferiscono i vostri sistemi di gestione delle persone?
- Sono valori coerenti con la cultura organizzativa utile al successo d'impresa?
- Esiste un allineamento tra valori, sistemi di gestione e strategia?
- La vostra organizzazione ha una capacità di esecuzione bassa o elevata?
- Dei filtri presentati, quali limitano la vostra azione e i vostri comportamenti? Che cosa fate per eliminarli? Se questi filtri li riconoscete nei vostri colleghi, che cosa fate?
- Quali sono i vostri allenamenti quotidiani per poter vincere le sfide manageriali e della vita? Avete un coach che vi aiuta in questo?

Letture

[1] M.A. Huselid, B.E. Becker, R.W Beatty, *The Workforce Scorecard: Managing Human Capital to Execute Strategy*, Boston, Harvard Business School Press, 2005.

[2] J.B. Barney, «Organizational culture: Can it be a source of sustained competitive advantage?», *Academy of Management Review*, 1986, 11 (3), pp. 656-665.

[3] W. Joyce, N. Nohria, B. Robertson, *What Really Works: The 4+2 Formula for Sustained Business Success,* New York, Harper Business, 2003.

[4] H.A. Schroth, «It's not about winning, it's about getting better», *California Management Review*, 2011, Vol. 53, n. 4.

Time-out

Adriano Galliani: visto dal calcio

Fine anni Settanta-inizio anni Ottanta, dividevo le mie domeniche tra le partite del calcio del Monza e quelle dell'Olimpia Milano: al triplice fischio dell'arbitro (di calcio), salivo sulla mia 500 e andavo al Palalido per la partita di basket. Fui subito incuriosito dalla figura di Dan Peterson nuovo allenatore di Milano e dalle sue precedenti esperienze professionali, su tutte il Cile. Fin da subito capii che quell'uomo avrebbe lasciato il segno. Ricordo anche i viaggi verso Salsomaggiore per accompagnare mio figlio Gianluca al Basketball Camp EDB dei fratelli Bogarelli: era il primo camp di basket coi giocatori NBA, naturalmente con Dan. Eravamo tutti attratti dal magnetismo coinvolgente del Coach e dalla novità di giocare a tu per tu con i grandi professionisti americani.

Dan è entrato nella storia della pallacanestro italiana perché a Bologna, ma soprattutto a Milano, ha lasciato bacheche ricche di trofei. La sua filosofia dice che sul parquet si gioca con schemi semplici e veloci, ma è fuori dal campo che si comincia a costruire la vittoria iniziando a creare il gruppo e il senso di squadra dove tutti giocano per tutti; non deve primeggiare il singolo, deve prevalere lo sforzo comune per il risultato. Dove per sforzo comune Dan intende «sputare sangue»: un'espressione cara e ricorrente nel suo vocabolario!

Col presidente Silvio Berlusconi abbiamo pensato a lui come allenatore del Milan negli anni Ottanta. Non era una semplice suggestione, ci abbiamo ragionato perché vedevamo in lui un grande allenatore; sapeva far gruppo e gestiva bene lo spogliatoio: con Mike D'Antoni aveva creato un asse formidabile per tenere la squadra a rapporto e per evitare che ci fossero sfilacciature tra i ragazzi, il coach e la società. Poi alla fine abbiamo puntato su Arrigo Sacchi e la scelta si è rivelata azzeccata. Spesso però penso a come sarebbero andate le cose con Dan sulla nostra panchina. Oggi Dan ha un importante incarico nel Settore Giovanile del Milan, quello del motivatore.

Dall'esperienza di Dan si potrebbero mutuare tante cose, ma ciò che mi ha sempre affascinato è la sua filosofia sul ruolo dell'allenatore che deve essere molto più completo per arrivare a essere un capo allenatore che non si occupa solo di insegnare tecnica e tattica.

Due aspetti mi hanno sempre colpito di lui: la sua pervicacia nell'insistere sull'aspetto mentale come chiave per gestire il gruppo e preparare la prestazione, e la cura quasi maniacale dei dettagli per arrivare al successo. È sempre stato un innovatore e precursore dei tempi: è stato il Sacchi del basket! In campo ha reso celebre la zona 1-3-1 praticamente mai impiegata prima nel nostro campionato. Negli anni Settanta questi erano concetti davvero nuovi e pionieristici e Dan veniva guardato con diffidenza; oggi sono aspetti assolutamente sdoganati, sono diventati l'abc di ogni sport e di ogni allenatore. Ricordo che talvolta nei minuti finali con la squadra magari deconcentrata e il pubblico un po' spento, Dan ricorreva all'espediente del fallo tecnico del coach o della panchina dando così una scossa a giocatori e pubblico! La mia stima nei suoi confronti è assoluta, e mi piacerebbe attingere anche un po' dalla sua indiscutibile ironia.

Esiste anche un altro Dan, quello della televisione. È altrettanto bravo e famoso; tutti gli appassionati di basket, ma non solo, ricordano le sue telecronache precise e puntuali, ma anche le sue espressioni divertenti e spumeggianti, semplici e allo stesso tempo efficaci. Ho sempre pensato che fosse un predestinato; già sul campo mostrava grandi doti di comunicatore: quasi inevitabile che poi passasse dall'altra parte dello schermo. La sua voce è stato un elemento fortemente caratterizzante e riconoscibile: tutti ascoltando quell'inconfondibile cadenza che miscela americano e italiano sanno che a parlare è Dan Peterson! Avevo scommesso dentro di me su quanti mesi gli sarebbero serviti per imparare la nostra lingua e perdere quella parlata: mi dicevo un anno... In realtà poi ha imparato l'italiano, ma il resto è rimasto uguale.

Rivedere Dan sulla panchina di Milano è sempre stato un mio desiderio. Sotto la presidenza Corbelli (2002-2008) e terminata anzitempo l'esperienza di coach Lardo (gennaio 2006), avevo insistito all'interno del board per un ritorno di Dan; ero stato tra i primi a pensare seriamente a questa ipotesi, ma i miei tentativi risultarono vani e arrivò Sasha Djordjevic. Poi finalmente il 4 gennaio 2011. Rivederlo sulla panchina di Milano è stata una grande emozione. Ero presente al palazzetto che tornava a riempirsi di entusiasmo. Quando Dan ha fatto il suo ingresso sul parquet, la gente gli ha tributato una grandissima ovazione: un momento toccante e carico di energia positiva. Tornerei a quella sera per due motivi: per rivivere quelle emozioni uniche e per fargli indossare una giacca blu al posto di quella color cammello con cui si presentò sul parquet...

David Stern: intensamente Italia

Ho l'impressione di conoscere Dan da sempre. Cerco di ricordare quando l'ho incontrato per la prima volta, dev'essere stato nell'estate del 1984, quando i Phoenix Suns e i New Jersey Nets sono venuti in Italia per un tour. Hanno giocato a Varese, Treviso e Milano e Dan in quel momento era allenatore dell'Olimpia Milano. Durante una di quelle partita, mi è rimasto impresso quando, a risultato ormai definito, Daryl Dawkins giocatore centrale dei Nets si è chinato, ha preso in braccio l'arbitro e si è messo a correre in fondo al campo. Temevo che la folla avrebbe preso quel gesto per il verso sbagliato, invece hanno riso e applaudito, capendo che Dawkins si stava solo divertendo e invitava i tifosi a divertirsi con lui. Quell'episodio mi ha fatto capire che l'Italia sa amare il basket e che il legame con l'NBA sarebbe stato pieno di successi.

I miei amici Marco e Bruno Bogarelli nel 1980-81 hanno acquistato i diritti televisivi dell'NBA per l'Italia e chiesto a Dan Peterson di commentare le partite. Quale migliore coincidenza, un allenatore americano conosciuto e vincente in Italia che racconta il basket d'oltreoceano. Io ricoprivo il ruolo di vice-president esecutivo dell'NBA dal 1980, e mi è stato subito chiaro che mentre i fratelli Bogarelli avevano portato l'NBA in Italia, era stato Dan Peterson ad aver portato l'NBA agli italiani, sempre con grande attualità e attenzione ai dettagli nel corso degli anni.

Quando sono diventato commissioner dell'NBA nel 1984, l'Italia era nell'olimpo del basket. Era il posto dove i giocatori dell'NBA decidevano di giocare a livello internazionale, molti alla fine della carriera, ma molti anche come alternativa al campionato americano. La maggior parte della copertura mediatica internazionale negli Stati Uniti era dedicata all'Italia. I nostri tifosi americani si erano resi conto che c'era un mondo di basket al di là dell'oceano.

Per me Dan è diventato il filosofo del basket. I suoi libri, la sua esperienza da allenatore, i campionati vinti e persi, tutto ciò gli ha conferito una certa autorevolezza per parlare di basket. Io credo che sappia di basket a tutti i livelli, meglio di chiunque altro al mondo. Può capire e comprendere tutte le questioni che riguardano questo sport e parlarne, dal Salary Cap all'arbitraggio, dal cambiamento delle regole alla disciplina in campo.

Dan ha sempre una visione molto chiara quando discute un argomento. Ha il grande merito di seguire molti sport, non solo il basket, con molta passione e dedizione. Ha sempre commentato il suo amato baseball americano, ma ha anche imparato che tanti degli insegnamenti di uno sport possono essere trasferiti a un altro. È molto forte nel fare comparazioni e nel capire che cosa potrebbe funzionare e dove!

Devo dire che in certi momenti Dan si sente così tanto coinvolto su alcuni argomenti che la catena di email scambiate con lui sembra non dover finire mai. Andiamo avanti a scriverci e lui continua come un martello a ribadire i suoi punti di vista molto forti, delle volte mi verrebbe voglia di urlare: «Ma basta!», ma so che Dan è appassionato del nostro sport e vuole solo migliorarlo. Non vorrei mai che pensasse che non apprezzo la sua saggezza, ma a volte ne condivide troppa! È pur vero che questa sua capacità di legare temi, individui, interessi in modo costante, gli consente di rimanere in contatto con molte persone, più di quanto molti altri sappiano fare. Ci tiene a far sapere al mondo che cosa ha fatto, credo che Internet sia stata l'invenzione più bella proprio per lui che negli anni passati ha spedito tante lettere, tante cartoline.

Dan in campo è un tipico allenatore americano, capace di capire il flusso di gioco, le sostituzioni da fare, la motivazione da dare ai suoi giocatori, gli schemi (le *X* e le *O* [negli schemi si usano le *X* per indicare i difensori e le *O* per gli attaccanti]), la tattica. Quello che mi ha sempre affascinato è la sua comprensione di come il gioco si inserisca nel tessuto della società, del ruolo che lo sport può giocare nelle nostre vite. In questo, Dan ha una prospettiva molto più ampia di tutti gli altri allenatori. Dialogando con lui si coglie immediatamente quanto è curioso non solo di sport, ma della vita in generale. Ama apprendere, dà valore alla cultura. Trasferisce positività e voglia di vivere, sempre con grande intensità e correttezza. È molto determinato, spesso un po' troppo ma è un lato del suo carattere che piace quando lo si conosce in profondità.

I miei principali ricordi su Dan sono relativi al nostro essere «amici di penna». Lui riesce sempre a esprimere con precisione quello che pensa e agisce secondo il principio che la verità è il miglior modo per affrontare i problemi e le persone. Pur trascorrendo molti dei suoi anni in Italia, è sempre riuscito a mantenere i contatti con la comunità del basket internazionale, attraverso i diversi allenatori e amici americani. Ha anche spinto perché molte regole in Europa cambiassero per assomigliare di più a quelle dell'NBA, su tutti il passaggio ai quattro tempi da dieci minuti piuttosto che i due da venti, e i ventiquattro secondi invece dei trenta per ogni azione. Ha descritto con precisione lo stato di difficoltà in cui si è trovato il basket americano nel 2006 come il declino del basket italiano negli ultimi anni. Le sue osservazioni su diversi argomenti sportivi non sempre mi trovano d'accordo, ma sono comunque ragionamenti intelligenti, supportati dai fatti e rispecchiano la sua conoscenza della storia dello sport. Se dovessi trovare un termine per descrivere Dan Peterson, senza dubbi: *intenso.*

Milenko Skoknic: senza paura

Ho cominciato ad allenarmi con Dan nel gennaio del 1973, a pochi mesi dalla sua partenza dal Sud America, nell'agosto successivo. Nel 1972 avevo diciotto anni, facevo parte della Nazionale under 18, probabilmente ero troppo giovane per entrare nella Nazionale senior. Sfortunatamente, quindi, non ho potuto vivere il periodo completo di Peterson in Cile e – peggio ancora – non feci parte del team che fu protagonista del famoso «giro» negli Stati Uniti nell'ottobre-novembre del 1972 [raccontato nel Capitolo 5].

All'inizio lavoravo principalmente con i vice-allenatori, John McMillan e David Spencer, già giocatori di Dan ai tempi dell'Università di Delaware. Durante quell'estate cilena erano pochissimi i giocatori che si allenavano: ho goduto quindi dell'esperienza unica della supervisione del capo allenatore Peterson. Avevo il meglio a mia disposizione, per ogni schema, per ogni nuovo movimento o tecnica di cui avevo bisogno. Imparare seguendo l'esempio dei tutor è molto più semplice, rispetto a far parte di un gruppo più ampio, difficilmente allenabile con un lavoro individualizzato. Una fortuna di cui approfittarne fino in fondo, e infatti non ho saltato un solo allenamento in quel periodo. Era un impegno a cui tenevo molto, non avrei perso nessun appuntamento nonostante la difficoltà a muoversi per Santiago, sia per i lavori della nuova metropolitana, *el metro*, nella via principale, la Alameda, sia perché politicamente era una fase di sommosse e dimostrazioni: studenti in protesta, scioperi ecc.

I nostri allenamenti giornalieri erano dalle 8 alle 22. Ogni minuto era interamente programmato in una scheda, senza riposo o interruzioni o sforzi minimi (*pichanga*). Una ripetizione permanente e costante di movimenti ed esercizi che cambiavano pochissimo, almeno per due settimane. Non si era mai visto un allenamento così in Cile. Movimenti semplici, ma curati nel minimo dettaglio. Forse un po' noiosi e meccanici, ma utili. Ci si rendeva conto che dietro a tutte quelle ore in palestra c'era un motto: «la pratica genera la perfezione». Potevi passare alla serie successiva di allenamenti solo quando lo staff di allenatori era certo che avevi assimilato perfettamente quello che stavi facendo. Era quindi un processo per gradi, dal più semplice al più complicato. Si creavano le fondamenta sin dal principio.

I progressi venivano misurati, non come al solito in Cile, dove tutto era basato sulle «impressioni» o «opinioni» arbitrarie dell'allenatore. Usavamo i numeri in modo da poterci confrontare direttamente con gli altri giocatori: la velocità sulle distanze corte, i rimbalzi, la percentuale di tiri da diverse posizioni e tanti altri parametri. Mi ricordo in modo particolare il gioco «uno contro uno» con John McMillen. La prima volta l'abbiamo fatto dopo due settimane di allenamenti, persi 10 a 7. L'ultima volta è stata la settimana prima del torneo Sudamericano a Bogotà (luglio 1973), vinsi 10 a 6. Chiaramente dopo qualche mese di allenamento ero notevolmente migliorato in difesa e in attacco, cosa che mi permetteva di giocare a livelli più alti.

Dan voleva che ogni giocatore mettesse il cento per cento dell'impegno e della concentrazione durante tutte e due le ore, ma qualche volta non era semplice eseguire un esercizio in tempo e perfettamente, ma se non succedeva dovevi ripeterlo fino a quando lui non era soddisfatto. E qualche volta pensavi di averlo fatto correttamente, ma l'ultima parola toccava solo a lui. La squadra voleva finire l'esercizio, perché si stava facendo tardi o perché eravamo tutti stanchi, invece ci toccava ripetere o correre. Finivamo di allenarci alle dieci di sera, arrivavo a casa sempre verso mezzanotte dopo aver aspettato trenta minuti l'autobus che ne impiegava quarantacinque per il tragitto (e il giorno dopo alle 8 dovevo presentarmi in università, Universidad de Chile, facoltà di Legge). Durante quelle ore trascorse ad aspettare e viaggiare i miei pensieri su Dan e suoi metodi di allenamento non erano positivi, ma la sera dopo alle otto in punto ero di nuovo al Gimnasio Nataniel.

Dan ha portato il basket cileno in un circuito internazionale. Con lui abbiamo cambiato modo di giocare in attacco, in difesa e a tutto campo, siamo stati invitati a giocare a livello internazionale come mai prima. Non solo durante il famoso viaggio negli Stati Uniti del 1972 quando la Nazionale senior giocò per quaranta giorni con i migliori college e università, ma anche in Argentina (Juegos Trasandinos), a Iquitos y Arequipa in Perù (Mundial por Invitación), nel torneo Sudamericano a Bogotá e negli The Afro Latino Games in Guadalajara. In meno di un anno il Cile giocò contro Jugoslavia, USA, Brasile, Argentina, Messico, Uruguay, Egitto e tante altre grandi Nazionali. Non era una coincidenza, c'era la mano di Coach Peterson. Tutto questo nonostante un clima politico e sociale nel Paese, nel periodo 1971-73, che non lasciava molto spazio a un *gringo chico* per partecipare alla vita pubblica. Le comunicazioni e i media erano controllati, lo sport era dominato dal calcio e dal team Colo-Colo, che arrivò in finale alla Libertadores Cup del 1973.

Giocare per Dan è stato un privilegio e un onore. Ancor di più dopo i grandi risultati che avrebbe ottenuto in Europa negli anni a seguire, con le meravigliose squadre e i grandi campioni. Scendevamo in campo e sapevamo che avevamo la possibilità di vincere: non importa contro chi giocavamo, ce l'avremmo potuta fare perché eravamo pronti e non avevamo paura. Nel 1973 abbiamo giocato contro l'Uruguay quattro volte e vinto per soli tre punti a ogni partita. Non era mai successo nei quattordici anni precedenti. Avere Dan come allenatore ci dava forza e abbiamo subito ottenuto risultati insperati e mai più eguagliati successivamente.

Come tutti i grandi uomini anche Dan aveva i suoi punti deboli. O meglio ciò che allora io vedevo come punto debole, oggi – a distanza di anni – potrei vedere con curiosità. Ricordo che aveva un modo molto rigido e predeterminato di gestire la squadra durante la partita. Tutti i giocatori erano numeri. Da 1 a 5 quelli che cominciavano come titolari, da 6 a 12 i rimpiazzi, i sostituti. Non importava che cosa stesse succedendo in campo, il numero 6 era il primo a entrare in gioco, quindi il 7 e così via. Non succedeva mai che si saltasse un giocatore. Trovavo questo metodo inflessibile, qualche volta pensavo che le circostanze sarebbero state propizie ad altre vie, diverse da quelle prestabilite. Ma Dan non sgarrava mai. Ero il numero 11 nella lista quindi sapevo che dovevo aspettare il mio turno prima di poter entrare in campo.

Con il tempo la nostra relazione è cresciuta e si è consolidata, grazie alla sua grande disponibilità, al suo grande affetto per il Cile e per quei due meravigliosi anni. Ho vissuto in Italia, a Roma, nel 1984-85 e so perfettamente quanto grande è ed è stata la sua immagine nel paese e in Europa. Dan si ricorda quasi tutto, parla sempre con affetto della mia prima partita a Iquitos contro Uruguay, quando presi un rimbalzo a otto secondi dalla fine, esattamente come ci aveva insegnato nei mesi di allenamento, strappando la palla e correndo per non subire fallo, consacrando il nostro successo.

Molti dei suoi giocatori di quel periodo sentono di non aver «chiuso bene» il capitolo della sua partenza: la Nazionale era tornata dai giochi in Colombia e Messico in agosto e subito dopo Dan è partito, senza un addio adeguato. Nessuno sapeva che quelle sarebbero state le sue ultime partite alla guida della Nazionale cilena. A settembre, John McMillen e David Spencer mi dissero di andare a trovarli nel loro appartamento in centro città e mi regalarono tutti i loro vinili di musica country e rock. Ero felicissimo della collezione (che ancora possiedo!) ma non capivo come mai erano così smaniosi di chiudere il loro periodo cileno. Ovviamente il colpo di Stato qualche giorno dopo avrebbe spiegato molte cose. Una fine molto triste che ha lasciato non poche questioni aperte, ma sicuramente la fortuna di aver conosciuto e vissuto con un leader che mi ha insegnato a vedere lo sport e la vita in modo migliore.

Stefano Domenicali: circondato dai giganti

Nella mia famiglia la passione per il basket è sempre stata molto forte e anch'io ne sono rimasto affascinato sin da piccolo. Erano gli anni delle grandi sfide fra Bologna e Milano e spesso i miei mi portavano nel capoluogo emiliano a vedere la Virtus giocare nel mitico palazzetto dello sport di Piazza Azzarita. Lì vidi per la prima volta il Coach e subito colpì la mia fantasia: nei time-out, un uomo così piccolo, circondato da quei giganti, sapeva farsi ascoltare in mezzo al frastuono della partita.

Si capiva subito che aveva un grande carisma e, negli anni, ho potuto comprendere che aveva quel *quid* capace di avvicinare tanta gente alla pallacanestro, sia quando era in campo sia attraverso i mezzi di comunicazione. Quando l'ho conosciuto, mi sono reso conto che la sua grande intelligenza e la sua cultura gli avevano permesso di trovare una dimensione diversa oltre a quella sportiva. Intendiamoci, è stato uno straordinario allenatore di basket – il suo palmares parla da sé –, è però riuscito anche a trasformarsi in uomo di comunicazione nel senso più completo, e anche in questo ha lasciato un segno. Certi suoi modi di esprimersi sono ancora popolari e una nota marca di tè ha conosciuto un boom tanto grande quanto duraturo nel nostro paese proprio grazie allo spot di cui Dan era testimonial. Grande in due mondi.

Un pregio e un difetto di Dan? Un difetto, se così si può dire è legato al suo braccio. Nella pallacanestro si parla di «braccino corto» quando si sbaglia un tiro proprio nel momento in cui ci si avvicina sempre a un successo importante, un po' una sindrome da paura di vincere. Beh, Dan il braccino corto ce l'ha sempre avuto ma per altri motivi: non sono mai riuscito a fargli pagare un caffè al bar! Il suo maggior pregio è la capacità di sfruttare i propri punti di forza: senza dubbio ha saputo costruire la sua dimensione professionale valorizzando al meglio la sua personalità, le sue doti.

Coach ha rappresentato un punto di riferimento sportivo e culturale per la palla a spicchi in Italia e all'estero, su questo non ci sono dubbi. È stato uno dei fattori che ha permesso al basket di diventare – per un periodo purtroppo troppo breve –uno dei primi tre sport in Italia per popolarità. Ma è soprattutto sul campo che è stato un grande esempio, sotto ogni profilo. Ho tanti amici nel basket che hanno tratto dalla sua storia l'ispirazione e la motivazione nei momenti chiave della loro carriera.

Anche per me è un esempio. Ho giocato a basket a livello agonistico e posso dire che esistono diverse somiglianze con la Formula 1. È vero, un conto sono due compagini di cinque persone che si confrontano l'una contro l'altra, un altro sono due piloti che hanno alle spalle il lavoro di seicento e passa persone e che vanno in pista per essere più veloci degli altri, ma anche più veloci del proprio compagno di squadra. Però ci sono caratteristiche, comuni ai giochi di squadra, che rendono questi due sport simili tra loro. In particolare, l'intensità del basket – dove ogni azione si gioca generalmente in meno di ventiquattro secondi – è del tutto simile a quella che si prova durante un giro di qualifica in Formula 1. Stare al muretto oppure davanti a un monitor della telemetria durante il giro decisivo è praticamente come essere nell'abitacolo di una monoposto. Come in tutte le discipline sportive, c'è poi il senso di appartenenza alla stessa squadra e la comune volontà di vincere – elementi che fanno sentire importanti le stelle come i magazzinieri e che danno la necessaria motivazione a chi è parte di un team –. Ripeto spesso ai miei uomini che alla base ci deve essere sempre la voglia di fare il massimo nel proprio lavoro: mettendo insieme i «massimi» di ciascuno si raggiungono gli obiettivi prefissati. Senza questo minimo comun denominatore non si va da nessuna parte: è una legge valida per la Formula 1 come per il basket e per tutti gli altri sport.

Ognuno, nella vita come nello sport, ha il proprio stile, ma anche tratti che lo accomunano agli altri. Pensando al mio modo di gestire la Scuderia Ferrari e a come il Coach gestiva i club in cui ha allenato, sicuramente sento di aver in comune con lui quella voglia di emergere e quella fame di vittoria che me l'avevano fatto notare quando, da piccolo, lo vedevo sui parquet italiani. Mi colpiva anche la sua capacità di gestire grandi star – McAdoo all'Olimpia, tanto per fare un nome – e di trasformare simili individualità mettendole al servizio della squadra. In Formula 1 accade quotidianamente di dover gestire personalità forti per far capire loro che soltanto lavorando insieme si vince: succede in particolare con i tecnici, con i quali spesso occorre trovare chiavi relazionali e motivazionali ben diverse dai piloti, perché hanno esperienze ed età differenti. Ho sempre apprezzato il modo in cui Dan sapeva tenere insieme il gruppo nei momenti più difficili, quando le sconfitte potevano far saltare l'equilibrio faticosamente costruito. Lo sport è spietato: basta un tiro che finisce sul ferro e rimbalza fuori oppure una safety-car nel giro sbagliato per passare da essere considerati fenomeni a essere considerati imbecilli. Resistere tanti anni in un mondo del genere sapendo tenere la barra dritta, riuscendo a non far perdere la giusta motivazione e non mollando mai la presa hanno reso Dan un esempio per tanti, me compreso.

La capacità di motivare è assolutamente un tratto distintivo del Coach. E potrebbe essere molto utile anche in un'organizzazione complessa come una squadra di Formula 1. Come dicevo, pur nella diversità sono due sport di squadra e chi li pratica ha lo stesso obiettivo: la vittoria. E il Coach sapeva toccare le corde giuste in ogni elemento della catena per farlo rendere al massimo.

Mike D'Antoni: niente al di sotto del tuo meglio

Non conoscevo Coach personalmente prima che arrivasse a Milano nel 1978. Mi ha chiamato subito dopo aver firmato il contratto come allenatore dell'Olimpia per dirmi che sarebbe diventato il nuovo coach. Tutto quello che sapevo era che aveva allenato la Virtus Bologna l'anno prima. Io ero rientrato immediatamente negli Stati Uniti dopo la fine della mia prima stagione con la squadra milanese, 1977-78. Eravamo stati buttati fuori ai quarti di finale e io sono partito appena dopo. La Virtus di Dan, ovviamente, era arrivata in finale. Mi ha raccontato tutto in quella telefonata: Filippo Pippo Faina, il nostro coach, si era dimesso – questa era la prima cosa che scoprivo – e Dan avrebbe preso il suo posto e anche questo era una novità per me. In poche parole, mi dice che sarei stato un giocatore importante per lui. Mi faceva piacere sentirmelo dire perché non ero sicuro che mi avrebbero chiesto di restare; ero stato infortunato per due volte durante la stagione e le squadre sono spesso scettiche nei confronti di giocatori facili agli infortuni. Inoltre con un nuovo coach ci sono sempre maggiori possibilità e Dan mi stava dicendo due cose importanti: che sarei tornato e che contava su di me.

Il primo aneddoto simpatico che collego a Peterson risale al suo arrivo per la prima volta in sede, in via Caltanissetta 3, con una Fiat 500: quella macchina non avrebbe mai più lasciato il parcheggio. Diventò nel tempo una sorta di monumento per la squadra. Ero abituato a lavorare con diversi allenatori ma non avevo mai avuto lo stesso coach per due anni di fila ed è finita che ho giocato per lui tutti i nove anni che ho passato a Milano! Tra i quindici coach che mi hanno allenato nella mia carriera, Dan mi ha sicuramente colpito per l'energia e l'aggressività. Un giorno al Palalido ha letteralmente crocifisso il custode per non aver lavato il pavimento. Nessun dubbio che stesse mandando un messaggio alla squadra: «Niente al di sotto del tuo meglio sarà tollerato». Il suo stile era come quello degli allenatori americani: l'organizzazione degli allenamenti, gli schemi che facevamo, la difesa ecc. Ciò che lo differenziava era la sua personalità. Aveva l'abilità unica di guidarti e allo stesso tempo di esserti di supporto. Se conquistavi la sua fiducia, niente l'avrebbe fatta vacillare o lo avrebbe potuto influenzare. Era sempre presente per te e per il team. Potevamo anche perdere una partita, ma lui non perdeva la fiducia nella squadra unita o in un singolo giocatore. Certo era esigente ma non ha mai detto che dovevamo vincere; ci ha sempre detto che dovevamo giocare duro. Non ci ha mai detto di tirare; ci diceva di fare un buon tiro. Non ha mai chiesto a un giocatore di vincere la partita da solo; ci diceva di vincere giocando insieme.

Abbiamo vissuto qualche momento duro, come succede a ogni squadra, ma non l'abbiamo mai sentito – né come singolo né come squadra – perché Dan gestiva la stampa, la radio, la TV, tutto il mondo all'esterno. È stato anche criticato, ogni anno, ma non ha mai perso la fiducia in se stesso.

All'inizio credevo che sarebbe partito dai nostri errori ma così non è stato. Poi ho iniziato a odiare i suoi allenamenti: martedì solo lavoro atletico, mercoledì solo difesa, giovedì solo attacco. Dovevo staccare il cervello e concentrarmi solo per poter arrivare al venerdì. Avevamo anche sessioni lunghissime e dure di tiro tutte le mattine prima della partita, quando invece le altre squadre facevano un allenamento leggero. Era faticoso però ci siamo resi conto che ottenevamo una prestazione migliore in partita anche grazie a questi momenti. Il duro lavoro e le ripetizioni non potevano piacerci ma capivamo dove Dan ci stava portando.

Ho amato il suo modo di condurre la partita dalla panchina. Aveva un suo metodo che non variava mai troppo. Sapevi che cosa aspettarti da lui: sostituzioni, gioco, tipo di difesa. Tutte queste cose, prevedibili e incredibilmente semplici, ci davano stabilità: potevamo fare il nostro lavoro senza preoccuparci troppo di quello che sarebbe successo in partita. Dan aveva solo due schemi, non gli interessavano quelli complessi.

La nostra relazione è stata eccezionale. Capitava spesso che gli dessi un passaggio da e per il Palalido. Si chiacchierava e vi posso assicurare che ne sapevo più io del basket delle high school dell'Illinois e dei suoi primi anni di allenatore di ogni altro essere umano al mondo. Spesso mi chiedeva del mio passato, di mio padre Louis, che era un importante allenatore in West Virginia. Molte volte non si parlava nemmeno di basket: stava costruendo il nostro rapporto, basato sulla fiducia, ed era molto diplomatico nel farlo. Non ha mai parlato di altre persone o di altri giocatori. Non ha mai cercato di portarmi dalla sua parte. Ho subito qualche infortunio in quei nove anni, ma lui continuava a farmi sentire sempre e comunque coinvolto. Quando ha lasciato la squadra ricordo di aver rilasciato quasi d'istinto questa dichiarazione alla stampa: «Dan Peterson è riuscito a farmi sentire il giocatore più importante del mondo».

Episodi negativi? Forse uno: che è andato in pensione troppo presto.

Se un paio di volte all'anno poteva succedere che qualcosa non funzionasse al meglio, allora Dan diceva: «La squadra sta giocando male». Era sempre la squadra, al completo. Mai uno o due giocatori. Ricordo una partita nel 1981-82, contro la potente Virtus Bologna: Dan era molto arrabbiato con Roberto Premier e Franco Boselli per la partita precedente. Li ha tenuti fuori dalla squadra facendo entrare due juniores al loro posto, Marco Lamperti e Rinaldo Innocenti. Li aveva rimproverati di esser stati «nascosti» quando le cose si erano fatte più difficili. Naturalmente abbiamo battuto la Virtus, Premier e Boselli sono entrati in campo dalla panchina vincendo insieme a noi. Esattamente quello che Dan voleva ottenere. Li avrebbe fatti ripartire titolari già dalla partita successiva.

Dan ha aperto la strada al modo in cui gli italiani allenano e vedono il basket. Anche attraverso la televisione e suoi articoli ha influenzato molti altri allenatori. Ha scritto libri tecnici, come il *Basket essenziale*, ancora utilizzati in Italia e fuori. I suoi allenamenti erano a porte aperte, diceva ai fan «Potete assistere, ma dovete star tranquilli. Queste non sono partite, ma allenamenti alle partite. Durante i match potete tifare e urlare, ma questa è la nostra "aula" e non si può parlare durante le lezioni». Avevamo sempre decine di tifosi e di allenatori al Palalido e tutti a prendere appunti. Sergio Scariolo veniva appositamente da Brescia. Non c'è dubbio che Coach abbia influenzato diverse generazioni di allenatori italiani. Era anche un modo per mantenere vivo il coinvolgimento dei fan, Dan sapeva che rappresentano una parte molto importante della vita di una squadra. Vedevamo le stesse facce sia durante le partite sia durante gli allenamenti.

Poi ci sono gli aspetti tecnici, come la difesa 1-3-1 che tutti gli allenatori hanno cercato di copiare. O il famoso gioco «a L», schema di attacco: ancora oggi in campo lo si chiama proprio come facevo io, con indice e pollice a formare appunto una L.

Fuori dal campo capitava anche che lo prendessimo un po' in giro. Quando arrivava il conto da pagare al ristorante oppure al bar per tutto il gruppo, l'unica cosa sicura era chi non avrebbe pagato... È stato sempre molto coerente in questo: lui era l'allenatore! Solo il nostro primo anno con la Banda Bassotti ha fatto eccezione. Dan sapeva che doveva unire la squadra, il divario di età era enorme: quattro giocatori più grandi e sei giocatori giovani. Ci ha portato a cena quattro volte al Torchietto quell'anno. Ma non avrebbe mai più offerto una cena dopo! «Voi ragazzi divorate tutto il mio stipendio!», ci diceva.

Era molto discreto nella sua vita privata. Stava molto attento alla sua immagine, era sotto i riflettori, anche per le sue apparizioni televisive e per la famosa pubblicità del tè. Non si è mai visto su nessuna rivista di gossip e non sono mai circolati pettegolezzi sul suo conto, cosa molto difficile a Milano!

Coach è una persona intelligente e creativa. Ha molti talenti e interessi: la pittura (come collezionista), la scrittura (articoli, libri ecc.), la musica (sia da ascoltare sia da suonare con la sua chitarra) e naturalmente lo sport. Il tutto condito da una personalità dinamica ed energica. Bene o male lasciava un segno che non avresti mai dimenticato. Insolito poi che qualcuno con così tanta energia fosse in grado di mantenere relazioni a lungo termine senza bruciarle. Molti di noi invece sono rimasti con lui tutti e nove gli anni, dal 1978 al 1987. Credo che il suo segreto sia l'intensità, ma anche la moderazione nelle parole, non ne usava mai tante per non consumare i rapporti. Non credo che dopo il suo ritiro molti allenatori di serie A abbiano fatto più di cinque anni consecutivi sulla stessa panchina. È molto difficile riuscirci. Dan, semplicemente, ce l'ha fatta.

Vittorio Gallinari: fulmini e saette

Prima del suo arrivo a Milano vedevo Dan come un personaggio eccentrico che vestiva «all'americana» e aveva un'idea della pallacanestro tutta sua e innovativa. Diciamo un personaggio un po' naif. Poi l'arrivo all'Olimpia nel 1978. Io uscivo dalle giovanili e mi affacciavo (forse) per la prima volta alla prima squadra. In giugno, dopo aver firmato il contratto con l'allora Billy Milano, il Coach decise di fare alcuni allenamenti esplorativi per visionare soprattutto i giovani da inserire in prima squadra. Una settimana di allenamenti incredibili, un caldo micidiale, il Coach che urlava e ci faceva correre su e giù incessantemente. Mi ricordo che alla fine ci siamo detti: «Se è così a giugno in preparazione, durante la stagione ci sarà da impazzire...». Comunque se il buongiorno si vede dal mattino si prospettava un'annata interessante.

Il suo approccio alla pallacanestro era completamente innovativo, nel bene e nel male. Nel bene, perché portava linfa nuova, idee originali, una grande carica emotiva, la filosofia del lavoro e del gruppo come elemento essenziale per ottenere risultati. Nel male, perché le innovazioni sono sempre viste con scetticismo e c'è sempre qualcuno pronto a criticare al primo risultato negativo. Sicuramente in quel momento di cambio societario radicale, con una filosofia cestistica basata sul lancio di ragazzi giovani, la figura del Coach era l'ideale. Era super sotto due punti di vista: motivazione e squadra.

Motivazione. La sua grande capacità era quella di far sentire importante anche l'ultimo giocatore della panchina, tutti eravamo pronti a dare il centodieci per cento anche per pochi minuti. Nella finale del Campionato 1983 contro Roma, dopo aver perso la prima in casa loro con Larry Wright che aveva fatto il diavolo a quattro, la seconda partita si gioca in casa nostra, con la speranza di vincerla e andare alla terza partita. Vince chi vince due partite su tre. Dopo il primo tempo siamo sotto di più di 10 punti con Larry Wright che dominava. A un certo punto il Coach mi guarda e dice: «Gallo, ho bisogno di te, vai dentro e marca Wright...», mossa apparentemente assurda, lui un metro e 80, io due metri e 05, quindi per i non esperti di basket lui molto più agile e veloce di me. Entro, riesco a limitarlo, recuperiamo e vinciamo. Grandi elogi a me ma soprattutto al Coach per la mossa inaspettata che ha girato la partita.

Squadra. Il Coach metteva sempre davanti a tutto il concetto di squadra, dopo ogni partita persa si assumeva pubblicamente tutte le responsabilità e difendeva sempre tutti i suoi giocatori, poi al primo allenamento all'interno dello spogliatoio erano fulmini e saette per tutti quanti. Ma in questo modo noi ci sentivamo protetti davanti all'opinione pubblica ed eravamo stimolati a dare sempre il cento per cento per lui.

Mi ricordo il primo torneo al suo arrivo a Milano nel 1978, giochiamo contro l'altra squadra di Milano dove c'era uno dei migliori americani Chuck Jura, io difendo su di lui e dopo un po' vola qualche colpo proibito. Il Coach chiama minuto e va direttamente sotto la faccia di Jura (due metri e 06) e gli urla: «Se hai qualcosa da dire prenditela con me non con i miei ragazzini». Ecco perché poi ognuno dava il centodieci per cento per lui!

Come tutti i giocatori, avrei voluto stare in campo qualche minuto in più. I primi anni a Milano mi ammalavo spesso (semplici influenze) ma il Coach era convinto che io facessi tardi alla sera e che non mi coprissi abbastanza. Una domenica dovevamo giocare a Cantù, io ero ammalato da quattro o cinque giorni per cui non mi sono presentato al pullman per la partenza (il ritrovo era al mitico Palalido), Dan ha fatto deviare il pullman facendolo passare sotto casa mia (dall'altra parte della città). Sono salito tutto imbacuccato. Arrivati a Cantù mi ha fatto giocare i primi cinque minuti poi panchina. In quel momento ero un po' alterato con lui, poi ho capito.

Raramente perdeva la testa oppure lo faceva volutamente. Ricordo una partita con Bologna al Palalido, stavamo perdendo nettamente e non c'era nessun segnale che potesse dare adito a un recupero. Dan chiede minuto, si arrabbia in modo esagerato con gli arbitri (senza nessuna motivazione particolare), gli arbitri sono costretti a espellerlo. Prima di uscire Dan si ferma a centrocampo e alza le braccia: carica così il pubblico e l'atmosfera che si crea nel palazzetto ci porta a vincere una partita sulla quale nessuno avrebbe scommesso una lira.

Insieme abbiamo vissuto – e tutt'oggi viviamo – una relazione super, abbiamo prima perso e poi vinto assieme per nove anni. Tra l'altro abitavamo uno di fronte all'altro per cui spesso lo accompagnavo agli allenamenti, Coach non guidava e i taxi erano molto costosi per lui... Praticamente ogni viaggio era una puntata della storia americana, ho imparato tutto dalla scoperta dell'America ai tempi nostri. Solo quando alla domenica si perdeva, per un paio di giorni prendeva il taxi per cui saltavano un paio di puntate.

C'è sempre stato un grande rispetto reciproco, consapevolezza dei ruoli e soprattutto, senza tante parole, ognuno sapeva esattamente che cosa aspettarsi dall'altro. Ancora oggi ci confrontiamo spesso, adesso più per mio figlio Danilo che gioca in NBA con i Denver Nuggets, e i suoi consigli sono sempre preziosi.

Il Coach ha sempre trattato tutti con equità e non ha mai manifestato preferenze verso i giocatori americani. Ovviamente il fatto di parlare la stessa lingua era per lui un vantaggio – Dan era orgoglioso del suo essere americano e ci ha pure «marciato» un po': chi non ricorda il suo *slang* nelle pubblicità e nelle telecronache? –, però ci trattava tutti allo stesso modo. Anzi gli americani facevano gruppo con noi quando si trattava di gestire il rapporto con lui. Solo una volta l'ho visto arrabbiarsi con un giovane giocatore italiano, Mario Lamperti, perché in allenamento aveva commesso un fallo un po' troppo duro contro D'Antoni: lo ha allontanato e Mario non è più tornato [l'episodio è raccontato nel Capitolo 10]. Eravamo in un momento cruciale della stagione, c'era tensione e chiaramente non potevamo permetterci che un giocatore fondamentale come Mike si facesse male in allenamento.

Ho iniziato a giocare tardi e ho sempre avuto compagni più bravi di me dal punto di vista offensivo, per cui non mi restava che fare il «lavoro sporco» di difesa, rimbalzi, palle recuperate ecc. Quando sono entrato in prima squadra ho mantenuto queste mie caratteristiche, anzi alzandosi il livello ho dovuto migliorarmi, sempre di più fino a esser nominato miglior difensore di sempre del campionato italiano. Il Coach non mi ha mai frenato e questo ruolo mi ha dato grandi soddisfazioni, creava sicurezza nel Coach e nei miei compagni che sapevano di poter contare su di me per la difesa. Il pubblico mi amava e apprezzava per queste mie caratteristiche; quando c'era qualche grande campione (Oscar, Morse, Wright ecc.) che era in un momento «caldo» sentivo che i tifosi aspettavano la mia entrata in campo. Ciò mi riempiva di orgoglio ma allo stesso tempo di un grande senso di responsabilità, perché tutti si aspettavano che io entrassi e «raffreddassi» il migliore degli avversari. Per fortuna il più delle volte succedeva.

Tra tutti questi bellissimi episodi con il Coach, il periodo che ricordo con maggior entusiasmo rimane sempre il primo anno, 1978-79, quello della Banda Bassotti. Prima partita in casa con la mitica Varese, dopo qualche minuto entro per difendere Meneghin (un mito), vola qualche colpo duro, Meneghin cade, io lo guardo e non lo aiuto a rialzarsi, vinciamo la partita. Da lì in poi il Coach porterà come esempio quel momento per spiegare quale deve essere il nostro atteggiamento in campo. Da lì nasce il mito della Banda Bassotti che non molla mai e che segue alla lettera la famosa frase del Coach «sputare sangue».

Dal Coach ho imparato tantissimo, sono stato con lui dai venti ai ventinove anni, periodo fondamentale per la mia crescita sia cestistica sia umana e professionale. C'è stato un momento cruciale in cui il Coach ha avuto un'importanza assoluta nell'insegnarmi quanto sia fondamentale nella vita di ognuno di noi l'organizzazione del proprio tempo. È il 1978, inizio il mio primo anno di Serie A e nel frattempo mi iscrivo all'Università Bocconi. Il campionato va oltre ogni rosea aspettativa, arriviamo in finale con Bologna, ma a giugno mi accorgo di aver dato solo un esame. A quel punto decido che la laurea per me è fondamentale e quindi lascio la pallacanestro e mi dedico solo allo studio. Inizia la preparazione pre-campionato e io non mi presento, allora il Coach comincia a chiamarmi, ci vediamo un paio di volte e mi convince che posso riuscire a fare tutto al meglio, basta che organizzo le mie giornate in modo ottimale. Chiaramente mi dà la sua disponibilità qualora avessi bisogno di qualche mattina libera. Decido di provarci e alla fine non ho saltato nessun allenamento mattutino, recuperando anche quasi tutti gli esami persi. Da lì è iniziato il percorso che mi ha portato alla laurea.

Il Coach è stato un grande motivatore, capace di creare e gestire il gruppo in modo coeso, facendo eccellere le individualità senza che vadano a discapito del gruppo ma creando sinergie che moltiplicano il risultato finale. Tutto ciò è applicabile non solo nel mondo sportivo ma anche, e soprattutto, a livello aziendale. Gli ho restituito qualcosa? Sicuramente gli ho dato passione, professionalità, senso del dovere e lealtà. E poi, come diceva sempre lui, «se avessi dei soldi da gestire li darei al Gallo o McAdoo...».

Dino Meneghin: in collegamento dall'ippodromo

Il primo vero incontro-scontro con Dan è stato quando giocavo a Varese, durante il mio ultimo anno lì prima del passaggio a Milano. C'era stato un contrasto duro tra me e John Gianelli, eravamo a terra. Mi rialzo e vedo Dan davanti a me che difende Gianelli e mi dice qualcosa, non mi ricordo cosa. Istintivamente lo allontano con le braccia, cosa che non avrei dovuto fare. Un gesto impulsivo verso un avversario in un momento concitato della partita: lo avrei fatto anche con mio fratello. Avevo toccato per la prima volta Dan Peterson e quel momento lo ricordo ancora oggi. Era un allenatore estremamente corretto, che dimostrava di difendere i suoi giocatori. Anche da avversario, come in quella occasione, veniva spontaneo apprezzare il suo atteggiamento, quello di uno che entra in campo per dire la sua e difendere un suo giocatore. Questo fa sentire ogni giocatore importante.

Da allora ho iniziato a osservare il suo ingresso in campo, il suo atteggiamento sempre molto serio, apparentemente superbo e altezzoso, cosa che non è. La sua immagine spontaneamente suscitava la domanda: «Ma questo chi si crede di essere?». A distanza di tempo ho capito il suo modo di fare – e lo capisco molto di più adesso – : un allenatore professionista deve trasmettere questo senso di serietà, di sicurezza, di padronanza della situazione.

A volte, ma è un'altra storia, Dan si faceva dare un fallo tecnico dagli arbitri apposta per scuotere la sua squadra, interrompere la partita. Diceva: «Questo è il momento di rompere il ritmo della squadra avversaria», così provava con un giocatore o con un cambio di schema. Quando proprio vedeva che non c'era altro modo, cominciava a protestare per una decisione arbitrale, sino a farsi assegnare un fallo tecnico.

Nel 1981 il mio trasferimento, da Varese all'Olimpia. Ci incontriamo a Milano, io, Dan e Cappellari, il general manager dell'Olimpia. Erano i primi anni in cui degli agenti cominciavano ad affiancare i giocatori nelle trattative, io ero ancora senza. Seduti a tavola, cominciano a parlarmi dell'organizzazione della società, delle risorse e degli obiettivi. Dan mi parla della rosa dei giocatori, uno per uno, e dei motivi per cui mi vogliono. Mi fanno quindi un quadro completo della situazione, esattamente quello che avrei trovato una volta approdato a Milano.

Avevo trent'anni e allora uno della mia età era già considerato «vecchio», a ventott'anni eri già una pedina di cui disfarsi per svecchiare lo spogliatoio. Mentre a Varese stipulavo contratti di anno in anno, Dan mi propone un contratto di tre anni: «Tu devi solo pensare a giocare. Il tuo obiettivo sono tranquillamente le Olimpiadi di Los Angeles [disputate nel 1984]». «Sì, hai ragione, Coach», rispondo. Ma dentro di me penso: «Questo è pazzo!». Per me, in quel momento, l'idea di giocare ancora quattro anni è impensabile. Ne avrei giocati invece ancora quattordici! È un colloquio che non dimenticherò mai, soprattutto per l'importanza attribuita da Dan alla programmazione. Del resto è così, un allenatore non può limitarsi a valutare i risultati immediati: la squadra si costruisce come un puzzle, pezzo per pezzo, anno dopo anno.

L'esordio però non è dei migliori: mi rompo subito il menisco in precampionato, durante un'amichevole a Cantù [l'episodio è raccontato nel Capitolo 9]. Mi sento morire, mi ero già rotto il menisco nel 1974, so che cosa mi aspetta. Allora, rispetto a oggi, l'operazione era molto più complessa e la rieducazione decisamente più lunga. Una parte dei tifosi comincia a pensare: «Meneghin è vecchio, Varese ci ha rifilato un rottame», dalla società però non uscirà mai una parola negativa, una faccia dispiaciuta o un'espressione di rammarico. Ero amareggiato di mio per essermi fatto male, ma nessuno nella società mi ha fatto pesare di essermi infortunato, e questo è stato di grande aiuto e mi ha reso più semplice lavorare, recuperare la forma e tornare in squadra. Dan veniva per vedere come mi allenavo, se facevo progressi. Fino al giorno in cui arriva in palestra e mi chiede: «Dino, sei pronto? vieni che proviamo l'allenamento con la prima squadra». Lo seguo, con i miei compagni, e cominciamo l'allenamento con lo stretching. Tutti fanno gli esercizi di allungamento e Dan – evidentemente molto teso, probabilmente si chiedeva «Vediamo 'sto Meneghin se si è ripreso» – pure lui si mette a fare stretching, credo per la prima volta. Nonostante il momento molto delicato, la scena, insolita, è buffa e inizio a sorridere.

Nel novembre 1981 riprendo ad allenarmi regolarmente con i miei compagni e le cose cominciano ad andare meglio. L'inizio campionato era stato difficile anche per la squadra, –45 a Pesaro. Affronto i primi allenamenti con una certa spavalderia, voglio far vedere che sono bravo. Faccio i passaggi dietro la schiena, funambolismi con la palla, numeri da circo. Un giorno, durante una partitella, Dan si avvicina, mi raggiunge e dice: «Dino, guarda che io da te voglio cose semplici. Prendi la palla di qua e la passi di là. Punto. Non cercare cose strane». Quello mi ha rilassato, mi ha dato tranquillità, nel senso che da quel momento ho cominciato a giocare pulito, a fare le cose giuste, senza cercare fantasticherie da applauso.

Mi piace molto la sua affabilità, il suo modo di fare. Mentre nella professione indossa la maschera da duro, da persona determinata che non deve dare spiegazioni a nessuno, fuori dal campo è sempre pronto alla battuta, è un grande comunicatore, trasmette le sue idee con immagini e commenti sempre arguti. È uno con cui si può parlare di tutto, ha le idee chiare. Un episodio rende l'idea del suo spirito. In quella stagione in squadra con noi c'era Mario Pettorossi, giocatore con ottime potenzialità ma chiuso da un titolare di colore molto forte; giocava poco, anche perché amava molto la fase d'attacco ma non difendeva con la stessa determinazione. E questo Dan non lo sopportava. Durante un'amichevole, io sono in panchina seduto di fianco a Pettorossi. Arriva un ragazzino e apostrofa Dan: «Ehi Coach, mi può fare un autografo?», «Certamente», e firma su un blocchetto. Il ragazzino si allontana di qualche passo, poi ci ripensa e torna indietro: «Ehi Coach, ma perché non fa giocare Mario Pettorossi?». Allora Dan, visibilmente spazientito: «Dammi qua», prende il blocchetto e comincia a cancellare il suo autografo, «Così impari a fare domande che non ti competono, questa è una cosa tecnica». Il ragazzino ci rimane male, se ne va sconsolato e disorientato.

Un'altra volta eravamo in metro, un tifoso si avvicina a Dan e gli chiede l'autografo. Il Coach comincia a scrivere ma nel frattempo l'altro inizia a chiedergli: «Coach, come mai contro la Virtus ha lasciato in panchina...» e fa il nome di un giocatore. Dan si ferma e gli fa: «O autografo o domanda! Scegli tu». L'altro rimane esterrefatto, lui firma, arriva il treno della metro e andiamo. Questo era Dan: molto geloso e convinto delle sue scelte, non consentiva ad altri di interferire nel suo lavoro.

Settembre 1983, Coppa intercontinentale in Argentina, giochiamo contro i padroni di casa dell'Atletico Obras Sanitarias de la Nacion. Dopo una fase di gioco concitata viene chiamato il time-out, siamo vicini alla panchina in cerchio per ritrovare la concentrazione e ragionare sul da farsi, quando un microfonista di una radio locale si mette di fianco a Dan con il microfono davanti per registrare quello che viene detto. Dan, infastidito, gli fa segno di allontanarsi ma quello non desiste. Il Coach prova a convincerlo ad andarsene. Ma l'altro niente. A un certo punto Dan gli sale letteralmente sui piedi e a tre centimetri dal naso gli urla in spagnolo: «He dicho que tiene que irse!» («Ho detto che te ne devi andare») o qualcosa di simile. Ogni occasione era buona per mostrare il suo lato ironico, burbero ma con stile.

Dopo l'arrivo di tanti campioni, un giorno vado dal Coach a chiedere uno schema per farmi tirare di più a canestro. Il giorno dopo inizia l'allenamento. «Nuovo schema per Dino»: schema con quattro blocchi di Dino per liberarsi al tiro! [Un blocco è quando un giocatore va verso il portatore di palla suo compagno per marcargli uomo con un blocco appunto, così da dargli la possibilità di passare o tirare a canestro.] Presa per i fondelli? «Mai visto il pallone!» Eravamo una squadra con giocatori fortissimi e tutti grandi tiratori, forse era giusto così. Ancora oggi Dan dice che non si ricorda questo episodio, in ogni caso è stato uno scherzo piacevole, un modo per prendere in giro la mia «fame di canestro». L'importante per me non era fare tanti punti ma sentirmi parte del progetto, della squadra. E in questo Dan era maestro. Dal punto di vista tecnico ogni giocatore in campo non può rimanere troppo a lungo senza toccare la palla. Se giochi due-tre minuti senza toccare la palla, quando ti arriva hai perso la sensibilità, l'abitudine, il timing, il gesto. Per questo tutti i coach insistono sempre sulla circolazione della palla, perché è come ossigeno per i giocatori e per il canestro successivo.

Dan è stato determinante in Italia anche dal punto di vista tecnico. Dopo la sua 1-3-1 tutti hanno scoperto quel modulo difensivo. Era una difesa fatta talmente bene che le altre squadre letteralmente la temevano. Me ne accorgevo in partita, quando Mike D'Antoni chiamava «tre»: i giocatori avversari si avvicinavano, io vedevo le loro facce cambiare letteralmente espressione, scendeva un velo di preoccupazione. Forse è questo il «segreto» di Dan Peterson, questo ingaggiare con se stesso e con gli altri una sorta di sfida emotiva. Una partita di basket, almeno dal punto di vista tattico, è assimilabile a una partita a scacchi tra i due allenatori: metto questo, cambio quest'altro, provo questa mossa ecc. È un testa a testa. E la 1-3-1 era il marchio di fabbrica di Dan.

La sua figura e il suo carisma superano largamente i confini del basket, lui da anni ormai è un grande personaggio dello spettacolo. È un uomo intelligente, colto, simpatico. Sa che cosa fare al momento giusto, sa ascoltare e prendere le decisioni che contano, ha personalità e tutti lo riconoscono. Quando vedi in un film Boldi che imita Peterson, o senti alla radio qualcuno che ripete le sue battute, questo significa successo. Dan non è soltanto il classico allenatore vincente, la gente apprezza anche il suo carattere, il senso dell'humour; lo sente vicino, si specchia in lui. Dan è un personaggio a tutto tondo. Una sera, una decina di anni fa, stavo tornando a Milano in macchina, accendo la radio e sento: «Qui Radio non mi ricordo quale, siamo pronti per il collegamento con l'ippodromo di... Sei in linea Dan?», «Buonasera, amici sportivi e non sportivi, è Dan Peterson che vi parla dagli spalti dell'ippodromo di...». Faceva la radiocronaca di una corsa ippica! Dan ha esteso il suo impegno e la sua fama molto oltre i confini del campo di basket. In Italia tutti sanno chi è.

Livio Proli: inesauribile positività

Ho cominciato a conoscere Coach negli anni Ottanta, all'inizio delle sue coinvolgenti telecronache delle partite NBA, con gli aneddoti su Magic Johnson, Kareem Abdul Jabbar o Julius Erving. In quel periodo Dan riusciva a catturare l'attenzione di molti ragazzi della mia generazione e avvicinarli al basket, vincendo la scarsa considerazione per altri sport determinata dalla dominanza del calcio. La sua credibilità veniva dal suo essere americano, ma ancor di più era rafforzata dai successi come allenatore dell'Olimpia Milano.

Le sue squadre hanno sempre avuto una marcia in più. Tutto ruotava intorno alla costruzione di un forte spirito di squadra dove tutti si impegnavano al motto di «sputare sangue sul parquet». Ognuno riusciva a dare il massimo delle proprie capacità, perché era allenato bene ma soprattutto perché lo faceva per il Coach. Dan sapeva scegliere bene i suoi giocatori che, a prescindere dall'anzianità e dal livello professionale, dovevano essere sempre caratterialmente robusti e ben disciplinati. Un esempio su tutti è stato Roberto Premier: attaccante grassottello, a Milano lo si ricorda per i tanti canestri e i tuffi sul parquet, lottava sempre e non aveva paura di nulla. Premier è stato una creatura di Dan, fortemente voluto. Dan sapeva leggere nei giocatori quei tratti caratteriali che andavano al di là della dimensione tecnica. Quest'ultima infatti sapeva come migliorarla, con i suoi metodi, con il lavoro duro sui fondamentali di basket.

Coach indubbiamente è sempre stato capace di leggere e gestire tatticamente molto bene ogni situazione da affrontare, anche le più impreviste, con l'umiltà di chi si mette sempre in discussione per primo e la grande abilità di motivare le persone verso gli obiettivi prefissati. Riusciva a rassicurare i suoi giocatori in ogni situazione difficile, in ogni sfida, ma di tanto in tanto cambiava registro, li sorprendeva, per tenere sempre la corda tirata. Non credo che la famosa rimonta con l'Aris di Salonicco da –31 sarebbe stata possibile con un altro allenatore: aveva un forte ascendente sul gruppo di giocatori ed era sorprendente quanto evidentemente lo ascoltassero anche fuoriclasse come Mike D'Antoni e Bob McAdoo.

Se devo trovargli un difetto... è il suo «braccino corto»: non ricordo di averlo mai visto offrire un caffè ad alcuno. Ma alla fine anche questo aspetto, vissuto con grande leggerezza, lo rendeva quasi più simpatico.

La sua doppia carriera da allenatore e commentatore televisivo è sicuramente un aspetto della sua unicità. Difficile dire in quale dei due ruoli si sia espresso al meglio. Una sorta di ex equo, forse, perché la sua comprovata abilità è proprio quella di fare molto bene le cose che decide di voler fare. L'infaticabile propensione alla perfezione, attraverso la cura di ogni minimo dettaglio, nasce dall'innato bisogno di fare bene il proprio lavoro, qualunque esso sia. Dan lo sa e ci ha costantemente insegnato che il lavoro, prima ancora che fatto per qualcosa o qualcuno, va fatto bene per se stessi.

Dan ha il dono della sintesi e della chiarezza espositiva; coi suoi aneddoti, anche ironici, riesce sempre a catturare e tenere viva l'attenzione dell'interlocutore. In ogni occasione ci tiene a sottolineare, con le sue parole e i suoi comportamenti, i valori puri dello sport e della vita in generale: intelligenza, passione, disciplina, onestà e sano spirito competitivo. Mi viene spesso in mente una foto vista sui giornali in cui lui e Valerio Bianchini, eterni rivali, durante una partita, dopo essere stati entrambi espulsi, seguirono la partita all'imbocco del tunnel uno accanto all'altro come due buoni amici. Dietro la loro rivalità c'era un profondo rispetto. Dan è questo: primeggiare ma rispettando l'avversario.

Dan, uomo di sport, ha da sempre strizzato l'occhio al management. Sa ascoltare e parlare al cuore degli altri, sa che non basta considerare con attenzione ciò che le persone pensano, occorre considerare anche che cosa provano, lavorando sulla sfera emotiva. Questo aspetto lo ha reso unico nel suo modo di interpretare il ruolo di allenatore e gli ha permesso di essere fonte di ispirazione per diversi manager. Dalla mia prospettiva di manager di un'impresa di moda, riconosco a Dan l'originale capacità di rimanere al passo coi tempi senza tradire il proprio DNA, in un contesto sociale dove tutto corre e si modifica repentinamente. Chi lo conosce bene sa, tra l'altro, quanto si trovi a proprio agio con le nuove tecnologie, sms, Internet, social network: la sua abilità oratoria è rimasta intatta e ora quotidianamente appare e comunica attraverso tutti i canali, tradizionali e digitali.

Tutta la mia stima e apprezzamento nei confronti di Dan Peterson l'ho manifestata quando, nel gennaio 2011, l'ho scelto come allenatore dell'Olimpia Milano. In quel momento, la squadra aveva bisogno di ciò che Peterson sapeva e avrebbe saputo dare: entusiasmo e attaccamento ai valori e alla storia della società. Quando dice che per lui la chiamata da parte dell'Olimpia è stata come la chiamata della mamma – alla quale non si poteva dire di no – non cade nella retorica, ci crede veramente e fa sul serio. Sono stati mesi di lavoro intenso in un clima sereno e di grande professionalità. Il suo primo giorno di lavoro in palestra è stato stupefacente: si è presentato in tuta da ginnastica e ha diretto l'allenamento in prima persona dal primo all'ultimo minuto, con un'energia tale da spazzar via tutti i dubbi sulla sua resistenza fisica. Aveva voluto dare subito un messaggio forte a tutti, con i fatti e senza giri di parole: il potenziale rischio di debolezza legato all'età anagrafica era inesistente e nulla avrebbe compromesso il suo nuovo compito. Tutti i suoi numerosi sostenitori sono rassicurati e i pochi denigratori costretti a ritirarsi con la coda tra le gambe.

Uno dei momenti più belli di quei mesi è stato sicuramente vedere il Forum di Assago pieno, il giorno dell'esordio– o, meglio, del ritorno – di Dan sulla panchina che era stata sua fino al 1987. Ho provato una grande ammirazione per questo piccolo-grande uomo che riesce a scaldare il cuore di tutti trasmettendo sempre positività e insegnando sia con le parole sia con i fatti che nella vita davanti a qualsiasi situazione, anche la più avversa, dobbiamo allargare l'orizzonte delle nostre possibilità.

Stiamo parlando di un allenatore che ha lavorato in Cile, di una persona aperta alle nuove esperienze. All'arrivo in Italia suonava la chitarra, amava la musica country e parlava anche spagnolo. È diventato un personaggio capace di superare i confini del proprio sport e del proprio ruolo, di parlare e scrivere bene in italiano e di diventare un testimonial pubblicitario. Non riesci a fare tutto questo se non hai grandi qualità, se non hai un talento straordinario! Dan merita l'ammirazione di tutti. Se potessi gli offrirei sempre nuove sfide in cui misurarsi senza tregua. Da lui, invece, mi farei regalare la sua inesauribile positività.

Bruno Bogarelli: ironico su base scientifica

Stagione 1973-74, Palalido, Milano: Dan Peterson si agita in piedi di fronte alla panchina della Virtus Bologna ospite dell'Olimpia Milano. Di lui avevo sentito parlare nella redazione dei *Giganti del basket* dove, allora ventitreenne, lavoravo come assistente del direttore editoriale. Dinamico, risoluto, muoveva la squadra in campo e dalla panchina apparentemente in maniera caotica, ma sempre sulla base di principi che divenivano scelte pianificate. Seguiva uno schema preciso e flessibile in base a quanto l'andamento dell'incontro suggeriva. Improvvisazione ed eccessi mai casuali. Ho capito subito che quell'uomo, quell'allenatore aveva qualcosa in più, o meglio qualcosa di diverso rispetto agli altri allenatori. Non era solo il fatto che fosse americano. Quel primo incontro mi ha incuriosito.

Il nostro rapporto si è costruito e consolidato grazie alla televisione. Anche in questo campo nulla di diverso: Dan punta sulla pianificazione, è molto razionale ma condisce il tutto con un registro brillante, diametralmente opposto a quello utilizzato in campo. Si può sintetizzare in questo modo. In campo: sono duro, non sono simpatico, voglio vincere, la mia squadra è mia e di nessun altro. In televisione: sono americano ma parlo italiano, sono competente, sono simpatico, se ci annoiamo cerco di strapparvi un sorriso, a voi e a me stesso.

Dan mi considera il suo mentore televisivo. Tre progetti hanno consacrato la sua grande popolarità, ai quali corrispondono tre telefonate che hanno segnato il nostro rapporto professionale. Prima telefonata, dicembre 1980: «Ciao Dan, ho preso i diritti del basket NBA dalla CBS [network numero uno negli Stati Uniti] sono trentacinque partite, ti offro 100mila lire a partita per commentarle, sei interessato?», «Bruno, vuoi che sputi su tre milioni e mezzo? Quando cominciamo?».

Seconda telefonata, settembre 1986: «Ciao Coach, Canale 5 ha comprato i diritti della Lega Wrestling Americana, vorrei che fossi tu a commentarla», «Bruno, sono due anni che ti propongo cose diverse e tu mi dici che non vanno bene perché devo tutelare la mia immagine e adesso mi dici che devo commentare il wrestling. E la mia immagine?!», «Coach, ho visto al Madison Square Garden il Main Event della World Wrestling Federation e c'era Cyndi Lauper all'angolo di Hulk Ogan, il palazzo era strapieno di famiglie con bambini», «Ok Bruno, quando cominciamo?».

Terza telefonata, ottobre 2004: «Ciao Coach, ho preso i diritti degli highlights dell'NBA per Sportitalia, ne farò un programma quotidiano, tu cosa fai a SKY?», «Bruno, non commento più l'NBA, commento solo l'Eurolega, non ho vincoli contrattuali, se puoi pagarmi gli stessi soldi vengo volentieri», «Ok Coach, ti faccio sapere quando cominciamo».

Come commentatore televisivo Dan segue la regola resa famosa da Ted Turner: «O guidi, o segui, o ti togli dalla strada». Diciamo che ha la capacità di rendersi complementare al partner, non travalica, piuttosto fa un passo indietro. Il suo stile lo rappresenta perfettamente, riesce a seguire uno schema e un modo di porsi che ha costruito senza perdere autenticità e slancio. Questa è una sua caratteristica, credo la più importante. È in grado di esserci, di non oscurare nessuno, anzi di valorizzare chi lavora con e per lui. E quando arriva il suo turno, anche per pochi secondi riesce a emanare energia e positività.

Per quanto abbia raggiunto livelli altissimi e ancora oggi riconosciuti come telecronista, la sua incisività e la sua personalità come allenatore sono ineguagliabili e la scelta di lasciare così presto ha ridotto di molto la percezione generale della sua grandezza come coach. Avrebbe potuto essere ancora più grande, per tutti, il più grande di sempre. Ricordo ancora adesso, con molta emozione, la sua decisione di lasciare il basket, di terminare la carriera di allenatore. Avere una fonte di guadagno allora molto solida come testimonial e commentatore ha sicuramente dato una mano alla sua decisione. «Lascio a cinquant'anni, come Frank Sinatra», questo gli piaceva dire. La scelta di fondo nasce però diversamente: Dan non sta in una casa se non la sente più sua.

Il suo essere «parsimonioso» è la caratteristica in genere meno apprezzata ma per me, che conosco la sua generosità per la famiglia e per le persone a lui care e quanti sacrifici ha fatto in questo senso, si tratta di un pregio. La generosità e la gratitudine in termini di tempo, di supporto, di vicinanza, sono caratteristiche di Dan.

Un altro aspetto originale è la sua ironia, la sua capacità di ridere e far ridere. È simpaticamente buffo, con un grande senso umoristico, molto italiano. Domanda a bruciapelo nel 2009: «Coach, qual è il quintetto con cui sfideresti qualunque formazione dell'NBA di oggi?», «Larry Bird, Magic Johnson, Michael Jordan e due coglioni qualsiasi!». Ironico su base scientifica. Sì, *scientifico* è un'altra parola che appartiene a Peterson. Lui si documenta, studia, approfondisce, e soprattutto parla sempre di ciò che conosce. È più un ricercatore che un opinionista. Una persona che ama la cultura, lo sport, la musica, l'arte. Determinato a portare avanti le sue idee, ma rapido nel cambiarle se ce ne sono le ragioni, su base scientifica appunto.

Mi ha colpito molto il suo rientro sulla panchina dell'Olimpia Milano nel gennaio 2011. Dopo i primi secondi, nei quali sono rimasto incredulo, ho subito pensato: «Quest'uomo è romantico, folle e disponibile», in quest'ordine. Dan Peterson, americano dell'Illinois, ha rappresentato una grande fonte d'innovazione per lo sport e per la comunicazione in Italia. È un grandissimo innovatore al pari di Adolfo Bogoncelli, Cesare Rubini, Aldo Allievi, Gianluigi Porelli e Ferdinando Minucci. Non me ne vogliano gli altri.

Franco Arturi: il nano ghiacciato

Segnali. Negli ultimi quarant'anni Dan Peterson me ne ha mandati tanti. Non ricordo con esattezza il momento in cui ho capito di essere di fronte a un personaggio fuori dall'ordinario. Forse quando, seduto accanto a lui in pullman o in aereo nelle trasferte di coppa con la sua Olimpia, lo vedevo immerso nella lettura. Ma non di un libro, di due. Ogni venti pagine, chiudeva il primo e apriva il secondo. Altre venti pagine (non diciannove e nemmeno ventuno) e cambio. Ma probabilmente la lampadina mi si è accesa nel ricevere il primo articolo che gli commissionavo come collaboratore della mia *Gazzetta dello Sport*. «Dan, per favore: 30 righe di 70 battute ciascuna, ok?» Dopo meno di mezz'ora ecco il pezzo: esattamente 30 righe di 70 battute. Diviso in 6 capoversi, ciascuno di 5 righe con l'ultima parola esattamente a fondo riga. Fa ancora così oggi.

Ma può essere che sia rimasto folgorato quando mi commentò il lungo stretching (una novità per quegli anni Settanta) che vedevo fare alla sua squadra prima di cominciare il lavoro: «Yeah, dieci minuti di allungamenti valgono mezzora di allenamento». Serio, deciso, inequivocabile. Forse la verità tecnica non era esattamente quella, ma detta così chi si sarebbe mai azzardato a smentirlo?

Se proprio devo indicare una data, non disponendo purtroppo della sua sovrumana memoria, ricorro all'archivio della Rosea per ripescare un mio articolo del 30 gennaio 1981. Era un gelido venerdì milanese quando noi giornalisti fummo invitati a visionare l'anteprima della telecronaca di Celtics-Lakers che l'emittente televisiva Pin avrebbe trasmesso di lì a qualche giorno. Un debutto storico. E lui era la voce, forse addirittura «The Voice». Scrissi, né più né meno che sarebbe nato un nuovo fenomeno, un personaggio: Dan Peterson commentatore televisivo. Non ho particolari doti previsionali: furono sufficienti cinque minuti per capirlo. Per me e per tutti i presenti. Fra questi un altro grande tecnico, il compianto Riccardo Sales, scherzò con lui: «Dobbiamo essere contenti noi, perché avremo un concorrente in meno come allenatore, ti sei scoperto una nuova vocazione».

Il motivo era ed è semplice: come tutti i grandi comunicatori, Dan ha inventato un linguaggio. Lo slang e il proverbio americano, la risata, la capacità di mostrare sorpresa, il sapersi mettere spesso non al livello del telespettatore ma un gradino sotto: trucco che ha fatto la fama di un Mike Bongiorno. E poi l'entusiasmo, gli slogan identificativi («Amici sportivi e non sportivi...», «Fe-no-me-na-le!», «Mamma, butta la pasta»), il rispetto per il telecronista compagno di lavoro. Tutto questo contava – e conta – più ancora di una competenza saldissima e dell'amore per il basket. Dan sa come si diventa amico di chi sta guardando davanti alla tv: peccato che abbia fatto poca scuola, ascoltando i tanti suoi colleghi col microfono, ansiosi di mostrare alla ristretta cerchia degli iniziati la propria conoscenza con codici criptici solo per eletti.

Credo che Dan sia il più basso allenatore di basket del mondo, fra quelli che hanno fatto una certa carriera. Forse lui ha una statistica a riguardo, ma sfido chiunque a proporre un collega minuscolo quanto lui. Nel paese dei giganti. Non è solo una curiosità. Mettete un uomo di un metro e 60 (scarsi) vicino a uno di due metri e 10 e guardate la coppia da lontano: come diavolo potete pensare che il piccolino possa dare ordini e talvolta brutalizzare a parole il colosso? Scuoterlo, motivarlo, sbatterlo in panchina? E se i pachidermi umani sono una decina, peggio che mai: quella pulce tonante là in mezzo dev'essere dotata di un fluido speciale per essere un leader credibile e non scatenare poderose risate alla prima parola.

Ma Dan non ha mai fatto ridere i suoi giocatori. Qualche volta piangere, piuttosto. Perché sa picchiare duro quando serve. È un «nano ghiacciato», secondo la felice definizione che gli cucì addosso il giornalista Oscar Eleni. Perché nano, ormai è chiaro. Il ghiaccio si riferisce al suo ipercontrollo. Del denaro, per esempio. Ricordo quella volta che, trovandosi in un'altra città, chiamò il giornale con telefonata a carico del medesimo per chiedere a noi di avvisare il suo dentista che non avrebbe potuto essere puntuale all'appuntamento: qualche gettone risparmiato. Controllo dei sentimenti, anche. Come quando mi raccontò di aver avvisato i suoi figli, sparsi per gli Usa, che li avrebbe visti volentieri durante una vacanza in Florida: lui avrebbe aspettato lì, chi veniva veniva, per gli altri pazienza. Controllo del tempo: a 75 anni è stato capace di accettare la panchina ribollente del suo antico club milanese, 23 stagioni dopo aver chiuso la carriera di coach, riproponendosi esattamente come aveva lasciato.

«Nessuno è perfetto»: detta dall'attore Joe E. Brown nei panni di Osgood Fielding III al travestito Jack Lemmon-Daphne in *A qualcuno piace caldo* è la battuta inserita al 48° posto fra le cento più celebri nella storia del cinema secondo un sondaggio del 2005 dell'American Film Institute. È una chiave universale, buona per aprire tutte le personalità. Dan lo sa bene e non ha mai nemmeno tentato di nascondere i suoi piccoli, umanissimi difetti. Se glieli rinfacciate amichevolmente, ha sempre la risata giusta da opporre, quella che ti rimbalza dentro e diventa una domanda: «Tu sei meglio?».

Quel «Tu» qualche volta sono io quando lo prendo in giro se ricordo la sua scienza globale: credo che si picchi, per esempio, di sapere di baseball e di football quanto conosce del basket. E probabilmente è vero. Ha sempre un aneddoto da raccontare: quando a quindici anni allenava sul diamante oppure faceva il vice nel football e il suo head coach si presentò al primo allenamento sbattendo sul tavolo un libro di 400 pagine (non 399 e nemmeno 401) dicendo allo staff e ai giocatori: «Questi sono gli schemi, ci rivediamo fra un mese e quando torno dovrete saperli a memoria». Per questo Dan ha stima dei tuttologi e mi ha accolto generosamente nel clan: sostiene che appartengo alla specie, con humor nemmeno tanto sottile. Prendere in contropiede uno così è un piacere scoperto: è capitato quando un giorno è venuto a parlarmi di ippica, ignorando che ho cominciato a fare il giornalista sportivo esattamente in quel settore e dunque qualche lezione in materia potevo permettergli di dargli: detto e fatto.

Ma di lezioni ne dà molte più lui a me. Nello sport di sicuro. Mi ha fatto capire, per esempio, che cos'è un allenatore di successo, un capo vero, raccontandomi semplicemente uno degli aneddoti che rappresentano la sua cifra di raccoglitore-cacciatore di riflessioni. Un giorno il celebre allenatore di football George Allen lasciò a sorpresa le sue squadre leggendarie, dominanti: prima i Los Angeles Rams e poi i Washington Redskins. E scelse di andare a guidare la squadra di un college di terza schiera, la California State di Long Beach, palesemente senza possibilità e ambizioni. Sconcerto e critiche di pubblico e stampa. I giornalisti lo attesero al varco della conferenza stampa dopo l'esordio, una sconfitta catastrofica. La prima domanda (negli Usa non vanno per il sottile in questi casi) fu una raffica di mitra, che nelle intenzioni doveva essere definitiva: «Coach, come può uno come te aver scelto di allenare questa squadra di cani?». Risposta: «Forse sono cani, ma sono i miei cani». Niente clinic, stage, supercorsi: basta meditare sufficientemente questa battuta per capire che cosa deve aver dentro un condottiero per individuare l'unica via possibile per il successo.

Non so se questa sia cultura popolare o frutto di studio approfondito: di certo Dan è una spugna che raccoglie briciole di saggezza dovunque le trovi. Non disperde nulla. Quello che riceve dà senza soluzione di continuità. Ogni volta che apro gli occhi alla mattina e do un'occhiata alla posta sul mio smartphone, alle otto le prime cose che trovo sono due o tre suoi articoli in inglese e in italiano per i tanti iscritti alla sua newsletter. Agli americani spiega l'Europa, agli europei regala spicchi di concretezza americana. Tutti i giorni.

Dan Peterson è un produttore di miti. Scrivendo e raccontando, ci ha fatto amare la sua Evanston, la città dov'è nato, vicino a Chicago. Abbiamo voluto bene ai suoi genitori. Ricordiamo con nostalgia la sua scuola elementare, la mitica Oakton Elementary School, e le sue scuole superiori come e più delle nostre. Abbiamo percorso con lui i primi passi verso la notorietà e la scelta del primo lavoro che l'ha reso celebre. Siamo entrati nelle palestre un po' scassate in cui allenava la Nazionale cilena. Abbiamo apprezzato i suoi maestri, che sono diventati i nostri. È diventato un amico, semplicemente. Il suo dono è quello di rimanere così attaccato alle proprie radici da non temere mai, anzi da desiderare, di essere contaminato da nuove culture e da esperienze insolite. Non ho mai sentito da lui nessun accenno sprezzante a stili di vita lontanissimi dai suoi, e spesso molto più deludenti. È diventato italiano senza perdere nulla della sua americanità.

Un tipo così, deve saper intimidire: mai far sentire agli squali l'odore del sangue, come ama ripetere nelle sue telecronache. Per questo con i giornalisti più giovani era spesso spietato, soprattutto nelle conferenze stampa. Non per cattiveria, ma per autodifesa. Per mettere le cose in chiaro. Come se dicesse: se volete sbranarmi, sappiate che ho zanne e artigli anch'io. Così, dopo una sconfitta, alla maniera dell'amato George Allen, potevi sentirgli dire quasi rabbioso alla prima domanda del malcapitato: «Lei chi è? Non l'ho mai vista. È sicuro di essere un giornalista?». E guai a non avere le credenziali in regola. L'eventuale infiltrato doveva ritirarsi come un qualunque Fantozzi. Mentre lui, però, continuava: «Volete sapere chi è il colpevole di questa sconfitta? È davanti a voi, potete sputarmi in faccia». Nessuno aveva mai impostato le cose in questo modo fino al suo arrivo nella tranquilla parrocchia che era il basket italiano degli anni Settanta. Una scossa sismica.

Non ho mai creduto che Dan viva nel culto del proprio personaggio. Quelli con ego ipertrofico non ti racconteranno mai di aver sbagliato a chiudere troppo presto la carriera di allenatore e di essersi pentiti di non aver ascoltato il consiglio di qualche buon interlocutore. E non sono disponibili a correre ad appuntamenti senza riflettori e passerelle, per pura simpatia. E non manifestano la professionalità e la disponibilità che l'uomo di Evanston mette in ogni suo approccio. E neppure si mettono in gioco accettando di inoltrarsi in campi sconosciuti. Men che meno sono disponibili a diffondersi in elogi di colleghi e altre star. Dan, al contrario, ha un ricordo positivo per chiunque lo avvicini. È capace di farti sentire importante, esattamente come fa quando ha in mano un microfono.

I campioni dello sport sono una razza a parte. Forse l'avete già sentito dire, ma viverlo è un'altra cosa. È gente che ha l'agonismo dentro, quasi una doppia personalità. Se li incontrate al bar, o al cinema o in fila all'ufficio postale non riuscite a distinguerli dalla massa: stessi comportamenti di tutti noi. Ma metteteli nella condizione di gara: allora i Clark Kent spariscono d'incanto e sotto la camicia saltano fuori i costumi di Superman. La voglia di vincere è nel sangue di questi guerrieri. Non sono disponibili a perdere per nessuna ragione. Vivono la sconfitta come una piccola morte e per conseguenza fanno il possibile e l'impossibile per starne lontani. In questo mondo di predatori Dan Peterson ha dovuto muoversi per una vita. Lui è esattamente come loro, con la differenza, per niente ovvia, che un capobranco ha responsabilità più elevate e l'impossibilità di scatenare direttamente la sua ferocia contro gli avversari. Deve mediare, prevedere, compensare. Controllare, appunto. E fare da parafulmine, prendendo decisioni vitali per il gruppo. Dan è un pianificatore attento: difficilmente disponibile all'improvvisazione, però consapevole che una partita e una stagione possono essere decise non dal tecnico, ma dall'intuizione di un giocatore, magari uscito dall'alveo delle direttive. O dal mero caso, fattore che è ben presente ai grandi, ma che tende a scomparire nel discorso dei mediocri strateghi, gonfi di certezze e ricchi di sconfitte.

Un capo da tre soldi si circonda di mezze figure: il talento gli fa ombra e scatena i suoi sospetti e le sue invidie. Peterson, al contrario, ha veleggiato per tutta la carriera in una folla di grandi come lui: da Driscoll a McAdoo, da Villalta a Meneghin, a D'Antoni. E non ha ucciso i suoi «figli», molti dei quali hanno avuto carriere luminose, come lo storico vice-allenatore cui lasciò il posto nell'Olimpia, Franco Casalini, oppure D'Antoni stesso, sulla cresta dell'onda della NBA. È un altro dei segni distintivi delle persone fuori dall'ordinario: sono in grado di costruire progetti e relazioni capaci di dare frutti nel tempo, anche quando il protagonista è uscito dalla scena. Se poi in questo ha un rilievo, un eccesso di diplomazia, per così dire, si può accettare: è indubbio che Peterson abbia sempre avuto un buon rapporto col potere (dirigenziale) con cui ha dovuto rapportarsi. Lo definirei smaliziato in questo. E opportunista al punto giusto.

Che cosa avrebbe fatto Dan Peterson se il suo coach ai tempi del liceo, Jack Burmaster, non lo avesse ispirato a intraprendere quella carriera? Forse l'insegnante, più probabilmente qualunque mestiere che avesse avuto punti di contatto con lo spettacolo: dall'attore al cantante, dal promoter all'anchorman, dal regista allo scrittore. Nella mia fantasia Dan Peterson ha due sosia: Don Lurio e Woody Allen, americani come lui e della sua generazione. E anche della stessa taglia, tanto per cominciare. Don Lurio – i meno giovani lo ricorderanno – era un newyorkese coreografo e ballerino che divenne molto noto da noi come frequentatore fisso di molti programmi televisivi di successo negli anni Sessanta e Settanta: stessa faccia di Dan, ovviamente uguale cadenza nel parlare italiano, uguale vitalità. Di Woody Allen (che capisce di baseball e di sport quasi quanto Dan) sapete naturalmente tutto: anche lui ha più successo in Europa che nel suo paese, nonostante sia di un'americanità totale. Genialità, umorismo, con un senso di malinconico distacco sullo sfondo: il regista di Manhattan, cinico quanto basta, sembra la controfigura di Dan. Ho avuto occasione di incontrarlo di fronte agli spogliatoi dei suoi amati Knicks, un attimo dopo la fine di una partita. Era con Spike Lee. Mi è sfilato davanti magrolino e silenzioso, con i soliti occhiali più grandi di lui. Si è stupito di vedermi e si è fermato di colpo: «Ehi, salutami il vecchio Dan!».

Ok, tutto quello che ho scritto è rigorosamente vero, ma il finale l'ho inventato: fermatevi al momento in cui Woody mi passa accanto. Anche se, conoscendo Peterson, tutto poteva essere vero.

Il team

Adriano Galliani, vice-presidente vicario e amministratore delegato AC Milan

David Stern, commissioner NBA

Milenko Skoknic, ambasciatore cileno, con Peterson giocatore della Nazionale del Cile (1973)

Stefano Domenicali, team principal Scuderia Ferrari

Mike D'Antoni, coach Los Angeles Lakers (NBA), con Peterson giocatore dell'Olimpia Milano (1978-1987)

Vittorio Gallinari, procuratore sportivo di basket, con Peterson giocatore dell'Olimpia Milano (1978-1987)

Dino Meneghin, dirigente FIBA e FIP, con Peterson giocatore dell'Olimpia Milano (1985-1987)

Livio Proli, presidente Olimpia Milano

Bruno Bogarelli, giornalista e fondatore di Sportitalia

Franco Arturi, giornalista e vice-direttore de *La Gazzetta dello Sport*

L'evoluzione di una leadership autentica

Siamo così arrivati in fondo al racconto di Dan Peterson, un percorso lungo il quale, insieme, abbiamo cercato di rileggere la sua storia come storia di una leadership che prende forma. Ogni tappa ci ha regalato uno schema di gioco che di volta in volta ho provato a enucleare e declinare in una scheda di allenamento. Questo capitolo è a suo modo «lo» schema di gioco di sintesi ma, a differenza delle precedenti schede di allenamento, non è accompagnato da domande puntuali, piuttosto da riflessioni d'insieme e stimoli per un percorso che non può che essere individuale.

Dan Peterson non ha mai partecipato a un corso di formazione sulla leadership. Però non è nemmeno stato sempre un leader. Ha commesso errori e ha ottenuto successi: alcuni straordinari, tali da renderlo una persona con una storia interessante, da leggere e da studiare. Quando abbiamo iniziato a lavorare insieme per strutturare questo libro è stato naturale partire dalle prime esperienze della sua vita e raccoglierle in ordine cronologico. Negli anni Peterson ha incontrato persone con stili di leadership diversi e ha vissuto esperienze che ha saputo trasformare in apprendimento; in ogni persona e in ogni esperienza è stato capace di riconoscere e sentire qualcosa che lo avrebbe cambiato, che lo avrebbe migliorato. La dimensione empirica degli aneddoti raccontati conduce ora ad approfondire due temi come messaggio conclusivo di questo nostro lavoro:

- la leadership è *apprendimento*;
- ogni persona ha un suo *stile* di leadership: ogni leader *evolve* nella dimensione emotiva-affettiva verso una leadership autentica.

Questi due elementi sintetizzano il metodo di allenamento che Peterson ha seguito negli anni, spesso in modo inconsapevole. Un metodo che gli ha permesso di partire da Evanston, nell'Illinois, e arrivare a vincere tutto con l'Olimpia Milano. Il messaggio conclusivo non può dunque che suggerire di vivere intensamente ogni giorno sfide e opportunità, sfruttando tutte le occasioni che la vita offre, con la positività e la ferma determinazione che tutti possono diventare leader migliori. Basta allenarsi.

Una leadership che evolve

Ognuno di noi può costantemente migliorare la propria capacità di influenza, il proprio modo di essere leader, a condizione di volerlo e di sapere come fare.

Apprendimento e leadership

Innanzitutto occorre comprendere come ciascuno di noi impara ad adottare nuovi schemi – abbandonandone o rivedendone altri –. E sebbene l'apprendimento sia un fattore determinante dello sviluppo della leadership, sono molto più numerosi gli studi intenti a spiegare chi è e che cosa fa un leader, rispetto a quelli che analizzano come si insegna e come si impara a diventare leader. Con questo libro abbiamo cercato di avanzare un ragionamento originale sulla leadership, soffermandoci proprio su come in generale le persone imparano e su come *possono* in particolare imparare a diventare leader.

L'apprendimento in età adulta è un processo personale, spesso inconsapevole, che ognuno attiva in modo unico, in base alle proprie preferenze e abitudini. Merriam e Caffarella[1] asseriscono che «il contesto della vita adulta e il contesto sociale determinano di cosa un adulto necessita e come vuole apprendere, e per certi versi, anche "quando" e "dove" l'apprendimento avviene». Entrando in maggior dettaglio nel concetto di apprendimento in età adulta, si possono distinguere in letteratura approcci differenti:

- l'*apprendimento comportamentale* studia quale comportamento genera quale risultato, in una sorta di meccanismo stimolo-risposta. In questa concezione l'apprendimento può essere progettato e programmato in base a meccanismi di rinforzo e di punizione, e il «pensare» e il «sentire» emotivo non hanno nulla a che fare con l'apprendimento, perché non possono essere misurati. Si punta a studiare un comportamento e quindi a trasferirlo;
- l'*apprendimento cognitivista* si concentra invece sugli aspetti interni della persona: l'apprendimento avviene quando un individuo è in grado di vedere relazioni tra due distinti componenti di un sistema o di un problema più ampio. Vi è apprendimento, quindi, quando una persona attiva le connessioni e modifica di conseguenza il proprio agire;
- l'*apprendimento sociale*[2] si basa sul concetto che le persone possono apprendere nuove informazioni e comportamenti attraverso l'osservazione di

altre persone e l'interazione con l'ambiente circostante. Persone e ambiente convivono con il comportamento stesso e reciprocamente interagiscono per determinarlo. L'esperienza generata dal comportamento, anche parzialmente, determina dunque ciò che una persona diviene e può fare, influenzando il comportamento successivo;

- l'*apprendimento trasformazionale* è l'approccio ritenuto più efficace nella descrizione dei processi di apprendimento. Mezirow[3] lo definisce come «il processo di costruzione e appropriazione di una nuova o rivisitata interpretazione dei significati della propria esperienza, intesa come guida all'azione». Essenzialmente, questo approccio è legato al cambiamento, al modo in cui noi vediamo noi stessi e il mondo nel quale viviamo. Kegan[4] descrive l'apprendimento trasformazionale come un'espansione di consapevolezza e osserva che questo tipo di apprendimento è molto più di una semplice aggiunta a ciò che già sappiamo: è una forma di apprendimento che modifica le prospettive delle persone e il modo con il quale esse sono percepite dagli altri. L'apprendimento, quindi, si basa sulla costruzione mentale dell'esperienza, sul significato interiore e sulla riflessione[5]. I concetti principali alla base di questo approccio sono: *a*) esperienza: episodi critici o scatenanti; *b*) riflessione critica: riflessione su valori e credo collegati all'esperienza; *c*) apprendimento affettivo: impatto sulla dimensione emotiva; *d*) dialogo e relazioni supportive e di fiducia; *e*) sviluppo individuale[6].

Ognuno di questi approcci è in grado di leggere il modo attraverso il quale ciascuno di noi impara – spesso combinandoli o enfatizzandone uno o più rispetto alla natura dell'apprendimento, alla nostra propensione e alla situazione che stiamo vivendo –.

L'*esperienza* è sicuramente il punto di partenza di ogni processo di apprendimento, generando contenuti che attivano la riflessione. Interpretare l'esperienza in modo critico è condizione necessaria per trasformarsi, per evolvere: l'intero processo di apprendimento si può considerare un viaggio di cambiamento, di miglioramento e di crescita individuale[7].

In letteratura i processi di apprendimento della leadership si basano essenzialmente su tre fattori: *trial and error* (tentativo ed errore), osservazione degli altri e formazione[8]. Il ruolo dell'esperienza, rimane centrale, soprattutto quando l'apprendimento derivi sia dal lavoro svolto sia dal confronto con gli altri[9]. Questo porta a dire che la leadership non viene appresa, ma è essa stessa *capacità di apprendimento*.

I leader sono in grado di essere efficaci in più fasi della propria vita, acquisendo nuovi modelli, abbandonandone altri. Sono in *costante* fase di apprendimento, alla ricerca di nuovi elementi, cognitivi e affettivi, che permettano loro di cambiare e migliorare. Chi si culla sui successi conseguiti, volendo semplicemente ri-applicare quanto ha funzionato, interrompe il proprio processo di apprendimento, non esistendo garanzie che i medesimi comportamenti possano generare risultati altrettanto positivi. Soprattutto gli elementi che definiscono la situazione tendono a cambiare (si pensi per esempio a colleghi, obiettivi, preferenze, interessi delle parti, motivazioni individuali e così via).

Il tempo della leadership

I programmi di sviluppo della leadership si possono suddividere in quattro categorie: modelli concettuali, feedback, costruzione delle abilità (*skill building*) e crescita personale[10]. Tutti utilizzano i modelli di apprendimento sopra esposti, spesso in modo combinato, concentrandosi sulla dimensione comportamentale, sulla dimensione cognitiva di costruzione delle capacità, sul confronto con l'ambiente di riferimento attraverso i feedback e, infine, innescando la dimensione emotiva-affettiva in un percorso di crescita e di sviluppo che trova le sue radici nella capacità che ogni individuo ha di voler e saper evolvere, in un percorso che non può che essere unico e singolare, come ognuno di noi.

I leader sono persone in costante contatto con il proprio sé – limiti e virtù –, con i propri talenti e con i propri desideri. Un primo aspetto che attiva un processo di sviluppo della leadership è proprio esplorare la propria *auto-consapevolezza*. Un programma di formazione efficace deve dunque avere come primo compito quello di dare dei riferimenti normativi (cognitivi) e al tempo stesso consentire un percorso di cambiamento e miglioramento individuale, che ognuno deve sapersi costruire attingendo innanzitutto alla propria volontà di evolvere.

Facendo tesoro di queste teorie, un programma di sviluppo della leadership ha bisogno di tempo. Un corso di formazione di quattro-cinque giorni può solo attivare e delineare un percorso che non potrà che essere individuale. Molti studi non considerano la leadership di una persona nel tempo[11] e in generale sottovalutano l'impatto che il tempo ha nell'applicazione dei più consolidati modelli di sviluppo. Per esempio, comportamenti differenti possono necessitare di tempi differenti per ottenere risultati positivi; gli stessi risultati possono poi durare per un asse breve o lungo di tempo, così come un dato comportamento dovrà essere esercitato per poco o molto tempo per essere efficace. Ma soprattutto occorre tempo per trasformare modelli cognitivi in automatismi emotivi da parte del leader. Per questo occorre studiare l'evoluzione della leadership nel tempo, per questo servono – dal punto di vista scientifico – teorie del processo che possano spiegare come la persona vive le fasi della propria vita in relazione all'essere leader[12].

Leadership e storie

I temi appena discussi – dell'apprendimento e del tempo collegato alla leadership – inducono a studiare la leadership secondo metodi originali, come per esempio l'approccio dello *storytelling* o della narrativa. Berry[13] afferma che le storie sono un modo fondamentale attraverso il quale comprendiamo il mondo. Per questo motivo condividere le storie consente alle persone di sviluppare significati comuni tra di loro che favoriscono l'apprendimento. Le storie aumentano il legame empatico tra narratore e uditore; determinano maggiore vicinanza e immaginazione; stimolano la dimensione affettiva, quella che consente un apprendimento trasformazionale. Le storie dei leader possono essere raccontate attraverso la selezione di eventi critici rilevanti, dando vita a un tipo di biografia narrata (*life narrative*) che assicura, più di altri strumenti, un impatto sui processi di apprendimento della leadership e sulla capacità di replicazione dei processi tipici dell'essere leader[14].

Una leadership autentica

«Mi piacerebbe essere come Jack Welch» (CEO di General Electric dal 1981 al 2001 e autore di diversi libri sulla leadership, aumentò il valore di GE del 4000 per cento). Questo è quello che molti dipendenti di General Electric dicevano quando lavorano per lui, quando Welch era impegnato a rendere GE una delle principali aziende al mondo grazie proprio al suo modo di essere leader. In realtà, la risposta che molti senior executive davano era: «Tu devi essere chi sei, non cercare di emulare qualcun altro». In questo episodio è sintetizzata gran parte della letteratura in tema di leadership.

Numerosi sono i modelli e le ricerche sul tema, che studiano i tratti della personalità del leader, le sue capacità, le funzioni e i comportamenti, gli stili e le situazioni, sempre associati a dimensioni di prestazione positive e sempre alla ricerca di elementi trasferibili e replicabili. Nell'ultimo decennio è emerso in modo sempre più considerevole l'abbandono di un «modello eroico della leadership», nel quale i manager dovevano conformarsi a comportamenti richiesti dalle imprese perché ritenuti vincenti, per lasciare invece spazio a una dimensione di *leadership emotiva*[15] e *autentica*[16]: in sintesi, non è importante *che cosa fa* il leader, quanto piuttosto *come vive* le sue scelte, i cambiamenti e come evolve di fronte a nuove situazioni e sfide manageriali. Ognuno infatti è leader per le caratteristiche che possiede, nelle situazioni che predilige e soprattutto per ciò che riesce ad apprendere nel corso della sua vita personale e professionale. Si passa da una «one best way», a una «everyone has its own (best) way».

Un leader autentico è una persona che dimostra passione per i propri obiettivi, applica i propri valori in modo coerente, e guida persone e organizzazioni bilanciando la dimensione cognitiva con quella emotiva. È in grado di instaurare relazioni di medio-lungo termine, raggiunge i risultati previsti e conosce bene i propri punti di forza e di debolezza rispetto alle sfide che affronta[17].

Per individuare i leader autentici possiamo osservare alcuni aspetti. Per prima cosa, non si raccontano in modo passivo, tutt'altro: descrivono le fasi della propria vita in modo consapevole, riuscendo a conoscersi meglio in virtù delle esperienze maturate. Operano scelte e prendono decisioni avendo in mente i propri valori, applicandoli in modo coerente, anche assumendosi dei rischi. I principi della loro leadership – unica per definizione – altro non sono che i loro valori tradotti in azione. Conoscono i propri fattori motivanti, intrinseci – legati al senso della propria vita – ed estrinseci – riferiti a premi, promozioni e riconoscimenti prevalentemente di tipo materiale –. I leader autentici sanno costruirsi un team, vale a dire un network di persone con relazioni solide, in grado di sostenere e supportare i loro obiettivi individuali e collettivi. Vivono la propria vita integrando la dimensione personale (famiglia, affetti, amici, passioni ecc.) con la dimensione professionale, senza il timore di scontentare nessuna delle due parti.

Goffee e Jones[18] analizzano anche altre dimensioni e suggeriscono una leadership autentica basata sulle seguenti caratteristiche: essere se stessi (conoscendo i comportamenti virtuosi del leader); conoscersi e manifestarsi per ciò che si è; assumersi il rischio di non esser percepiti come perfetti pur di applicare i propri valori in modo coerente; leggere e rileggere il contesto; rimanere se stessi sapendosi adattare senza esagerare; gestire le relazioni e le dinamiche sociali; comunicare con attenzione: mettersi nei panni dei propri follower.

Un'ampia e dettagliata analisi degli studi sulla leadership autentica[19] ha evidenziato una serie di temi centrali e ricorrenti in letteratura. Innanzitutto il *self* (auto o sé) inteso come auto-consapevolezza, auto-congruenza, auto-regolazione, auto-stima, auto-verifica, auto-determinazione, certezza di sé, coerenza di sé, espressione di sé, conoscenza di sé; questa dimensione rende imprescindibile un lavoro interiore, approfondito. Secondo elemento: la *dimensione affettiva*, che prevale su quella cognitiva, evidenziando il ruolo delle emozioni e dell'emotività. Terzo: la *leadership etica* basata sui valori messi in campo dal leader, come veicolo del trasferimento e della condivisione della propria filosofia manageriale. Quarto: una sorta di nuova *leadership carismatica*, basata sulla capacità del leader di esercitare il proprio carisma facendo leva su pregi e difetti che manifesta. Quinto: il fatto che l'autenticità è in parte ispirata dalla psicologia *positiva*, da ottimismo, speranza, e resilienza. Ultimo: un legame tra leader e follower basato su *engagement* (relazione emotivamente forte) e *well-being* (benessere), come elementi di una relazione sana e basata sul coinvolgimento.

Tutti questi modelli teorici sottendono una *conoscenza evoluta del proprio sé* come punto di partenza del processo di sviluppo di una leadership autentica e come parte dell'intelligenza emotiva che ognuno possiede. Definire gli strumenti che ognuno adotta per leggere e regolare la propria emotività è un punto centrale del processo di apprendimento e di evoluzione. E l'intelligenza emotiva – definita dalle cinque componenti che abbiamo analizzato al termine del Capitolo 2[20] –, similmente ai modelli di leadership autentica, dà rilevanza alle capacità individuali di consapevolezza e regolazione.

La leadership autentica e la dimensione emotiva rappresentano oggi due ingredienti essenziali di qualsiasi percorso di crescita, in un mondo professionale sempre più basato sulle relazioni orizzontali che ciascuno è in grado di attivare e mantenere all'interno e all'esterno della propria organizzazione, siano esse relazioni face-to-face ma anche relazioni sempre più spesso mediate dalla tecnologia dei social network.

Imparare a vedere la leadership come un processo di apprendimento continuo che prende forma nella relazione tra sé e l'ambiente circostante[21] è l'obiettivo che questo libro si augura di aver raggiunto. Una forma di leadership che, a partire da caratteristiche intrinseche della persona, chiunque di noi può allenare nella misura in cui arriva a sentire il proprio sé e riesce a evolvere interiormente, volendo essere un po' meno eroi e un po' più noi stessi.

Il metodo

Il metodo di ricerca adottato, basato sulla descrizione degli eventi-chiave della vita di un leader (*life-story*)[22], risulta essere tra i più appropriati per esplorare il concetto di leadership autentica, in particolare perché consente di approfondire la conoscenza di sé e gli elementi di auto-regolazione intercorsi nelle fasi della vita del leader stesso.

Le storie organizzate in modo cronologico permettono di identificare con chiarezza i legami e le motivazioni sottostanti gli eventi vissuti, le scelte effettuate e gli elementi della persona che aiutano a descrivere «chi siamo». Inoltre, le storie di vita consentono di definire un sistema di significati – legati al sentire, al pensare e all'agire – che hanno caratterizzato l'essere leader di una persona[23]. La passione riferita a ciò che una persona vuole cambiare di sé proviene dai valori che si sono formati nel corso della sua vita, dalle esperienze che una persona matura. Questi valori sono vitali perché ogni persona li vive in base alle scelte che effettua nel proprio percorso professionale e personale. Per questi motivi la possibilità di raccogliere episodi-chiave e dettagli della carriera professionale di un leader rappresenta un modo originale e appropriato per studiare la leadership autentica e la sua evoluzione.

Il leader oggetto del nostro studio e protagonista di questa ricerca è Dan Peterson. Nato degli Stati Uniti, la sua carriera di allenatore lo ha portato prima in Cile e poi in Italia. È partito ad allenare diverse squadre giovanili, poi l'Università di Delaware al livello di college, quindi il Cile come coach della Nazionale, infine è arrivato in Italia dove, con le squadre di Bologna e Milano, è riuscito a disputare dieci finali scudetto in Serie A, vincere cinque scudetti, giocare cinque finali di coppe europee, conquistandone due, e assicurarsi tre Coppa Italia. In tutto ciò, è stato votato dai colleghi allenatore dell'anno in Serie A nel 1979 e nel 1987, quindi allenatore dell'anno in Europa nel 1987.

La vita di Peterson rappresenta un esempio emblematico, unico e originale, di grande utilità scientifica e didattica perché inaspettatamente rivelatore e capace di offrire un'inedita prospettiva di ricerca sul tema[24]. Gli sport di squadra sono spesso utilizzati come contesti di apprendimento per il mondo delle imprese, dal momento che allenatori e manager condividono sfide simili sebbene con importanti differenze[25]. Le similitudini si riscontrano in tema di: gestione dei talenti, motivazione, spirito di squadra, bilanciamento tra competizione e collaborazione tra i membri di un team, negoziazione delle risorse, interdipendenze tra attività e persone e tra obiettivi individuali e di squadra, pressioni esterne, ricompense di breve e di lungo e così via. Importanti differenze si riscontrano evidentemente nella natura della prestazione, nell'orizzonte temporale della carriera, nel peso e nei rischi collegati agli infortuni e così via. Il basket rappresenta un tipo di sport ad alta interdipendenza, ma è anche caratterizzato da un'elevata flessibilità basata sulla capacità di auto-coordinamento, velocità e autonomia decisionale di soggetti interconnessi capaci di orchestrare una reazione organizzata a eventi non prevedibili[26]. Per tali ragioni la storia di vita di un allenatore di basket, che per di più ha conseguito successi importanti, è una storia unica nel suo genere, da studiare per trarne spunti in tema di leadership da applicare poi in contesti aziendali.

Per catturare gli episodi significativi della vita – personale e professionale – di Peterson l'approccio adottato è stato di tipo qualitativo *grounded theory*[27]. I dati sono stati raccolti tramite: l'analisi di fonti secondarie (libri e interviste pubblicate, riferiti alla vita sportiva di Peterson), interviste dirette a Peterson, interviste a dieci testimoni che, avendo conosciuto personalmente Peterson, hanno potuto offrire la loro prospettiva sul suo stile di leadership. Sebbene i ricordi, dopo diversi anni, possano essere inaccurati[28], gli individui sono altrettanto puntuali nel rievocare interazioni ricorrenti, episodi emotivamente importanti e relazioni di lungo tempo[29].

È stato adottato un metodo di ricerca analogo a quanto svolto per studiare i network di carriera di coloro che sono entrati a far parte della *hall of fame* del baseball americano, analizzando i discorsi tenuti al momento della premiazione (considerando che tra i premiati più anziani vi sono anche persone oggi ultrasettantenni)[30].

Le interviste a Peterson sono state di due tipi: in prima battuta sono state poste domande precise per individuare le fasi principali della sua carriera; in seconda battuta, per ogni fase sono stati individuati gli episodi e le persone più significative lungo il percorso di applicazione e apprendimento di comportamenti ed elementi riferiti alla leadership. Per ognuna delle dieci fasi in cui la vita di Peterson è risultata in tal modo scandita, sono stati raccolti fino a trenta episodi, poi selezionati e sintetizzati nel corso di un dialogo continuo, fino al risultato affinato che riempie le pagine di questo libro. Ciascuno degli episodi scelti, tra le tante situazioni vissute da Peterson, è riconducibile a categorie e concetti teorici individuati nella rassegna della letteratura manageriale sull'argomento.

L'analisi delle interviste ha seguito il metodo della ricerca qualitativa ed è stata condotta in quattro fasi[31]:

- fase 1: *identificazione* degli episodi e delle persone chiave;
- fase 2: *selezione* degli episodi e delle persone chiave in base al loro valore per l'apprendimento trasformazionale di Peterson: *a*) esperienza, *b*) riflessione critica, *c*) apprendimento affettivo, *d*) dialogo e relazioni di supporto e di fiducia, *e*) sviluppo individuale;
- fase 3: *codifica* degli episodi da parte degli autori del presente lavoro e di due ricercatori esperti sui temi della leadership;
- fase 4: *categorizzazione* dei codici, al fine di trovare uno o più temi ricorrenti nel periodo di vita analizzato. La categorizzazione è stata svolta dalle medesime persone che hanno codificato gli aneddoti per consistenza e per evitare di attribuire differenti interpretazioni ai codici assegnati. I risultati della categorizzazione permettono di individuare le competenze apprese da Peterson nella fase della sua vita di volta in volta presa in considerazione: tali competenze sono approfondite – attraverso una rilettura manageriale – nelle schede teoriche («schemi di gioco») inserite al termine di ogni capitolo.

Le interviste ai dieci «conoscitori» di Peterson sono state svolte in modo semistrutturato, seguendo uno schema comune:

- quando hai sentito parlare o visto Dan Peterson per la prima volta, in quale occasione?
- qual era la tua opinione di Dan Peterson prima di conoscerlo?

- che cosa ti ha colpito positivamente della sua filosofia di allenatore? che cosa invece hai fatto fatica a comprendere, sorprendendoti negativamente?
- qual era il suo segreto come allenatore?
- che cosa invece non ti è mai piaciuto di lui?
- che cosa hai imparato da lui e che cosa invece tu credi che lui abbia imparato da te?

e hanno confermato gli aspetti salienti della leadership di Dan Peterson emersi dal suo stesso racconto.

Il risultato è un profilo di leader a tutto tondo, di forte umanità, portatore di scelte dettate sempre dai suoi valori di fondo. Un ritratto che evidenzia elementi tanto positivi quanto negativi del suo modo di essere leader. Un modello – se vogliamo – unico e non generalizzabile, per le caratteristiche della persona e della sua vita, ma come tale proponibile proprio per la sua autenticità.

Letture

[1] S.B. Merriam, R.S. Caffarella, *Learning in Adulthood: A comprehensive Guide*, Jossey-Bass, San Francisco, 1999.

[2] A. Bandura, *Social Learning Theory*, Englewood Cliffs, General Learning Press, 1977.

[3] J. Mezirow, «Understanding transformative theory», *Adult Education Quarterly*, 1944, vol. 44, pp. 222-223.

[4] R. Kegan, «What "Form" Transforms? A Constructive-Developmental Approach to Transformative Learning», in J. Mezirow and Associates (Eds), *Learning as Transformation: critical perspectives on a theory in progress*, San Francisco, Jossey-Bass, 2000.

[5] Merriam, Caffarella, *Learning in Adulthood*, cit.

[6] E. Taylor, «Analyzing Research on Transformative Learning Theory», in Mezirow, *Learning as Transformation*, cit.

[7] J. Mezirow and Associates (Ed.), *Learning as Transformation: Critical Perspectives on a Theory in Progress*, San Francisco, Jossey-Bass, 2000.

[8] J.M. Kouzes, B.Z. Posner, *The Leadership Challenge,* Second Edition, San Francisco, Jossey-Bass, 1995; R. Charan, S.J. Drotter, J. Noel, *The Leadership Pipeline*, San Francisco, Jossey-Bass. 2001.

[9] M. Dalton, S. Swigert, E. VanVelsor, K. Bunker, J. Wachholz, *The Learning Tactics Inventory: Facilitator's Guide*, San Francisco, Jossey-Bass, 1999.

[10] J. Conger, *Learning to Lead: The Art of Transforming Managers into Leaders,* San Francisco, Jossey-Bass.1992.

[11] G. Yukl, *Leadership in Organizations*, 7th ed., Upper Saddle River, Prentice-Hall, 2010.

[12] B. Shamir, «Leadership Takes Time: Some Implications of (not) Taking Time Seriously in Leadership Research», *The Leadership Quarterly*, 2011, 22 (2), pp. 307-315.

13 G.R. Berry, «Telling Stories: Making Sense of the Environmental Behavior of Chemical Firms», *Journal of Management Inquiry*, 2001, 10, pp. 8-73.

14 K.B. Boal, P.L. Schultz, «Storytelling, Time and Evolution: The Role of Strategic Leadership in Complex Adaptive Systems», *The Leadership Quarterly*, 2007, 18, pp. 411-428; B. Shamir, H. Dayan-Horesh, D. Adler, «Leading by Biography: Towards a Life-Story Approach to the Study of Leadership», *Leadership*, 2005, 1, pp. 13-29.

15 D. Goleman, *Working with Emotional Intelligence*, New York, Bantam Books, 1998.

16 B. George, P. Sims, A.N. McLean, D. Mayer, «Discovering Your Authentic Leadership», *Harvard Business Review*, 2007, 85(2), pp. 129-138.

17 *Ibidem.*

18 R. Goffee, G. Jones, *Why Should Anyone Be Led by You? What It Takes to Be an Authentic Leader?*, Cambridge, Harvard Business Press, 2006.

19 W.L. Gardner, C.C. Cogliser K.M. Davis, M.P. Dickens, «Authentic Leadership: A Review of the Literature and Research Agenda», *The Leadership Quarterly*, 2011, 22, pp. 1120-1145.

20 D. Goleman, *Emotional intelligence*, New York. Bantom, 1995 (ed. it., *Intelligenza emotiva*, Milano, BUR, 2011).

21 R.N. Sparrowe, «Authenticity and the Narrative Self», *The Leadership Quarterly*, 2005, 16(3).

22 B. Shamir, G. Eilam, «What's Your Story? A Life-Stories Approach to Authentic Leadership Development» *The Leadership Quarterly, 2005,* 16, pp. 395-417.

23 R. Kegan, *The Evolving Self,* Cambridge, Harvard University Press, 1983.

24 R.K. Yin, *Case Study Research: Design and Methods,* 2nd ed., Newbury Park, Sage, 1994.

25 P. Guenzi, D. Ruta, *Leading Teams: Tools and Techniques on Successful Team Leadership from the Sports World*, London, Jossey-Bass, 2013.

26 R.W. Keidel, «Team Sports Models as a Generic Organizational Framework», *Human Relations*, 1987, 40, pp. 591-612

27 B. Glaser, A. Strauss, *The Discovery of Grounded Theory: Strategies for Qualitative Research*, Chicago, Aldine, 1967.

28 R.H. Bernard, P. Killworth, D. Kronenfeld, L. Sailer, «The Problem of Informant Accuracy: The Validity of Retrospective Data», in E.R. Leach (Ed.), *Annual review of anthropology*, vol. 13, pp. 495-517, Palo Alto, Annual Reviews, 1984.

29 L.C. Freeman, A. Romney, S.C. Freeman, «Cognitive Structure and Informant Accuracy», *American Anthropologist*, 1987, 89, pp. 310-325.

30 R.D. Cotton, Y. Shen R. Livne-Tarandach, «On Becoming Extraordinary: The Content and Structure of the Developmental Networks of Major League Baseball Hall of Famers», *Academy of Management Journal*, 2011, 54(1), pp. 15-46.

31 M.D. Myers, *Qualitative Research in Business & Management*, Thousand Oaks, Sage, 2009.

Dal catalogo

Ruma Bose, Lou Faust
Madre Teresa
Leader per missione

Frank J. Barrett
Disordine armonico
Leadership e jazz

Gian Maria Zapelli
Diamoci del noi
I legami che danno futuro al lavoro

Paolo Guenzi, Dino Ruta
Team leadership
Idee e azioni tra sport e management

Dunia Astrologo, Federica Garbolino
La conoscenza partecipata
Nuove pratiche di knowledge management

Marco Minghetti
L'intelligenza collaborativa
Verso la social organization

Nicola Palmarini
Lavorare o collaborare?
Networking sociale e modelli organizzativi del futuro

Tiziano Botteri
S-Age Management
Gestire con saggezza generazioni diverse